DEIN COACH ZUM ERFOLG!

Dein ActiveBook auf My**STARK**:

Du kannst auf alle digitalen Inhalte (Prüfung 2022, interaktive Aufgaben, Videos, „MindCards") online zugreifen. Registriere dich dazu unter **www.stark-verlag.de/mystark** mit deinem **persönlichen Zugangscode:**

C06550-002731

Die Inhalte dieser Auflage stehen bis Schuljahresende zur Verfügung.

W0211779

MySTARK

Das Active**Book** *bietet dir:*

- Lernvideos zum Umgang mit Textaufgaben
- Interaktive Aufgaben zu sprachlichen Grundlagen
- Web-App mit hilfreichen Wendungen

DEIN COACH ZUM ERFOLG!

So kannst du interaktiv lernen:

Interaktive Aufgaben

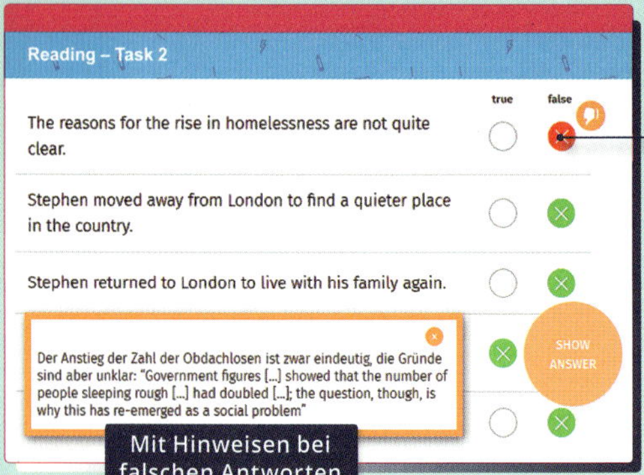

Sofortige Ergebnisauswertung

Mit Hinweisen bei falschen Antworten

Lernvideos

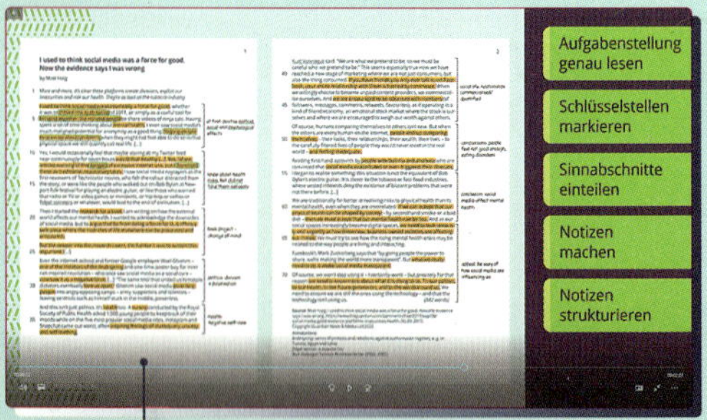

Step-by-Step Hinführung an typische Textaufgaben

Web-App „MindCards"

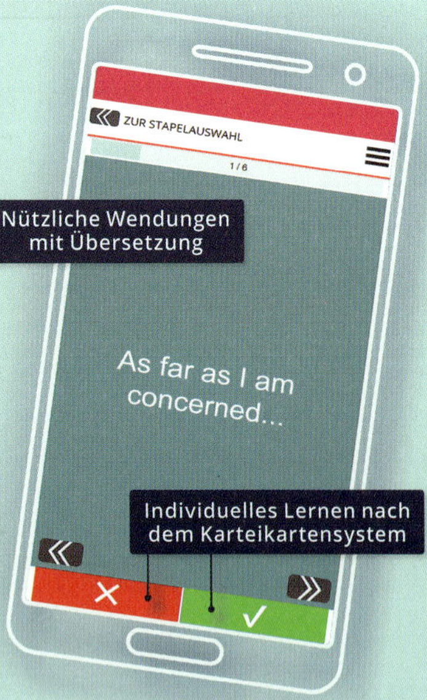

Nützliche Wendungen mit Übersetzung

Individuelles Lernen nach dem Karteikartensystem

Systemvoraussetzungen:

- Mindestens 1024×768 Pixel Bildschirmauflösung
- Chrome, Firefox oder ähnlicher Webbrowser
- Adobe Reader oder kompatibler anderer PDF-Reader
- Internetzugang

Speaking

Writing

2023

Abitur

Original-Prüfungsaufgaben
mit Lösungen

Hessen

Englisch

STARK

18. ergänzte Auflage
www.stark-verlag.de

Inhalt

Abituraufgaben 2021 Leistungskurs

Sobald die Original-Prüfungsaufgaben 2022 freigegeben sind, können Sie sie als PDF auf der Plattform MyStark herunterladen (Zugangscode vgl. Farbseiten zu Beginn des Buches).

Autorinnen und Autoren

Berger-Hönge, Silvia	Lösungen GK 2018-C, GK 2019, GK 2020-A/B1, GK 2021 A/B1, GK 2022
Cleary, Liam	*Glossary of literary terms*
Jacob, Rainer	Hinweise zur Bearbeitung eines Diagramms; Kurzinterpretationen; Basiswissen
Klewitz, Dr. Bernd	Hinweise zur Bearbeitung eines Cartoons und eines Werbeplakats, Lösungen GK 2018-A/B, LK 2018-A/B, LK 2019, LK 2020, LK 2021, LK 2022
Moritz, Hans Otto	Hinweise und Tipps zum Landesabitur
Ressel, Johanna	Lösungen GK 2020-B2, GK 2021-B2, GK 2022
Schuller, Hans	Lösungen LK 2018-C

Vorwort

Liebe Schülerinnen und Schüler,

bald werden Sie Ihre **schriftliche Abiturprüfung im Fach Englisch** ablegen. Wir möchten Sie gerne auf Ihrem Weg zu einem guten Abschluss begleiten und Sie mit diesem Band bei der **Vorbereitung auf die Prüfung** unterstützen.

Sowohl im Grund- wie im Leistungskurs werden die Aufgaben vom hessischen Kultusministerium vorgegeben. Sie haben 300 Minuten (im Leistungskurs) bzw. 255 Minuten (im Grundkurs) Zeit zur Bearbeitung. Teilen Sie sich die Zeit gut ein, damit auch die letzte Aufgabe und das Korrekturlesen erfolgreich abgeschlossen werden können. Das Zählen der Wörter erfolgt erst nach Ablauf der Bearbeitungszeit. Als Hilfsmittel stehen Ihnen ein einsprachiges oder ein zweisprachiges Wörterbuch, Textausgaben der Pflichtlektüren ohne Kommentar sowie eine Liste der fachspezifischen Operatoren zur Verfügung. **Ausführliche Hinweise** zu den **Anforderungen im Abitur** sowie Hilfestellungen zur Lösung von Abiturprüfungsaufgaben finden Sie am Anfang des Buches.

Üben Sie die Prüfungssituation mit den **offiziellen Abitur-Prüfungsaufgaben, die in den Jahren 2018 bis 2022 vom hessischen Kultusministerium gestellt wurden**. Zur besseren Nachvollziehbarkeit wurden jeder Aufgabe **Bearbeitungshinweise** hinzugefügt. Die methodischen Schritte können Sie auf die Bearbeitung anderer Texte und Aufgaben übertragen. Zudem stehen Ihnen **vollständige englische Lösungen** zur Verfügung, die von unseren Autorinnen und Autoren erstellt wurden. Dieser Band umfasst außerdem **Kurzinterpretationen**, die Ihnen bei der Wiederholung und Vertiefung der **Pflichtlektüren** nützlich sein werden, sowie ein **Basiswissen** mit den wichtigsten Fakten **zu Irland**, dem aktuellen „country of reference".

Zusätzlich zu den Aufgaben in diesem Buch haben Sie die Möglichkeit, sprachliche **Grundlagen** anhand interaktiver Aufgaben im **ActiveBook** zu üben. Mit Hilfe der **Web-App** „MindCards" können Sie hilfreiche **sprachliche Wendungen** wiederholen. Die **Lernvideos** zum **Umgang mit Textaufgaben** enthalten Hinweise zum Umgang mit häufigen Operatoren wie „outline", „characterise" oder „discuss".

Sie können auf alle digitalen Zusätze online über die Plattform **MyStark** zugreifen. Auf den Farbseiten zu Beginn des Buches finden Sie Ihren persönlichen Zugangscode.

Sollten nach Erscheinen dieses Bandes noch **wichtige Änderungen** in der Abitur-Prüfung 2023 vom Kultusministerium bekannt gegeben werden, finden Sie aktuelle Informationen dazu ebenfalls auf der Plattform MyStark.

Wir wünschen Ihnen viel Erfolg bei der Abiturprüfung!

Hinweise zu den digitalen Zusätzen

Auf alle digitalen Zusätze können Sie online über die Plattform **MyStark** zugreifen. Ihren persönlichen Zugangscode finden Sie auf den Farbseiten vorne im Buch.

PDF der Original-Prüfungsaufgaben 2022

Um Ihnen die Prüfung 2022 schnellstmöglich zur Verfügung stellen zu können, bringen wir sie in digitaler Form heraus. Sobald die Original-Prüfungsaufgaben 2022 freigegeben sind, können sie als PDF auf der Plattform MyStark heruntergeladen werden (Zugangscode vgl. Farbseiten vorne im Buch).

Lernvideos

Textaufgaben sind Teil vieler Prüfungen und Klausuren – und machen oft einen Großteil der Prüfungsleistung aus. Mithilfe der **Lernvideos zum richtigen Umgang mit Textaufgaben** können Sie sich optimal auf die Anforderungen in diesem Bereich vorbereiten. Am Beispiel von zwei Texten mit je drei Aufgabenstellungen wird gezeigt, wie man an eine Textaufgabe herangeht und sie erfolgreich löst.

Die Lernvideos beinhalten:

- **Schritt-für-Schritt-Anleitungen** zum richtigen Vorgehen in der Prüfung
- **Sachtext** und **literarischer Text** als Grundlage
- nützliche Hinweise zu **häufigen Operatoren** und **Zieltextsorten**

Interaktive Aufgaben – „ActiveBook“

Im **ActiveBook** „**Basic Language Skills**“ erhalten Sie Zugriff auf zahlreiche **interaktive Aufgaben** zu Grundlagen wie **Hörverstehen**, **Leseverstehen** und **Sprachverwendung im Kontext**. Dies sind ganz wichtige „Basics“, die Sie für eine gute Sprachbeherrschung brauchen.

Das ActiveBook „Basic Language Skills“ bietet Ihnen:

- „**Listening**“ – authentische Audiodateien mit vielfältigen Aufgaben, die Ihr Hörverstehen testen
- „**Reading**“ – abwechslungsreiche Lesetexte und dazugehörige Aufgaben

ActiveBook
Interaktives Training

- „**English in Use**" mit gemischten Aufgaben rund um den Gebrauch der englischen Sprache
- Alle Aufgaben sind interaktiv, d. h., Sie können sie direkt am PC bearbeiten und erhalten sofort eine Rückmeldung zu Ihren Antworten.

Web-App „MindCards"

Mit der Web-App „**MindCards**" können Sie am Smartphone Vokabeln lernen. Auf diesen interaktiven Karteikarten finden Sie hilfreiche Wendungen, die Sie beim Schreiben von Texten oder im mündlichen Sprachgebrauch einsetzen können.

Scannen Sie einfach die QR-Codes oder verwenden Sie folgende Links, um zu den „MindCards" zu gelangen:
https://www.stark-verlag.de/mindcards/writing-2
https://www.stark-verlag.de/mindcards/speaking-2

Writing

Speaking

Hinweise und Tipps zum Landesabitur

Die Anforderungen im schriftlichen Abitur

1 Kerncurriculum, Einführungserlasse und Abiturverordnung

Für die Vorbereitung auf das Abitur im Fach Englisch ist die Kenntnis der Grundlagen von Textauswahl und Aufgabenstellung erforderlich. Sie sind im Kerncurriculum für die Qualifikationsphase und in der „Oberstufen- und Abiturverordnung (OAVO)“ festgeschrieben. Die Vorgaben des Kerncurriculums werden durch die Abiturerlasse („Hinweise zur Vorbereitung auf die schriftlichen Abiturprüfungen im Landesabitur“) spezifiziert.[1] Diese geben eine verbindliche Auswahl an thematischen Schwerpunkten in Form von prüfungsrelevanten Stichworten vor. Sowohl für den **Leistungskurs** als auch für den **Grundkurs** gibt es für das **Abitur 2023** verbindliche **Pflichtlektüren**.
Mindestens eine Prüfungsaufgabe wird sich auf eines oder mehrere der folgenden Werke beziehen:

Leistungskurs/erhöhtes Niveau:
Q 1: Harper Lee, *To Kill a Mockingbird;*
außerdem die Verfilmung von Robert Mulligan (1962)
Q 2: George Orwell: "Shooting an Elephant"; Hanif Kureishi: "My Son the Fanatic";
Zadie Smith: "The Embassy of Cambodia"
Q 3: William Shakespeare, *Othello*

Grundkurs/grundlegendes Niveau:
Q 1: Harper Lee, *To Kill a Mockingbird* in der Verfilmung von Robert Mulligan (1962)
Q 2: George Orwell: "Shooting an Elephant"; Hanif Kureishi: "My Son the Fanatic";
Zadie Smith: "The Embassy of Cambodia"

1 www.kultusministerium.hessen.de

1.1 Themenfelder im Abiturerlass für 2023

Der folgende Überblick zeigt Ihnen, auf welche Themen sich die Prüfungsaufgaben schwerpunktmäßig beziehen werden:

Halbjahr	Verbindliche Unterrichtsinhalte	
Q 1.1	**The USA – the formation of a nation**	
	GK + LK:	• development and principles of American democracy and the Constitution • landmarks of American history: *insbesondere* Civil Rights Movement, Black Lives Matter
	LK:	• recent political and social developments
Q 1.2	**Living in the American society**	
	GK + LK:	• the American way of life: *Einstellungen und Haltungen, Mobilität* • migration and the American Dream
	LK:	• values and beliefs: *Religion, Puritanismus, Patriotismus*
Q 1.3	**Manifestation of individualism**	
	GK + LK:	• the American Dream as a manifestation of individualism • concepts of life: *Leben in der Stadt oder auf dem Land, Ausstieg aus der Gesellschaft* • stories of initiation
	LK:	• visions and nightmares: *individuelle Schicksale (Vietnamkrieg, 11. September 2001 und Irakkriege)*
Q 2.1	**Great Britain – past and present: the character of a nation**	
	GK + LK:	• Great Britain – tradition and change: *wesentliche Veränderungen auf sozialer, kultureller, politischer oder wirtschaftlicher Ebene* (British Empire – *insbesondere* colonization, *Industrialisierung, …)* • being British: national identity and national stereotypes
Q 2.2	**Ethnic diversity**	
	GK + LK:	• Great Britain as a multicultural society: *Auswirkungen der kolonialen Vergangenheit* • prejudice and the one-track mind
	LK:	• integration versus assimilation

Q 2.3	**The English-speaking world**	
	LK:	• country of reference: Ireland • past and present (*insbesondere:* emigration, partition of Ireland, Celtic Tiger) • living together: *z. B. Sozialstruktur der Gesellschaft,* multiculturalism
Q 3.1	**Human dilemmas in fiction and real life**	
	GK + LK:	• extreme situations: *der Kampf ums Überleben* • being different
	LK:	• *insbesondere* Elizabethan England – an introduction to the Golden Age • drama by William Shakespeare: *insbesondere Othello*
Q 3.2	**Modelling the future**	
	GK + LK:	• science and technology: *insbesondere* biotechnology, electronic media, artificial intelligence • possibilities and responsibilities
	LK:	• power and ambition
Q 3.3	**Gender issues**	
	LK:	• culture and gender – now and then: *Schönheitsideale im Wandel (Sonette von Shakespeare), Genderkonstruktionen in der Werbung*

1.2 Aufgabenarten und Bewertung

Seit 2019 besteht die Prüfung im Grund- und Leistungskurs für alle Prüflinge aus zwei Teilen – aus einer Sprachmittlungsaufgabe und aus einer Textaufgabe:

- Die **Sprachmittlung** (Prüfungsteil 1/Pflichtvorschlag A) erfolgt in die Fremdsprache und muss von allen Prüflingen verpflichtend bearbeitet werden, d. h., hier gibt es keine Wahlmöglichkeit.
- Beim „**Schreiben mit integriertem Leseverstehen**“ (Prüfungsteil 2) stehen zwei Vorschläge (B 1 und B 2) zur Wahl. Jeder Vorschlag umfasst einen oder mehrere Texte mit drei bis vier Arbeitsanweisungen. Es kommen literarische Texte und Sachtexte infrage sowie Bilder und Grafiken.
  Der im Leistungskurs vorgelegte Text umfasst zwischen 700 und 1 000 Wörter, der im Grundkurs zwischen 500 und 800 Wörter. Werden mehrere Texte vorgelegt, gilt die Wortzahl für alle Texte zusammen.

Die in diesem Buch enthaltenen Aufgaben des Jahrgangs 2018 folgen noch einem etwas anderen Muster als Ihre Abiturprüfung, da das Abitur bis 2018 einen leicht abweichenden Aufbau hatte (drei Vorschläge – darunter zwei reine Textaufgaben und eine kombinierte Aufgabe –, von denen einer zur Bearbeitung ausgewählt werden musste). Dennoch können Sie sich auch anhand der Abituraufgaben 2018 sehr gut auf Ihr Abitur vorbereiten, da alle Aufgabenformen, die Sie bearbeiten müssen, auch in diesen Aufgaben vorkommen: Die Sprachmittlung können Sie mithilfe von Aufgaben aus „Vorschlag C“

üben und die restlichen Aufgaben entsprechen dem Format „Schreiben mit integriertem Leseverstehen".

Bei allen Aufgabenarten der aktuellen Prüfung erfolgt die Bewertung der **inhaltlichen** und die der **sprachlichen Leistung** getrennt. Bei der Festlegung der Note kommt der sprachlichen Leistung im Vergleich zur inhaltlichen die größere Bedeutung zu. Sie wird im Verhältnis 60:40 gewertet. Eine mit 0 Notenpunkten bewertete inhaltliche oder sprachliche Leistung schließt eine Gesamtnote von mehr als drei Notenpunkten aus.

Kriterien für die Bewertung der inhaltlichen Leistung sind:
- Textverständnis,
- Entfaltung des Themas,
- Folgerichtigkeit der Darstellung,
- Anwendung fachspezifischer Kenntnisse und Methoden,
- Fähigkeit zur Argumentation und Stellungnahme und
- v. a. im Leistungskurs: Erkennen der Wirkung sprachlicher und formaler Textmerkmale.

Bewertung der sprachlichen Leistung:
Die sprachliche Leistung, welche die Bereiche sprachliche Richtigkeit sowie Ausdruck und Textgestaltung zu gleichen Teilen, d. h. im Verhältnis 1:1, umfasst, wird ganzheitlich bewertet. Ausschlaggebend hierbei ist, ob und in welchem Ausmaß Verstöße gegen die Sprachrichtigkeit die Lesbarkeit und das Textverständnis beeinträchtigen und inwiefern die sprachliche Gestaltung des Textes gelungen ist. Der Gesamteindruck steht also im Vordergrund. Wiederholungsfehler bei demselben Wort bzw. in einem identischen Kontext werden nicht erneut gewertet.
Die ganzheitliche Bewertung der sprachlichen Leistung orientiert sich an klar umrissenen Kriterien der allgemeingültigen Deskriptoren-Tabelle, die sich wie folgt zusammenfassen lassen:

Kriterien für die Bewertung der sprachlichen Richtigkeit:
- lexikalische Korrektheit in allen Bereichen des Wortschatzes
- grammatische/syntaktische Korrektheit
- orthographische Korrektheit (Rechtschreibung und Zeichensetzung)

Kriterien für die Bewertung von Ausdruck und Textgestaltung:
- zielgerichteter, strukturierter und kohärenter Textaufbau
- Umsetzung der spezifischen formalen Textsortenmerkmale (gemäß Aufgabenstellung)
- eigenständige Darstellung; ggf. korrekte Kennzeichnung von Zitaten
- Angemessenheit des Sprachregisters, d. h. des Stilniveaus; Adressatenbezug
- Angemessenheit der Wortwahl (Präzision, Differenziertheit und Idiomatik bei allgemeinem Wortschatz sowie themen- und aufgabenspezifischem Fachvokabular)
- Variation des Satzbaus
- angemessene Verwendung komplexer, sprachtypischer Strukturen
- Einsatz von textstrukturierenden Mitteln

2 Anforderungsbereiche und Aufgabenstellungen zur Textaufgabe

In der Regel werden Ihnen beim „Schreiben mit integriertem Leseverstehen“ drei bis vier Aufgaben gestellt, die sich im Grundsatz an der Abfolge Zusammenfassung, Analyse und Stellungnahme/Kommentar/kreatives Schreiben orientieren.
Diese Abfolge ergibt sich grob aus den drei Anforderungsbereichen, die in der Oberstufen- und Abiturverordnung (OAVO) vorgegeben sind:

- Anforderungsbereich I: Textverstehen
- Anforderungsbereich II: Textanalyse
- Anforderungsbereich III: Werten und Gestalten

Abituraufgaben werden so konzipiert, dass der Schwerpunkt der geforderten Leistungen auf dem Anforderungsbereich II liegt. Grund- und Leistungskurs unterscheiden sich prinzipiell darin, dass im Grundkurs die Anforderungen aus den Bereichen I und II stärker akzentuiert sind, im Leistungskurs die Anforderungen aus den Bereichen II und III.
Die **erste Aufgabe** bezieht sich in der Regel weitgehend auf den **Anforderungsbereich I:** Textverstehen. Sie sollen unter Beweis stellen, dass Sie die Textvorlage verstanden haben und in der Lage sind, den Text zusammenzufassen oder einen Teilaspekt darzustellen.
Die **zweite Aufgabe** bezieht sich in der Regel schwerpunktmäßig auf den **Anforderungsbereich II:** Textanalyse. Die Analyse kann sich sowohl auf die Untersuchung der Gestaltungsmerkmale des Textes beziehen wie auch den Problemgehalt des angesprochenen Themas ausloten; u. a. können Sie aufgefordert werden, den Bezug zu einem im Unterricht bearbeiteten thematischen Kernbereich herzustellen. Oft werden zu beiden Teilbereichen Fragen gestellt.
Gleichwertig als Leistungen im Bereich des **Anforderungsbereichs III** werden die Stellungnahme/der Kommentar und das kreative Schreiben (z. B. aus einer anderen Perspektive) in einer vorgegebenen Textsorte angesehen. In der Regel wird nur eine der beiden Aufgaben gestellt.

Weitere hilfreiche Tipps zum Umgang mit Textaufgaben finden Sie in unseren Lernvideos auf der Plattform MyStark (Zugangscode vgl. Farbseiten). Hier erklären wir, wie man bei den wichtigsten Operatoren im Bereich Schreiben vorgehen muss. Außerdem erfahren Sie etwas zu häufigen Zieltextformaten wie z. B. Leserbrief oder Blogeintrag.

3 „Operatoren“

Um unmissverständliche Aufgabenstellungen zu ermöglichen, werden sog. Operatoren verwendet. Das sind als Schlüsselwörter fungierende Aufforderungsverben, die auf die erwartete Leistung (und bestimmte Anforderungsbereiche) abzielen. In der Regel werden nur die in der vom Hessischen Kultusministerium veröffentlichten Operatorenliste festgelegten, definierten und mit Beispielen versehenen Verben benutzt.[2] Sie sollten Ihnen aus dem Unterricht bereits hinlänglich vertraut sein.
Trotz der Zuordnung der Operatoren zu den jeweiligen Anforderungsebenen ist eine klare Trennung nicht immer möglich. Für den Bereich kreativer Schreibaufträge werden hier keine Operatoren aufgeführt.

Operator	Definition	Beispiel	AFB
Anforderungsbereich I			
delineate	present the central elements of a line of action or line of argument	Delineate the author's argumentation.	I–II
describe	give a detailed account of sth in your own words	Describe the different attitudes of the protagonists regarding Britain and the British.	I–II
outline/ name/ state	give the main features of a topic without commenting on them	Outline the author's views on love, marriage and divorce.	I
summarise	give a concise account of the main points	Summarise the text (in your own words).	I–II
Anforderungsbereich II			
analyse/ examine	systematically describe and explain in detail certain aspects and/or features of the text	Analyse the rhetorical means used. Analyse the relationship between X and Y. Examine the author's use of language.	II
compare	point out and analyse similarities and differences	Compare X and Y's views on education. Compare the living conditions described in the text with the idea of the "melting pot".	II–III
explain/ illustrate	describe and define in detail	Explain the protagonist's obsession with money.	II

2 www.kultusministerium.hessen.de

point out/ depict/ present	identify and explain certain aspects	Point out the situation the protagonist finds himself confronted with. Depict the meaning of the cartoon.	I–II
put into the context of	an incident, statement or argument is linked to relevant historical or topical knowledge (on the basis of knowledge gained in class)	Put this speech into the context of the Hispanic experience in the US.	I–II
relate	take an aspect (aspects) of the text at hand and establish a meaningful connection to an aspect (aspects) of the text of reference	Relate the protagonist's principles to a text read in class.	II
write a characterisation/ characterise	describe and analyse the character(s)	Write a characterisation of the heroine.	II
Anforderungsbereich III – Bereich Interpretation/Bewertung			
assess	come to a justified conclusion about a certain topic or statement	Assess the importance of ethics in scientific research.	III
comment/ evaluate	state clearly your opinions on the topic in question, also explaining your criteria for judgment	Comment on the thesis … expressed in the text, line … Evaluate the chances of the protagonist's plan to succeed in life.	III
discuss	analyse, give reasons for and against and come to a justified conclusion	Discuss the influence of terrorism on civil liberties in the United States.	III
interpret	analyse the text and put its meaning in a wider context	Interpret the message the author wishes to convey.	I–III
Anforderungsbereich III – Bereich Textproduktion/Gestaltung			
write + *text type*/ develop	creative text production on a topic within the context of a specific text type	Write (e. g.) a letter to the editor / a personal letter / a dialogue / a speech …	III

1 Sprachmittlungsaufgabe

Die Sprachmittlungsaufgabe erfordert die sinngemäße, schriftliche Zusammenfassung des wesentlichen Gehaltes eines deutschen Ausgangstextes in der Fremdsprache. Der Ausgangstext bezieht sich meist auf einen aus dem Unterricht vertrauten Themenbereich, muss aber inhaltlich nicht mit der sich anschließenden Textaufgabe verknüpft sein. Infrage kommen vor allem anwendungsbezogene Texte, die sich z. B. auf naturwissenschaftliche, technische oder wirtschaftliche Sachverhalte aktueller oder zeitloser Art (in Deutschland) beziehen. Die der Mittlung vorangestellte Aufgabe versucht typischerweise, einen praktischen Kontext herzustellen und z. B. einen Zweck anzugeben, der beim Schreiben berücksichtigt werden muss. Das könnten die Webseite einer Schule im englischsprachigen Ausland oder ein englischsprachiges Projekt sein, an dem mehrere Schulen in der EU arbeiten.
Sprachmittlung bedeutet nicht, dass Sie eine Übersetzung vornehmen sollen, sondern dass Sie die Kernaussagen des deutschen Ausgangstextes in englischer Sprache wiedergeben. Somit kann bei der Vorbereitung auf diese Aufgabe auch das Kapitel über die Textzusammenfassung hilfreich sein.

Wesentlich ist folgende Vorgehensweise:

Schritt 1
Suchen Sie nach der zentralen Aussage des Textes.

Schritt 2
Integrieren Sie diese zentrale Aussage in Ihren *umbrella sentence*. Der *umbrella sentence* steht am Anfang Ihres Textes und informiert die Leser*innen nicht nur über den argumentativen Kern des Ausgangstextes, sondern auch über den situativen Rahmen – inklusive Quellenangabe.

Schritt 3
Arrangieren Sie die wichtigsten Punkte um die in Schritt 1 bestimmte Kernaussage herum.

Schritt 4
Lassen Sie Details und rein illustrative Passagen aus. Wichtig sind die Aussage des Textes und seine innere Logik. Denken Sie daran, dass logische und zeitliche Bezüge durch die geschickte Verwendung von Konjunktionen (z. B. *although, as, but, however, if, unless, when*) hergestellt werden.

2 Textzusammenfassung/gelenkte Textzusammenfassung

Die erste Aufgabe im Prüfungsteil „Schreiben mit integriertem Leseverstehen“ zielt in der Regel auf das Textverstehen, d. h., sie beinhaltet in gelenkter oder allgemeiner Form die Erstellung einer Zusammenfassung, deren Länge in aller Regel zwischen 25 und 30 % des Ausgangstextes beträgt.

Warum wird eine Zusammenfassung geschrieben?
Die Zusammenfassung hat eine Schlüsselfunktion in der Vorbereitung der Textanalyse und der Interpretation. Zunächst muss man sicher sein, dass auch wirklich erfasst worden ist, worum es in dem Text geht. Erst dann ist es möglich, den Text auf Aufbau, Argumentationsweise, Sprache und Stilmittel, d. h. in Bezug auf seine Gestaltungsmittel zu untersuchen. Erst wenn die Textaussage und die Textgestaltung klar erfasst sind, kann man sich der Textauslegung, der Interpretation und der Analyse der Bedeutung des Textes zuwenden, d. h., erst dann kann der Text auch in einem größeren inhaltlichen oder stilistischen Zusammenhang betrachtet werden.

Wie wird eine Zusammenfassung vorbereitet?
Jede inhaltliche Zusammenfassung beginnt mit einem *umbrella sentence*, der (soweit bekannt) Angaben zum Autor oder zur Autorin, zur Textsorte, zum Zeitpunkt des Entstehens und zum thematischen Schwerpunkt des Textes enthält.
Die Gliederung des Textes entwickelt sich bei Sachtexten aus folgenden Leitfragen:
- Um welches Thema/Problem geht es?
- Was will der Autor oder die Autorin aussagen?
- Wie baut er oder sie die Argumentation auf?
- Welche weitergehende Stellungnahme wird in den Folgeaufgaben verlangt?

Bei literarischen Texten als Klausurvorlage steht nicht der argumentative Charakter im Vordergrund. Es handelt sich in aller Regel um Momentaufnahmen aus einem größeren Zusammenhang, welcher in dieser Situation unbekannt bleibt. Die Gliederung des Textes ergibt sich aus Leitfragen wie z. B.:
- Welche Situation treffen wir an?
- Wer sind die Hauptfiguren und wie verhalten sie sich?
- Welche Grundstimmung finden wir vor?
- Um welches Thema/Problem geht es?
- Wie ist der Text strukturiert?
- Für welche weitergehende Fragestellung werden Informationen benötigt?

In jedem Falle ist bei diesen Leitfragen immer wieder zu entscheiden:
- Was ist zentral wichtig?
- Was ist rein ornamental, also ausschmückendes Beiwerk?
- Was könnte man erwähnen, muss es aber nicht?

Bei der Entscheidung, was man weglassen kann, helfen Überlegungen wie: „Könnte ich den Text verstehen, wenn mir diese Information nicht zur Verfügung gestellt würde?“

Was ist beim Schreiben zu beachten?
Aus der Beantwortung der Leitfragen ergeben sich Grundbausteine und eine Rohstruktur der Zusammenfassung. Im Einzelfall kann eine detailliertere Gliederung unerlässlich sein. Grundsätzlich sind nur Äußerungen niederzuschreiben, die sich an der Textvorlage auch tatsächlich überprüfen lassen. Die Argumentationslogik sollte klar, unverschnörkelt und nachvollziehbar sein. Sie wird in den meisten Fällen nicht der Reihenfolge der Argumente im Text folgen. Im Gegenteil: Sehr oft wird eine am Schluss der Textvorlage zu findende

These/Schlussfolgerung oder überraschende Handlungsvariante den Ausgangspunkt der Zusammenfassung bilden.

Wie wird die Zusammenfassung formal und sprachlich gestaltet?

- **Textlänge:** Der Umfang der Zusammenfassung liegt meist zwischen einem Viertel und einem Drittel der Länge der Textvorlage.
- **Tempus:** Eine Zusammenfassung wird im Präsens verfasst. Im Text vorkommende Vor- bzw. Nachzeitigkeit bleibt erhalten.
- **Bezüge:** Personen-, Zeit- und Ortsbezüge werden wie in der indirekten Rede umgeformt, also wird z. B. *I* zu *he* oder *she*; *yesterday* wird zu *the day before*; *here* wird zu *there*.
- **Tabus:** Die Zusammenfassung enthält weder direkte Rede oder Zitate noch eine wertende persönliche Stellungnahme.

Sprachlich tendiert die Zusammenfassung zu einem leicht gehobenen Niveau und Abstraktionsgrad. Sie ist eher konzeptuell als berichtend oder ausschmückend; dies und die Textlänge unterscheiden sie von der Nacherzählung. Ein höherer Abstraktionsgrad verlangt die Verwendung von Kürzungsmitteln:

- **Allgemeinbegriffe** (wie z. B. *fruit* anstelle von *„oranges, apples and grapes"*),
- **übergreifend einschätzende Verben** (wie z. B. *to focus on, to claim, to maintain, to criticise, to report, to illustrate, ...*),
- **generalisierende Adjektive** (wie z. B. *to be worried about, to be reluctant, to be concerned with, ...*) und
- **Konjunktionen:** temporale *(before, when)*, kausale *(because, as, so)*, konditionale *(if, unless)*, konzessive *(though, although)*, kontrastive *(but, instead of)* und konsekutive *(so that, thus)* Bindewörter.

3 Analyse

Grundsätzlich können sich Aufgaben zur Analyse zum einen auf die Textanalyse im engeren Sinne beziehen, zum anderen auf zusätzliches Material oder auf im Unterricht Erarbeitetes.

- Bei der **Analyse im engeren Sinne** geht es um Facetten der Textstrukturierung/Textgestaltung, die aufzuzeigen sind; es kann zusätzlich gefordert sein, das Verhältnis zwischen den Gestaltungsmitteln und dem Inhalt, der Atmosphäre oder der Textaussage auszuloten, d. h. die Funktion der Gestaltungsmittel zu bestimmen – als Teil der Interpretation (siehe a).
- Eine weitere Variante der Textanalyse besteht in der **Verknüpfung** der Textvorlage **mit einem zusätzlich in der Aufgabe zur Verfügung gestellten Material** (z. B. ein Cartoon oder eine Statistik/ein Diagramm; siehe b).
- Ebenso können Sie aufgefordert werden, die Informationen des vorliegenden neuen Textes zu **im Unterricht Gelesenem und Diskutiertem** in Bezug zu setzen (siehe c).

a) Auf der Basis der Zusammenfassung und dem so gewährleisteten Textüberblick wird das erworbene Wissen systematisch auf den Text angewendet. Wenn in der Aufgabenstellung keine weiteren Hinweise gegeben werden, so ist der Text daraufhin zu *scan-*

nen, welche Gestaltungsmittel besonders in den Vordergrund treten. Das *Scannen* kann sich beziehen auf:
- die Wortwahl (Register, Häufigkeiten),
- den Satzbau (komplex/einfach),
- Stilmittel (z. B. Kontrast, Parallelität, Wiederholung) und
- Sprachfiguren (z. B. Vergleich, Metapher)[3].

Mit dem Aufzeigen von Textgestaltungsmerkmalen kann die Aufgabenstellung erfüllt sein, in vielen Fällen allerdings ist sie das Fundament für eine weiterführende Betrachtung, die über die formale Analyse hinausgeht. Hier stellt sich die Frage nach dem Zusammenwirken von Form und Inhalt, d. h., die Gestaltungsmittel werden auf ihre Funktion oder Wirkung hin überprüft. Inwiefern unterstützen sie die Textaussage oder unterlaufen sie diese, z. B. in der Satire oder der Parodie?

b) Bei der Verbindung von neuem Text mit einem zusätzlichen Material (z. B. einem Cartoon, einem Werbeplakat oder einer Statistik) enthält die Aufgabenstellung mit großer Wahrscheinlichkeit einen Hinweis auf gewünschte Anknüpfungspunkte zwischen den beiden Materialien (siehe GK 2019-6). Dennoch ist es wesentlich, sich mit dem Inhalt des zusätzlichen Materials auseinanderzusetzen, bevor auf mögliche Vergleichsmerkmale mit dem Text Bezug genommen wird:
   - Handelt es sich bei dem zusätzlichen Material um eine **Statistik**, sollten Sie sich zunächst über die Art des vorliegenden Diagramms klar werden und dieses dann genauer beschreiben. (Hilfreiche Formulierungen hierfür finden Sie auf den Seiten XVII–XIX.)
   - Handelt es sich um einen **Cartoon**, ist es Ihre Aufgabe, die in Bild und Schrift dargestellte Botschaft des Zeichners zu dekodieren und in einen logischen Kontext zu stellen. Dies sollte in den folgenden Schritten erfolgen:
     - Beschreibung der im Cartoon dargestellten Personen, der Situation oder Aktion sowie der Textanteile (z. B. Sprechblasen, Bildunterschriften) im Präsens *(simple present, present progressive)*,
     - Erkennen des im Cartoon angesprochenen Problems, Bezug der dargestellten Szene auf die (momentane) politische oder gesellschaftliche Situation (wichtige Informationen hierfür können in Bildunterschrift oder Sprechblasen enthalten sein),
     - Entschlüsseln der verwendeten Symbole (z. B. Taube für den Frieden),
     - Interpretation der Botschaft des Cartoons, gestützt auf die gesammelten Erkenntnisse und Informationen.

     Erst nach der Analyse und Interpretation des Cartoons können Sie diesen fundiert in Bezug zur Textvorlage setzen. Dabei sollten Sie sich u. a. die Frage stellen, ob ein und dasselbe Thema aus verschiedenen Blickwinkeln oder derselben Perspektive dargestellt wird oder ob es inhaltliche Anhaltspunkte für einen Vergleich der beiden Materialien gibt. (Hilfreiche Formulierungen für die Analyse eines Cartoons finden Sie auf der Seite XVI f.)

3 vgl. *Glossary of literary terms* (S. XIX ff.)

- Handelt es sich um ein **Werbeplakat**, ist es wichtig, sowohl Bild als auch Werbebotschaft einer genauen Betrachtung zu unterziehen. Meist ist es die Kombination aus den Komponenten Text und Bild, die die Aufmerksamkeit der Betrachtenden erregen soll. Nicht selten trägt die Bildbearbeitung dazu bei, den Werbeslogan zu unterstreichen *(staged advertisement)*.
  Generell empfiehlt sich folgendes Vorgehen zur Analyse eines Werbeplakats:
  - Kurze Beschreibung des Posters: Was wird dargestellt? Wer wirbt mit dem Plakat? Wofür wird geworben?
  - Beschreibung des Posters im Detail: Gehen Sie bei aufwändigeren Plakaten am besten systematisch vor, indem Sie das Plakat von unten nach oben bzw. links nach rechts oder erst Vorder- und dann Hintergrund beschreiben. Weisen Sie dabei auf auffällige Details hin, die den Gesamteindruck des Posters verstärken. Geben Sie die Texte in Ihren eigenen Worten wieder.
  - Herstellen einer Beziehung zwischen Werbetext und Abbildung: Gibt es (ironische) Widersprüche zwischen Bild und Text? Ergänzen sich die beiden Komponenten? Verstärkt der Text bzw. das Bild bestimmte Eindrücke?
  - Analysieren des Effekts des Posters: Wer soll angesprochen werden? Welche Absicht steckt dahinter? Wie wird die Botschaft vermittelt? Wird der beabsichtigte Effekt beim Beobachter erzielt? (Hilfreiche Formulierungen zur Analyse eines Werbeplakats finden Sie auf Seite XVI.)

c) Auch wenn ein Bezug von bereits Gelerntem zum neuen Text gewünscht ist, wird in der Regel die Aufgabenstellung die weitere Herangehensweise steuern. Sollte die Aufgabenstellung sehr allgemein sein, so müssen mögliche Anknüpfungspunkte kurz durchdacht werden. In einem weiteren Schritt ist dann z. B. zu klären, ob und, wenn ja, inwiefern sich Gelerntes und Neues widersprechen oder ergänzen.

4 Persönliche Stellungnahme/Kommentar und Diskussion

Traditionellerweise erfordert die Lösung der letzten Aufgabe eine persönliche Stellungnahme, einen kritischen Kommentar oder eine analytisch orientierte Diskussion. Zuweilen tritt an die Stelle dieser Anforderung die sogenannte kreative, gestalterische Aufgabe, die im Rahmen einer Textsortenbindung bei der inhaltlichen Ausgestaltung einen größeren Spielraum für das Einbringen eigener Ideen bietet.

In einer **persönlichen Stellungnahme** oder **einem Kommentar** wird von Ihnen erwartet, dass Sie Ihre eigene Meinung zu dem gegebenen Problem äußern. Damit steht es Ihnen frei, das Problem u. U. auch sehr emotional und unter Bezug auf Ihre eigenen Erfahrungen und ganz persönlichen Wertvorstellungen zu beleuchten.
Es wird von Ihnen erwartet, dass Sie einen oder mehrere Hauptaspekte auswählen und diese Auswahl kurz reflektieren und begründen. Diese Aspekte werden systematisch bearbeitet und Thesen dazu aufgestellt. Über eine eng gefasste persönliche Stellungnahme hinaus sollte eine Einbettung der Problemstellung und der Hauptaspekte in einen größeren Kontext vorgenommen werden.

Im Rahmen einer **Diskussion** sollten Sie möglichst viele Facetten eines Problems entfalten, analytisch durchdringen und eine Bewertung vornehmen. Die Grundlagen dieser Bewertung müssen offengelegt und reflektiert werden.
Die Diskussion ist mehr der analytischen Schärfe verpflichtet und weniger den Bedürfnissen und Emotionen des Einzelnen. Sie können also bei der Diskussion eines Problems zu anderen Ergebnissen kommen als bei einer persönlichen Stellungnahme.
Methodisch empfiehlt es sich, vor dem Schreiben eine Stichwortsammlung zu erstellen, zusammengehörige Stichworte zu bündeln und in eine sinnvolle und für die Leserschaft nachvollziehbare Anordnung zu bringen. Immer mit Blick auf den Adressaten und die Adressatin ist beim Schreiben zu entscheiden, an welchen Stellen Beispiele/illustrierende Passagen eingefügt werden.

5 Ausdrucksvermögen

Die Ausdrucksweise jedes Menschen ist sehr individuell, daher sind allgemeine Aussagen zur Stilverbesserung schwierig. Allerdings haben Sie bereits gelesen, welche Kriterien der Bewertung des Ausdrucksvermögens zugrunde liegen. Bei der Vorbereitung Ihrer Prüfung ist also die Aneignung bzw. Wiederholung des themen- und aufgabenspezifischen Fachvokabulars wichtig. Grundlage sollten Ihre im Unterricht erworbenen Kenntnisse sein. Es gibt auch zahlreiche Veröffentlichungen, in denen der Oberstufenwortschatz thematisch gegliedert dargeboten wird (z. B. der Band „Englisch-KOMPAKT Wortschatz Oberstufe“ des Stark Verlages, Best.-Nr. 90462D, oder das „Abitur-Training Englisch Themenwortschatz“, Best.-Nr. 82451D).

Web-App „MindCards“

Viele weitere hilfreiche Wendungen zum Bereich „Writing“ enthalten übrigens unsere MindCards, auf die Sie u.a. über nebenstehenden QR-Code Zugriff haben.

5.1 Konnektoren

Im Zusammenhang mit der geforderten Variation des Satzbaus und dem Einsatz von textstrukturierenden Mitteln (Verknüpfungen zwischen Satzteilen, Sätzen und Satzgruppen) lohnt sich die bewusste, aber nicht übertriebene Verwendung von Konnektoren, die auch als *connectives* oder *linkers* bezeichnet werden. Sie sind besonders für die elegante Formulierung von Kommentaren notwendig. Die themen- und meinungsunabhängigen Konnektoren werden aber zum Teil auch bei Zusammenfassungen und Analyseaufgaben immer wieder gebraucht. In einsprachigen Wörterbüchern findet man solche hilfreichen Ausdrücke des Öfteren im Anhang oder in der Mitte. Hier eine kleine Auswahl zum Wiederholen und Üben:

1. **Einleitung**
   - it is undeniably true that … *(es steht außer Zweifel, dass …)*
   - for the great majority of people *(für die meisten Leute)*
   - it is sometimes forgotten that … *(es wird manchmal vergessen, dass …)*
   - a problem that is often debated nowadays is that of … *(heutzutage wird viel über … diskutiert)*

2. **Fortführung**
   - a number of key issues arise from … *(aus … ergeben sich einige grundsätzliche Fragen)*
   - what it boils down to is: … *(letztlich läuft es auf Folgendes hinaus: …)*

3. **Bestätigung**
   - it should be stressed that … *(man sollte betonen, dass …)*
   - it would be ridiculous to assert that … *(es wäre geradezu lächerlich zu behaupten, dass …)*
   - it is undoubtedly true that … *(zweifellos …)*

4. **Zweifel**
   - it is questionable whether … *(es ist fraglich, ob …)*
   - it remains to be seen whether … *(es wird sich zeigen, ob …)*
   - it may well be that … *(es kann sehr wohl sein, dass …)*
   - it is certainly true that … but I wonder whether … *(es ist sicher richtig, dass …, aber ich frage mich, ob …)*

5. **Missbilligung**
   - it is hard to agree with … *(es fällt schwer, mit … übereinzustimmen)*
   - … offers no solution to … *(… bietet keinerlei Lösungsansatz für …)*
   - … should not go unchallenged *(… sollte nicht unwidersprochen hingenommen werden)*
   - I find it impossible to accept … *(ich kann … einfach nicht akzeptieren)*

6. **Betonung einzelner Gesichtspunkte**
   - it should never be forgotten that … *(man sollte nie vergessen, dass …)*
   - especially in view of … *(besonders im Hinblick auf …)*
   - next I wish to focus our attention on … *(als Nächstes möchte ich unser Augenmerk auf … lenken)*
   - what is more, … *(hinzu kommt noch, dass …)*
   - the chief feature of … *(das Hauptmerkmal …)*

7. **Vergleich, Hinzufügung, Verbindung**
   - as for … *(was … betrifft)*
   - first of all …, next …, finally … *(zunächst …, dann …, schließlich …)*
   - as far as … is concerned … *(was … betrifft …)*

- there is a fundamental difference between … *(es besteht ein grundlegender Unterschied zwischen …)*
- as regards … *(was … angeht)*

8. **Persönliche Sichtweise**
   - in my opinion … *(meiner Meinung nach …)*
   - my own view of this is that … *(meiner Meinung nach …)*
   - it seems to me that … *(mir scheint …)*
   - I feel strongly that … *(ich bin der Überzeugung, dass …)*

9. **Andere Sichtweise**
   - this line of thinking leads to … *(dieser Gedankengang führt zu …)*
   - …, which brings us to another side of the question *(…, was eine andere Frage aufwirft)*
   - … draws our attention to the fact that … *(… macht uns darauf aufmerksam, dass …)*

10. **Zitate, Beispiele**
    - take the case of … *(wenn man zum Beispiel … nimmt)*
    - to illustrate the truth of this *(um das zu veranschaulichen)*
    - a single, but striking example of … *(ein gutes Beispiel für …)*
    - according to … *(laut …)*
    - this passage serves to illustrate … *(dieser Absatz veranschaulicht …)*

11. **These**
    - the first thing that needs to be said is … *(zunächst einmal sollte man darauf hinweisen, dass …)*
    - we must distinguish carefully between … *(man muss sorgfältig zwischen … unterscheiden)*
    - this brings us to the question of whether … *(daraus ergibt sich die Frage, ob …)*
    - it is worth stating at this point that … *(an dieser Stelle sollte man darauf hinweisen, dass …)*

12. **Antithese**
    - another way of looking at this question is to consider … *(man kann das Problem aber auch aus anderer Sicht betrachten)*
    - … is, however, a totally unjustified assumption *(… ist jedoch eine völlig unberechtigte Annahme)*
    - it would be more accurate to say that … *(es wäre richtiger zu sagen, dass …)*

13. **Synthese**
    - how can we reconcile these contradictory viewpoints? *(wie lassen sich diese widersprüchlichen Standpunkte vereinbaren?)*
    - it is easy to believe that … but the truth is that … *(man könnte annehmen, dass …, aber in Wahrheit …)*

14. **Schluss**
   - what conclusion can be drawn from all this? *(welche Schlussfolgerungen lassen sich aus all dem ziehen?)*
   - ultimately, then, … *(letzten Endes)*
   - nevertheless, at the end of the day it is safe to assume that … *(dennoch kann man letzten Endes davon ausgehen, dass …)*
   - all in all *(zusammenfassend)*
   - I therefore reject/support … *(daher unterstütze ich …/lehne ich … ab)*
   - in a nutshell … *(kurzum)*

Will man sich den bewussten Gebrauch dieser Wendungen angewöhnen, sollte man die Musterlösungen in diesem Band nicht nur nach auf die Aufgabenstellung bezogenen inhaltlichen Kriterien, sondern auf jeden Fall auch mit Blick auf die Art der sprachlichen Gestaltung durcharbeiten.

5.2 Beschreibung eines Werbeplakats

Formulierungen

This poster is about/represents/reveals/shows …
The photograph/image depicts …
It is an example of …/There is a reference to …
The poster criticises/points out …
The image suggests …/conveys the impression that …
The image draws attention to …
The image is manipulated …
The text explains …/is an appeal to …
The slogan hints at …/The explanatory text describes …
Text and image contradict each other because …/There is a contrast between …
The tone of the poster …
It creates an atmosphere of …
A positive impression is conveyed by …
The poster catches and holds the viewer's attention because …
The text is manipulative as …

5.3 Beschreibung eines Cartoons

Formulierungen

In the upper left-hand corner/in the lower right-hand corner …
In the foreground/in the background …
On the right-hand side/on the left-hand side …
At first sight, one believes …
The cartoon displays/shows …
The title of the cartoon refers to …
In the speech bubbles *(Sprechblasen)*, the cartoonist indicates …
The caption *(Bildunterschrift)* alludes to/implies …
The message is clear to see …

There is evidence that …
The cartoonist makes fun of …
From the cartoonist's point of view …
The cartoon displays the same topic as the text at hand, but shows another perspective on the issue …
The cartoon is more convincing than the arguments given in the text …

5.4 Beschreibung eines Diagramms

Diagrammarten

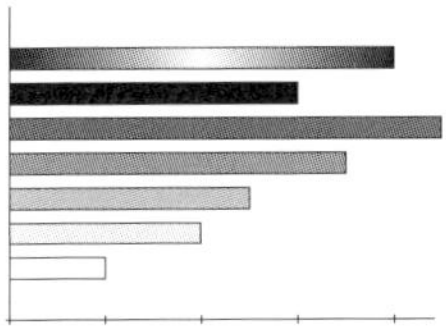

bar chart/graph
(Balken-, Säulendiagramm)

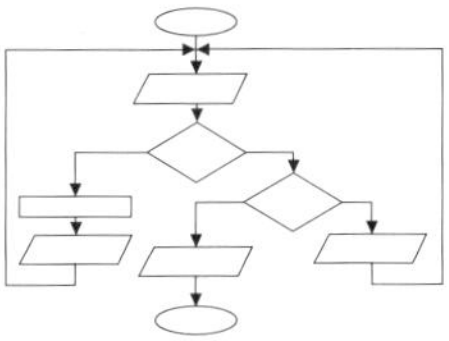

flow chart
(Flussdiagramm)

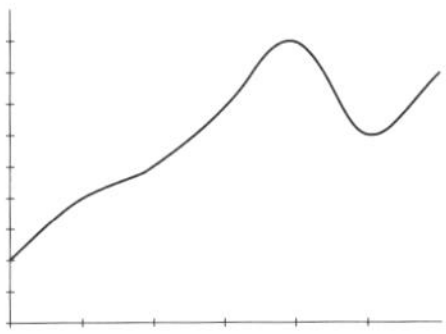

line graph
(Kurvendiagramm)

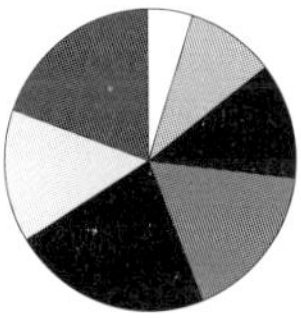

pie chart
(Kreisdiagramm, Kuchendiagramm)

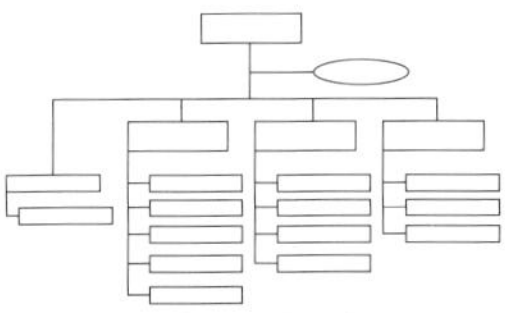

organisation(al) chart
(Organigramm)

Question	Answer
a) What are the conditions that would bring about multicul-turalism in a positive sense according to the author?	• individual rights should be guaranteed to everyone (cf. l. 29) • different groups should respect each other (cf. ll. 30 /31)
b) Which group makes it the most difficult to create a feeling of national identity?	white British people (cf. ll. 41/42)

table
(Tabelle)

Beschreibung des Diagramms

- **Zustand**

to stand at …	In December, sales stood at $ 22 million.
to remain/stay at …	Losses stayed at $ 2 million per month between January and March.
to amount to …	*sich belaufen auf, betragen*

- **Zunahme**

to rise/go up/increase by … to …	Costs rose by 5 % to 25 %.
to rise/go up/increase from … to …	Profits went up from 20 % to 25 %.
an increase/a rise of	There was an increase/a rise of 5 %.
an increase/a growth in	There was an increase in sales.
to rocket	*in die Höhe schießen*
to surge	*dramatisch zunehmen*
to double/treble/quadruple	*sich verdoppeln/verdreifachen/vervierfachen*
to increase five-fold, six-fold	*fünffach, sechsfach zunehmen*
to jump to	*in die Höhe schnellen*

- **Abnahme**

to drop/go down/decrease/fall by … to …	Expenses dropped by $ 55,000 to $ 320,000.
to drop/go down/decrease/fall from … to …	Interest rates decreased from 18 % to 16 %.
a drop/decrease/fall of	There was a drop/decrease/fall of 2 %.
a drop/decrease/fall in	Companies experienced a drop/decrease/fall in sales.
to plummet	*stark zurückgehen*
to slump	*zurückgehen*
to fall to a trough	*auf einen Tiefstand fallen*

- **Höhepunkt**

to peak at …	*einen Höchststand erreichen bei* Sales peaked at 5,000 units in December.
to reach a peak of …	Sales reached a peak of 5,000 units in December.

- **Gleichstand**

to level off/out at …	*sich einpendeln bei* Sales levelled out at 4,000 units.
figures do not change	The figures have not changed for years.

- **Tiefpunkt**

to bottom out at …	*einen Tiefstand erreichen bei* Our market share bottomed out later that year at around 25 %.
to reach their/its lowest at …	Profits reached their lowest at 8 %.

- **Adjektive**

slightly/steadly/dramatically/sharply	Sales figures have fallen slightly.
continually *(stetig)* / gradually *(allmählich)*	Profits have gone up continually.
(in)significantly *((un)bedeutend)* / negligibly *(geringfügig)*	Growth is expected to rise insignificantly.

Formulierungen

The pie chart shows ...
This is an organisation chart of ...
The bar graph demonstrates ...
This table gives information about ...
The pie chart compares ...
As you can see from the pie chart ...
Its most significant feature is ...
The horizontal axis represents ...
The dotted line on the graph represents ...
The figures in the table show that ...
The figures prove that ...
The statistics suggest that ...
The diagram makes it clear that ...
This implies that ...
There is evidence that ...

6 Glossary of literary terms

1. **Alliteration:** sometimes referred to as **head rhyme** or **initial rhyme**, alliteration is a term we use to describe the **repetition of the initial sounds**, usually consonants, in a line of poetry or in closely adjacent lines. A good poet uses alliteration not just because it sounds nice but because it reinforces the meaning and purpose of the lines in question. Alliteration therefore is used **to create melody**, **establish mood**, **or call attention to important words**. It also highlights similarities or contrasts.

   Example: "Scooping spilt, soft, broken oil with a silver spoon from a flagstone floor. ..."
   (*"M-M-Memory" from* The Other Country *by Carol Ann Duffy*)

2. **Allusion:** when a writer alludes to something in the course of writing a poem, he/she refers to **information assumed to be known** by the reader. This can be a reference to a person or a well-known occurrence such as a battle or war, a TV character or a well-known literary character.

   Example: "'An old woman who looked like one of the witches from Macbeth' he said. This allusion was lost on Sally. Seeing her puzzlement he went on, 'wrinkled, don't you know, and hideous and so forth' ..."
   (The Ruby in the Smoke *by Philip Pullman*)

3. **Anaphora:** the **repetition** of a word or phrase at the start of a succession of phrases in order to achieve **rhetorical effect**. This is most commonly used in plays or famous speeches.

   Example: "*We shall fight* in France, *we shall fight* on the seas and oceans, *we shall fight* with growing confidence and growing strength in the air, *we shall* defend our island, whatever the cost may be, *we shall fight* on the beaches, *we shall fight* on the

landing grounds, *we shall fight* in the fields and in the streets, *we shall fight* in the hills. *We shall* never surrender."
(Winston Churchill)

4. **Antithesis:** this term refers to the exact **opposite** of something being **highlighted in parallel words or** in the **juxtaposition** of contrasting ideas or phrases.

   Example: BRUTUS "Not that I loved Caesar less, but that I loved Rome more." (Julius Caesar *by William Shakespeare*)

5. **Characterisation:** the method an author uses to present his/her characters to the reader. This may involve **physical description**, an account of **speech and behaviour**, a character's **opinions and reactions**, or finally, what a character **feels or thinks** about something.

   Example: "Frances Lennox was a minor, steady, reliable actress, and had never been asked for anything more. This part was in a brilliant new play, a two-hander, and the male part would be taken by Tony Wilde who until now had seemed so far above her she would never have had the ambition to think of her name and his side by side on a poster ..." (The Sweetest Dream *by Doris Lessing*)

6. **Climax:** a group of sentences or clauses which starts with the weakest and then **builds to a high point** in order to achieve effect. The term can also refer to the high point of a story or play.

   Example: "It is an outrage to bind a Roman citizen; to scourge him is an atrocious crime; to put him to death is almost a parricide; but to crucify him, what shall I call it?"
   (Cicero)

7. **Elements of fiction:** certain aspects of a literary work. A criticism or analysis of a book or story might concentrate on any of the following elements: the **action**, the **antagonist** (i. e. the person or force that works against the **protagonist** or hero of the story), the **characters**, the **climax**, the **conflict**, the **dialogue**, the **exposition** (i. e. the part of the story in which the characters first appear, the background is explained and the setting is described), the **falling action** (i. e. the action and dialogue following the climax that lead the reader into the story's end), the **mood**, the **moral**, the **narrator**, the **plot**, the **resolution** (i. e. how everything turns out), the **rising action** (i. e. the central part of the story during which various problems arise after a conflict is introduced), the **setting**, the **style** and the **theme**.

   Example: The theme of the short story collection *Dubliners* by James Joyce is essentially one of life and human nature in Dublin as seen through the eyes of the characters involved.

8. **Ellipsis:** a stylistic device used to achieve poetic effect by **omitting a word or phrase** which is easily known to the reader.

Example: "And he to England shall along with you." (The word "go" has been omitted between "shall" and "along.")
(Hamlet *by William Shakespeare*)

9. **Euphemism:** a **polite phrase or word** which is used to say something that is considered unpleasant or hurtful in a nice and acceptable manner.

   Example: "He passed away" *(He died).*

10. **Figurative language** takes in such devices as **simile**, **hyperbole**, **personification** and **metaphor**.

    Example: "He clasps the crag with crooked hands
    Close to the sun in lonely lands
    Ringed with the azure world, he stands."
    ("The Eagle" by Lord Tennyson)

11. **Foreshadowing** happens when the author gives **hints** about things which will later come to pass in the course of a story.

    Example: In *Julius Caesar* by William Shakespeare, Caesar's wife has nightmares in which she foresees his death (Act II, Scene II):
    Thunder and lightning. Enter CAESAR, in his night-gown
    "Nor heaven nor earth have been at peace to-night:
    Thrice hath Calphurnia in her sleep cried out,
    'Help, ho! they murder Caesar!' Who's within?"

12. **Flashback:** the opposite of foreshadowing. An interruption in the action of a story or work of non-fiction **to show an episode that happened at an earlier time**. A flashback is usually used to provide background information.

    Example: In *The Snows of Kilimanjaro*, Harry Street, who is dying, becomes preoccupied with incidents in his past. In a flashback Street remembers one of his wartime comrades dying painfully on barbed wire on a battlefield in Spain.

13. **Hyperbole: exaggerated form** of language used to increase effect.

    Example: "I could eat a horse" *or* "All the perfume of Arabia could not sweeten this little hand."
    (Macbeth *by William Shakespeare*)

14. **Irony:** a humorous use of words **to imply the opposite** of what they actually mean. There is a contrast between what seems to be and what actually is. We speak of verbal irony, dramatic irony, irony of situation and irony of tone.

    Example: "Moments after Eileen shot herself, having earlier been told that John, her husband, had been killed in the war, he came walking up the drive with his rucksack over his shoulder."

15. **Metaphor:** a figure of speech that **implies comparison** without using "like" or "as". A resemblance is indicated but not expressed directly.

    Example: "All the world's a stage." (Not: … is *like* a stage)
    (As You Like It *by William Shakespeare*)

16. **Mood:** the overall **emotional effect** created by a piece of literature.

    Example: The mood created in the poem "Originally" (Carol Ann Duffy) is a reflective one, full of memories and uncertainty. The poet is considering a time when she lived in a different country and is wondering where she actually comes from. The conclusion of the poem reads "And I hesitate", a finish which contributes to, and is typical of, the overall mood of the poem.

17. **Paradox:** a seemingly **absurd or self-contradictory statement** that is or may be true.

    Example: "What a pity that youth must be wasted on the young."
    (George Bernard Shaw)

18. **Personification:** the **attribution of human qualities** to something which is not human.

    Example: "As the wind undressed the trees, fear grabbed at his throat …"
    or "The plane began to creak and protest as it fought its way through the storm."

19. **Plot: pattern of action** in a short story, novel or play. In a book with a good plot all the details are important and are arranged so that the outcome depends on each one and the interaction of all the details with one another. The plot may have a **protagonist** who is opposed by an **antagonist**, creating what is known as **conflict**. A plot may include a flashback or subplot (which might be a mirror image of the main plot).

    Example: In Shakespeare's *King Lear,* the relationship between the Earl of Gloucester and his sons mirrors the relationship between Lear and his daughters.

20. **Point of view:** the writer's **choice of narrator** for the story. A writer has three basic choices when it comes to deciding on what point of view will be used in a novel.

    Example: **First-person narrator:** the narrator "I" is a character in the story who can reveal only his/her own thoughts and what he/she sees and is told. *Robinson Crusoe* is told from a first-person point of view.
    A **third-person narrator with a limited point of view** is an outsider who can only report what he/she sees and hears (such as the narrator in *Hard Times* by Charles Dickens).
    A **third-person narrator with an omniscient point of view** knows everything and can even read the minds of the characters. He/she might inform the reader about the thoughts of all characters or might focus on one character only. Joyce's *Ulysses* is told in this manner.

21. **Pun: play on words** to exploit ambiguities in meaning, usually for humorous effect.

    Example: Ben Battle was a soldier bold and used to *war's* alarms
    But a cannonball took off his *legs* so he laid down his *arms.*

22. **Rhetorical question:** a question to which **no answer is required** because the answer is obvious.

    Example: "Who knows?" (The answer "nobody knows" is clear from the question itself.)

23. **Rhyme:** a term we use to describe the **repetition of syllable sounds**. We speak of **end rhyme** and **internal rhyme**. The pattern created by rhyme in a poem is referred to as the rhyming scheme.

    Example: "I'm a lean dog, a keen dog, a wild dog and lone;
    I'm a rough dog, a tough dog, hunting on my own."
    (Irene Rutherford McLeod)

24. **Sarcasm:** particular **type of irony**. Sarcasm is usually intended to be aggressive and is often insulting and aimed at a person.

    Example: "You are a wonderful goalkeeper." (To someone who has just conceded nine goals in a match …)

25. **Satire:** a literary work which exposes and ridicules human folly and uses **sarcasm**, **wit** and **irony** to do so. It is usually directed against the injustice of social wrongs, e. g. poverty, corruption.

    Example: Famous satirists would include Dryden, Swift, Pope and Orwell. *Animal Farm* (Orwell) and *Gulliver's Travels* (Swift) are among the most famous works of satire ever written.

26. **Setting:** the **time and place** in which the events of a story or novel take place.

    Example: The book *Ulysses*, by Irish writer James Joyce, has perhaps the most well-known setting of any modern novel. It is set in Dublin on one particular day in 1904, a day that has since become known as Bloomsday in honour of a character, Leopold Bloom, who appears in the book.

27. **Simile:** a **comparison** of two completely different objects using "**like**" or "**as**". Usually, it is not considered as powerful as a metaphor as it does not defy logic.

    Example: "Errors, like straws, upon the surface flow …" *(John Dryden)*

28. **Soliloquy:** a **speech** which is spoken by a character in a play at a time when he or she is unaccompanied on the stage.

    Example: The best-known soliloquy in the English language is Hamlet's speech in which he utters his famous "to be or not to be" statement.

29. **Stream of consciousness: narrative technique** developed towards the end of the 19th century used to portray the **thoughts and feelings** (and sometimes also actions) **of a character**. It can depict subjective as well as objective reality.

    Example: In his work *The Butcher Boy* the Irish author Patrick McCabe uses the stream of consciousness to show his main character's descent into madness.

30. **Symbol:** a word which stands for or is somehow connected to an idea and is therefore a **sign** of something.

    Example: The Union Jack stands for Britain. In Robert Frost's poem "Acquainted with the Night" both night and darkness are symbols for death or depression.

31. **Tone:** when a reader refers to the tone of a poem, he or she is usually speaking about **the writer's attitude** to the subject he/she is writing about. More specifically, the tone of a text can refer to **the moral outlook**. Tone is sometimes used to describe the overall feeling of a poem and thus is related to the mood.

    Example: The tone of *Cannery Row* by John Steinbeck is objective and neutral. The writer does not express disapproval of the actions of Mack and his band.

Basiswissen zum *country of reference*

Historical and political developments

Northern Ireland and the Irish Republic

Ireland, often referred to as the "Emerald Isle" because of its beautiful green countryside, is the second largest island of the British Isles, separated from Great Britain by the Irish Sea and St Georges Channel. The island of Ireland is divided into four large provinces (former kingdoms): Leinster, Munster, Connacht and Ulster. The first three provinces occupy about five sixths of the island and make up the **Irish Republic** (in Gaelic language: *Éire*) with its capital Dublin. The northern province Ulster, known as **Northern Ireland**, takes up the remaining one sixth and is part of the United Kingdom. Its capital is Belfast. The patron saint of all Ireland is St Patrick. Patrick ("Paddy") is also a popular Irish first name. **St Patrick's day** is March 17, when Irishmen wear the shamrock (= *Kleeblatt*). The Irish symbol of the shamrock was adopted because St Patrick used this plant as an illustration of the Trinity (= *Dreieinigkeit*) – three leaves forming one leaf. His flag is a diagonal red cross on a white background and forms part of the Union Jack. Almost 2 million people live in Northern Ireland, while almost 5 million reside in the Republic (data from 2021). Of those living in the Republic of Ireland, 78 per cent are Catholics (2016). In Northern Ireland the numbers of Roman Catholics and Protestants are very similar.

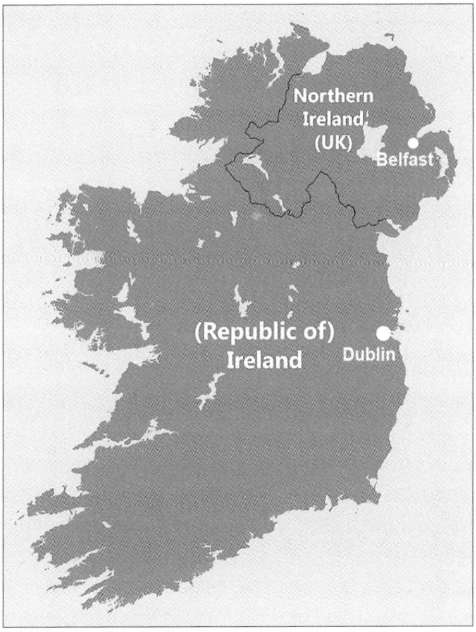

Jonto, lizenziert unter cc-by-sa-3.0.
URL: http://commons.wikimedia.org/wiki/ File: Ireland-capitals.PNG

Politics

The Irish Republic has a president as official head of state and a prime minister as head of the government. The legislative is vested in the **Irish Parliament** which consists of the President of Ireland and two Houses. The **Lower House** (also referred to as House of Representatives) has 166 members, the **Upper House** (the Senate), which serves mainly as an advisory body, has 60 members. The **prime minister**, usually the leader of the party with a majority in the House of Representatives, is called the *taoiseach* in Gaelic. The main **political parties** are Fine Gael (centre-right), Fianna Fáil (Republican Party), Labour Party, Sinn Féin (Irish republican party), Green Party and the Social Democrats. According to the Irish Constitution of 1937 the Irish language is the first official language and English is recognised as a second official language.

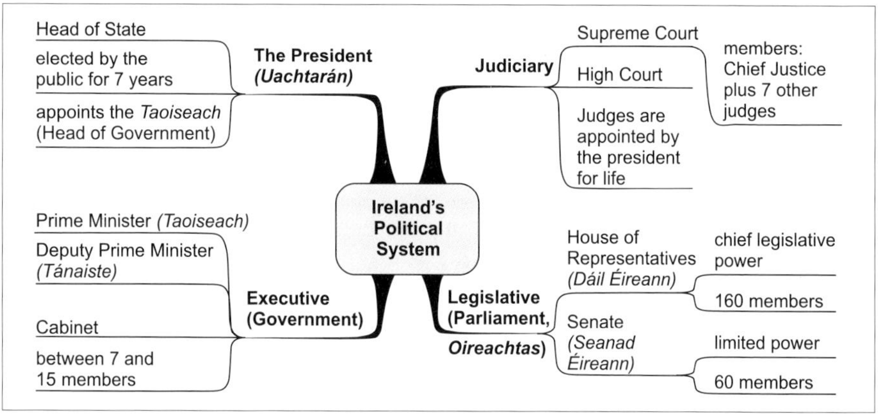

Invasions of Ireland

Most of the Irish people are descended from peoples who **invaded** Ireland and settled there in the course of more than 7,000 years. These peoples included Celts, Vikings, Danes, Normans, and the British. Each group influenced Irish civilization and helped shape the character of the Irish people. Around 600 BC the **Celts** arrived from central Europe in Britain and Ireland, spreading their culture across the entire island. Up to the late 8th century, Ireland was divided into five kingdoms inhabited by Celtic and pre-Celtic tribes. The next invaders were the Norsemen, **Danes** and **Vikings**, two groups from modern-day Denmark and Norway, who came across the water in their longboats towards the end of the 8th century. The Vikings began to raid various places in Ireland and Britain. They attacked and ransacked monasteries along the coast, among them the great monastery at Lindisfarne in Northumberland, which was founded by an Irish monk in the 7th century to bring Christianity. The Norsemen landed in 793, burnt the settlement and killed many monks. After fifty years of sporadic plundering the Vikings eventually picked a convenient place for their raids on the Irish Sea at the mouth of the River Liffey. Their naval base of wooden houses later developed into the city of Dublin. The Danish Vikings came to Ireland from about 849 AD and fought the Norse Vikings. In

1014, Brian Boru defeated the Danes at Clontarf, and for the next 150 years Ireland was free from invasion but subject to clan warfare.

In 1169 the Anglo-Normans invaded the country and made Dublin the centre of their conquest. Henry II of England (and Duke of Normandy), who held court in Dublin in 1172, established English control, and became Lord of Ireland. Henry VII (1457–1509) was the first monarch to send English settlers to the island to secure control of the conquered territory. This measure became known as **Plantations of Ireland** and was intensified by King Henry VIII (1491–1547), his daughter Queen Elizabeth (1533–1603) and James I (1566–1625). It was applied on a larger scale in the provinces of Munster and Ulster after a rebellion of Irish tribal chiefs. Over half a million acres of the northern county were taken from the Irish earls and given to English and Scottish settlers. The Irish, in their majority Catholics, saw these Protestant newcomers as invaders and occupiers. This colonisation marks the beginning of the **Ulster conflict** – three hundred years of bloody and bitter hostility between the Irish and the British.

Struggle for independence

Oliver Cromwell thwarted the **Irish rebellion** of 1641 against the English administration in Ireland. During the Glorious Revolution (1688/89), Irish Catholics supported James II, while Ulster Protestants backed William of Orange, who became William III. After James' defeat at the "Battle of the Boyne" (1690, cf. "Conflict in Northern Ireland", page B 7), the English-controlled Irish Parliament passed a series of laws against Catholics. The period of independent legislation ended with the **Act of Union** in 1800, passed by the government of William Pitt. It abolished the Irish Assembly and created the United Kingdom of Great Britain and Ireland. In 1829, largely due to the efforts of the Irish political leader Daniel O'Connell, the Roman Catholic Relief Act was passed, which secured **Irish representation in the British Parliament** in Westminster. In spite of this, demands for self-government (**Home Rule**) within the British Empire intensified. As Ulster Protestants (Unionists) opposed the Irish Home Rule movement, a new political party, **Sinn Féin** (Irish for "ourselves" or "we ourselves"), was founded in 1905. Its policy involved passive resistance to the British, withholding of taxes, and establishing an Irish ruling council. In 1914 Home Rule was agreed, but with the "temporary" exclusion of the six counties of Ulster that would become Northern Ireland. However, implementation of Home Rule was suspended during World War I. In the **Easter Rising** (April 1916) Irish nationalists announced the creation of the Republic of Ireland. Led by Patrick Pearse and Tom Clarke, some 1,560 Irish Volunteers and 200 members of the Irish Citizen Army seized the Dublin General Post Office and other strategic points in Dublin. After five days of fighting, British troops put down the rebellion, and 15 of its leaders were tried and executed. Though the uprising itself had been unpopular with most of the Irish, the executions caused revulsion against the British authorities and led to a landslide victory for Sinn Féin in the Irish elections of 1918. The party won 73 out of 105 seats. In this way, the Easter Rising heralded the end of British power in Ireland.

Between 1919 and 1921 the **Irish Republican Army** (IRA), founded by Michael Collins, fought a guerrilla war against British forces. In 1920, a new Home Rule Bill established separate parliaments for Ulster and Catholic Ireland. In December 1921 an agreement, the **Anglo-Irish Treaty**, was signed by the British government and the provisional Irish Republican government, by which Ireland was divided into two parts: the Irish Free State in the south, which became a dominion within the Commonwealth, and the province of Ulster in the north, which remained part of the United Kingdom. Diverging opinions among the IRA about the treaty led to the **Irish Civil War** (1922/23) between a faction led by Michael Collins which supported the treaty and a group under Eamon de Valera opposing it. After heavy fighting pro-treaty government forces gained the upper hand. A ceasefire was called and in May 1923 the war ended. However, no surrender was called and no formal end to the war was ever negotiated. The Civil War exposed the rifts among Irish nationalists and left bitter memories, which have influenced Irish party politics until today (cf. "Conflict in Northern Ireland", page B 7). In 1937, under the presidency of de Valera, the Irish Free State established a new constitution which created the sovereign state of "Eire" (the Gaelic name for Ireland), but still kept some ties to Britain. In 1949 the country left the Commonwealth and became fully independent as the Republic of Ireland. Since 1973 Ireland has been a member of the European Union.

Social and economic developments

Ireland's outlying position in the far north-western corner of Europe and its separation from Great Britain by the Irish Sea and the St George's Channel have, for a long time, been the reasons for the island's **geographical marginalisation**. Long under English or British rule, nearly all Irish people made their living from farming, and many who could not find employment were forced to leave their homes to make a new start in England, the USA or other parts of the world. Following the Great Famine of the 1840s Ireland lost half its population and fell further into neglect. The turning point came in the 1920s when Ireland gained independence and in the 1970s when it joined the European Community. Not only did the exodus of Irish people come to a halt, migrants from other European and 'non-European' countries arrived in great numbers, transforming the island's demographic and cultural landscape. Ireland, which for centuries had been an exporter of labour, now became a receiver and was thus now longer regarded as the "poor man on the outskirts of Europe".

Economy and waves of emigration

The waves of emigration and immigration which Ireland experienced in the course of time are a reflection of the country's **economic struggles**. People in Ireland were never rich, least of all the small farmers who grew just about enough to feed their families. At the beginning of the 19th century Ireland's rural population began to grow rapidly as a result of the Industrial Revolution. Generally speaking, living standards and health care improved and mechanisation generated jobs and made goods cheaper. People earned more and were younger when they could afford to marry and start a family. Consequently, Ireland's population increased from 3 million people in 1700 to 8.2 million in 1841. However, a catastrophe in the mid-1840s brought about a dramatic **demographic shift**. For several years running the entire potato crop failed due to a fungus with disastrous consequences. One million Irish people died of starvation during the **Great Famine** and over one million fled across the Atlantic. There is evidence that prevailing ideologies in the late 1840s among the British ruling classes prevented the government in London from helping the Irish in their desperate situation and supplying food. The political élite and the middle classes were still deeply prejudiced against the Catholic Irish and many also believed the famine was a divine judgment on the inefficient Irish agricultural system. By the end of the decade, half of all **immigration to the United States** was from Ireland. The descendants of Irish immigrants made their marks in politics in America (Kennedy, Nixon, Reagan) and Canada (Claude Ryan, Brian Mulroney). Many Irish **emigrated to Britain** where they found work on the railways or in the construction industry. The exodus of Irish people continued because the social conditions in Ireland did not improve. Working class people in Dublin's slums lived in dreadful poverty and many died of hunger, fever, typhoid, whooping cough *(= Keuchhusten),* pneumonia *(= Lungenentzündung)* and consumption *(= Schwindsucht).* Millions turned their backs on their homeland to escape from a cold and pitiless world where unemployment, alcoholism, crime and violence thrived. As a result of this **mass emigration** the Irish population fell to 4.5 million in 1900 and continued to fall until the mid-20th century. In 1961 it reached its lowest point in modern history, 2.8 million people, less than half its pre-famine tally of 6 million.

The turning point for Ireland's economy came under the guidance of the Secretary of the Department of Finance, T. K. Whitaker, who replaced the Irish economic policy of protectionism with a liberal, wide-open economy. It took decades for Ireland to change **from a closed and rural society to an urban, tourist-centred land**, but eventually the country came out of its depression, economic growth accelerated and unemployment figures fell. A great boost came in 1973, when Ireland joined what was then the European Economic Community (EEC), later European Union (EU). As a result, Irish citizens stopped flooding out of the country, thus reducing emigration to an all-time low. Better still, a **reverse trend** began. Many people started coming home as there were now job opportunities for all. It is estimated that from 1995 to 2000 a quarter of a million people immigrated to Ireland, only half of them were returning Irish. The population rose to 3.7 million, transforming Ireland into a "country of net immigration". For the first time in its history, Ireland experienced a significant inflow of migrants – both workers and asylum seekers – from outside the European Union. The population has continued growing and reached almost 5 million in 2021.

To describe the boom years of the late 1990s the term '**Celtic Tiger**' was coined. The average growth rate of the Irish economy in those years was between 6 and 9.5 per cent and mainly due to foreign investors (many of them tech firms such as Microsoft or Siemens) who set up production plants because of Ireland's favourable tax rates. The rise in the Gross Domestic Product per head illustrates Ireland's enormous progress: In 1973 the GDP amounted to $ 2,351 and shot up to $ 25,680 in 1999.
The boom ended with the bursting of the internet bubble in 2001, when Internet sites which had suddenly risen and attracted bankers and shareholders, went out of business, causing substantial losses for many investors. In spite of this, a second boom for the Irish economy began in 2004, when the EU was enlarged and Ireland (like Britain and Sweden) allowed residents from ten **new EU member nations** (among them the Czech Republic, Estonia, Hungary, Latvia, Lithuania and Poland) to move in and work right away. In hardly more than a year, 85,000 Eastern Europeans arrived to work, fuelling a new

'**Celtic Tiger II**' boom. However, the tides turned again, when the world economy was hit by the financial crisis of 2008, which also triggered an economic crisis in Ireland. After 24 years of continuous growth a recession set in and the problem which Ireland had thought to have got rid of returned. In order to deal with the country's enormous fiscal deficit and the instability of the banking sector the Irish government applied for help from the EU, the euro area Member States and the **International Monetary Fund** (IMF) in November 2010. Credits of 85 billion euros were granted to cover the costs of the most expensive **banking crisis** in an advanced economy since the 1970s. Following the demands of the European money lenders the Irish government introduced an **austerity programme**, raising taxes and cutting benefits and services. Many young people were forced to leave the country to escape from rising living costs, unaffordable house prices and bleak job opportunities. The COVID-19 pandemic greatly affected the labour market in Ireland with unemployment rising from about 5 per cent in 2019 to almost 8 per cent in 2021.

Employment opportunities today are primarily in the production (pharmaceuticals, food, computer and electronics) and service industries. Agriculture, once Ireland's most important sector, plays a minor role, although Irish farmers benefited greatly from the country's membership of the **European Union,** which provided grants for the modernisation of farming. Agriculture employs only a small percentage of Ireland's workforce; the overwhelming majority are employed in the service industries, such as education, health care, insurance, real estate and the operation of restaurants and hotels. Irish **tourism** has steadily increased in importance in recent years, especially in view of the fact that the main drivers of growth since 2002 – construction, financial services and the retail sector – have slowed dramatically. By the late 1980s, some 2.7 million tourists visited the country annually; in 2019 the figure stood at almost 11 million. Despite this positive development overall, the Irish tourism industry is going through a difficult phase. After its recovery from the detrimental impact of the 2008/2009 global recession, Ireland's tourism sector was badly affected again by the COVID-19 pandemic in 2020 and 2021. Restrictions such as widespread lockdowns, quarantines and travel bans reduced the number of overseas tourists from the United Kingdom, the USA, France and Germany drastically. In 2020 the revenue of the Irish tourism sector declined drastically and approximately 150,000 jobs were lost.

Society

Wealth has never been evenly distributed in Ireland and the disparity has often resulted in **social conflict**. However, during the years of the economic boom ("Celtic Tiger") the gap between rich and poor in Ireland was considerably reduced. Whereas income inequality has risen in most nations, Ireland is one of the few developed countries that has seen high income growth and a fall in inequality. In spite of these findings, wealth in Ireland is still highly concentrated. About 75 per cent of the wealth is held by the top 20 per cent, which is higher than the euro area average of 68 per cent. This makes Ireland a country with the world's fifth-highest concentration of ultra-wealthy residents. Inequality in Ireland has a long tradition. In the days of the Plantations of Ireland in the 16th and 17th centuries, the English monarchs seized the most fertile stretches of land from the Irish and gave them to English and Scottish settlers. The fact that the new masters from

Britain were Protestants and the dispossessed Irish were Catholics added a religious dimension to the hostility between these two groups and became the root of a **religious and economic struggle** that was to last for more than four centuries. Ireland's northern province of Ulster in particular became the stage on which the sectarian conflict was fought.

Conflict in Northern Ireland

Constant revolts in all Ireland against the often brutal British rule ignited in the 1916 Easter Rising in Dublin, which caused a chain of events that led to Ireland's independence from Britain in 1921. Since the Protestants in Ulster did not want to be part of a Catholic-dominated Ireland, the country was divided (cf. "Struggle for independence", page B 3). The 26 counties in the south formed a separate state, **the free Republic of Ireland**, whereas the six counties in the north maintained the union with Great Britain. Tensions in Northern Ireland between the Protestant majority, referred to as "**Unionists**" or "**Loyalists**", and the Catholic minority, known as "**Nationalists**" or "**Republicans**", intensified. Not only did both groups fight for different political aims, they were also bitterly opposed in everyday life, because the Catholics felt discriminated over housing and jobs, which fuelled bitter resentment and led to violent protests. In order to avoid a civil war the British government decided to deploy troops in Northern Ireland in 1969 and handle Northern Irish affairs from Westminster (**Direct Rule**). This marks the beginning of a period of bombings and killings which came to be known as "**The Troubles**". The month of July was always a month of extreme violence, because the Protestant Unionists traditionally marched through predominantly Catholic areas in Belfast and Londonderry in commemoration of the **Battle of the Boyne** in 1690. Then the forces of King James II and the Irish Catholics were defeated by **William of Orange** and the Ulster Protestants. Catholic protestors usually attempted to stop the marching Protestant Orangemen and as a precaution the police and army were called in to keep the opposing groups apart. But the same sad scene repeated itself year after year: Masked men throwing stones, bottles, petrol and paint bombs, setting cars on fire and attacking police officers with cudgels. On Sunday, January 30, 1972 British soldiers shot into a crowd of unarmed civil-rights protesters in Derry in Northern Ireland, killing 13 people. The massacre went down in history as "**Bloody Sunday**" and is often referred to as an example of the absurdity and futility of war. One of the most famous songs of the Irish band U2 centres on the incident. In 2010, the British government released a report calling the British Army's actions on Bloody Sunday "unjustified".

Over the years numerous **attempts to overcome the conflicts** were made by governments of Britain and Ireland or independent mediators (e.g. US Senator George Mitchell) to come to a peaceful agreement between the **Green** (Catholics) and the **Orange** (Protestants). More than 3,500 people lost their lives as a result of political violence in Northern Ireland. After many ups and downs, the two governments and the Northern Ireland political parties began peace talks and finally came to an agreement on April 10, 1998. They signed the **Good Friday Agreement**, which called for the transfer of power from London back to Belfast (the return of **Home Rule**) and the establishment of a Northern Ireland Assembly and Executive Committee in which unionist and nationalist parties would share power. However, hopes that the agreement would bring an end to 30 years of bitter civil and sectarian conflict were not fulfilled, because the IRA refused to hand in arms ('**decommissioning**') and committed repeated terrorist acts in protest against the agreement. Consequently, in October 2002 the devolved government was suspended again – for almost five years. In 2007 Home Rule returned to Northern Ireland, elections were held and former enemies joined forces: the leader of the Democratic Unionist Party (DUP), Ian Paisley, was elected First Minister (2007/08) and his year-long opponent of **Sinn Féin**, Martin McGuinness, took office as Deputy First Minister (2007–2011). The success of the Northern Ireland peace process also made the first visit of a reigning British monarch to the Irish Republic possible. Queen Elizabeth paid a **state visit** in May 2011, the **first by a British monarch since independence**. Her grandfather King George V was the last to visit the country in 1911 when it was then part of the United Kingdom. Unfortunately, Brexit has destabilised the situation again.

Timeline Northern Ireland Conflict	
1603–1660: Plantation of Ulster	Scottish and English farmers, mainly Protestants, are sent to Ireland by James I. They settle in Ulster. Confessional division and discrimination of the Catholics
1690	Battle of the Boyne
1801: *Act of Union*	"Home Rule" = limited self-government; autonomy under British sovereignty
1916: Easter Rising	In Dublin Irish Republicans rebel; rebellion crushed by British Forces
1921: Partition of Ireland	As a result of the Anglo-Irish War (1919–1921) Ireland is divided into Republic of Ireland and Northern Ireland (Ulster).
14/08/1969: Deployment of British troops	The British government sends troops to Ulster to avoid a civil war. The IRA heightens its campaign of terrorist acts.
1972: Bloody Sunday	13 Catholics are killed by British troops during a protest march. End of "Home Rule": The British government rules over Ulster from London.
1985: *Anglo-Irish Accord*	The Irish government in Dublin is given a consultative role as far as the interests of the Catholics in Northern Ireland are concerned.
During the **1990s**	Repeated efforts to solve the problem in Northern Ireland in peace talks. Sinn Féin (Irish = *wir selbst*), the political wing of the IRA is included
1998: *Good Friday Agreement*	Agreement between Britain, Ireland and the conflicting parties in Northern Ireland; elections are held to form a new Northern Irish Assembly.

Dec.1999	Creation of *Northern Ireland Assembly*
Feb. 2000	Row over weapons decommissioning results in a four-month suspension of the Assembly
Sep. 2001	After the terrorist attacks on America, the IRA promises to decommission its weapons; the Ulster Unionists return to the Assembly.
2005	Decommissioning completed: an independent commission confirms that the IRA has decommissioned its weapons.
2007	Home Rule restored
2010	British government apologises for army's actions on Bloody Sunday.
June/July 2011	Riots in Belfast, spreading to other parts of Northern Ireland
2012	Queen Elizabeth II shakes hands with former IRA commander Martin McGuinness.
2016	Majority in Northern Ireland vote to remain in the EU (Remain: 55.8 %, Leave 44.2 %)
1 January 2021	UK's official departure from the EU
2021	Agreement between UK and EU: Northern Ireland, although part of the UK, remains in the single market and customs union; border in the Irish Sea to avert a hard border on the island

Cultural developments

Ireland's **cultural roots** lie in the traditions of the native Gaelic population and the diverse ethnic groups that settled in the country over centuries. Celts, Vikings, Anglo-Normans (English and French) have left their marks and created a rich cultural heritage. After the decline and collapse of the Roman Empire Ireland was the centre of Christian civilisation in Northern Europe. The **Irish monasteries** – with those in Clonmacnoise and Clonard among the most famous – became notable centres of learning. From the 6th century to the Middle Ages, Irish bishops, monks and missionaries (St Patrick, St Columba) played a prominent role in **spreading Christianity** and establishing monasteries in Great Britain (Lindisfarne in Northumberland) and continental Europe (Luxeuil Abbey in France and Bobbio Abbey in Italy). St Patrick's Day (17 March) and other Irish festivals such as Halloween (31 October) are observed and celebrated all over the world. Ireland's contributions to the world of music and literature are recognised worldwide and Irish authors have influenced modern writers in all countries.

Catholic religion – importance today

The **Roman Catholic Church** has long played a major role in Irish social life, although the number of believers attending mass has been declining in both parts of the island. In the Republic of Ireland, 78 per cent of the population regard themselves as Catholic, whereas the percentage in Northern Ireland amounts to 44 per cent. The years of what were known as the "Troubles" between 1960 and 1998 were a period not only of political conflict but also of religious strife. Protestants and Catholics fought for different political aims and religious convictions as bitter enemies. The Roman Catholic Church has always held strong opinions on ethical issues such as **abortion** and **divorce**. Several referendums on these moral questions revealed the diminishing influence of the Catholic Church and the country's transformation from a bastion of religious conservatism to one of Europe's most tolerant democracies. In 1995, a slight majority (Yes: 50.2 % – No: 49.72 %) voted for the removal of the constitutional ban on divorce. Divorce was further facilitated in 2019, when the requirement for parties to be living apart before a divorce was abolished. In 2015, an overwhelming majority voted to legalise same-sex marriages. An extraordinary victory for women's rights was won in 2018, when Ireland voted by a landslide to legalise abortion. The new law allows abortion on request up to 12 weeks of pregnancy and beyond 12 weeks under a few, very limited circumstances.

The results of these referendums can be seen in connection with the declining influence of the Catholic Church. After partition and the foundation of an independent Irish state in 1921, well over 90 per cent of the population belonged to this faith, and the Church controlled most schools and hospitals. Several scandals have tarnished the reputation and shaken the foundations of the institution. Investigations have revealed widespread abuse of children as well as illicit sexual relationships (homosexuality and priests breaking their celibacy vows) among the clergy. It was disclosed that in the 1950s and 60s thousands of young women who had become pregnant outside marriage were taken away from their homes and families and sent to convents with baby homes or orphanages run by the Church. They were forced to work as slaves in infamous "laundries" where they were treated more severely than if they had been in prison. The Catholic Church regarded unwed mothers as moral degenerates who could not be allowed to keep their children. Many babies died and disappeared. Their young children were often sold to American families. On his visit to Ireland in 2018, Pope Francis described the "repellent crimes" and the Church's inability to deal with them as "a source of pain and shame for the Catholic community".

Literature

The earliest **Irish literature** was preserved orally by the Gaelic poets and was later written down by Irish monks. When the English conquered Ireland, Gaelic literature became forgotten, and was only revived towards the end of the 19th century by William Butler Yeats (1865–1939), who wrote in English, but showed a deep love for **Gaelic tradition** and folklore. Yeats was awarded the Nobel Prize for literature in 1923.

Among the most well-known Irish writers are the satirist Jonathan Swift (1667–1745), the dramatists Oliver Goldsmith (1728–1774) and Richard Brinsley Sheridan (1751–1816). In the 20th century Oscar Wilde (1854–1900) and George Bernard Shaw (1856–

1950) made Irish writing famous on the London stage. Shaw won the Nobel Prize for Literature in 1925. James Joyce (1882–1941) is regarded as the founder of the modern psychological novel. His first major work was *Dubliners* (1914), a collection of stories about lower middle class people of his hometown. His novel *Ulysses* (1922) had an enormous impact on modern world literature because of the technique of narration *(stream of consciousness)* which Joyce used to present the thoughts, sensations, and memories of the main character. Another Nobel Prize winner was Samuel Beckett (1906–1989), whose play *Waiting for Godot* (1953) has become a modern classic of absurd theatre. The latest Irishman to win a Nobel Prize is the poet Seamus Heaney (born 1939). In Germany, interest in Irish literature and Ireland as a country was especially stimulated by the writer Heinrich Böll, who spent time on Achill Island off the west coast of Ireland and recorded some of his experiences in his book *Irisches Tagebuch* (1957).

Irish history provides the backdrop in many works of Irish writers. The "Easter Rising" of 1916, for example, is an important event in Michael McLaverty's (1904–1992) first novel *Call My Brother Back* written in 1939. The book became a bestseller only later when it was re-issued in the 1970s because of its relevance to incidents of the "Troubles". In *Cal* (1983) Bernard MacLaverty (born 1942) describes the psychological conflicts of a young man who participates in a murder planned and carried out by the IRA. Roddy Doyle (born 1958) also uses the Irish national rebellion in Dublin in 1916 as a decisive incident in the life of Henry Smart, the protagonist in Doyle's novel *A Star Called Henry* (1999). Frank McCourt (1930–2009) gained fame for his memoir *Angela's Ashes* (1996), in which he retells his miserable childhood in the slums of Limerick, where he grew up in extreme poverty because his father rarely worked, and when he did drank his wages.

Irish artists have always found a way of combining tradition and modernity. This is not only true for Irish bands and musicians like Bono of U2 or Enya, but also writers who took up topical issues such as violence and alcoholism or modern man's insecurity, his search for identity and his place in the world. The Irish artists Joyce, Becket and Brendan Behan (1923–1964) were at the forefront of those who re-interpreted traditional values in a new modern urban context. Maeve Binchy (1939–2012) was a bestseller writer who explored in her novels the humor, eccentricity and drama of small-town life in Ireland.

Music

Irish traditional music and **Irish folk songs** are heard all over the world. Tourists flock to the "singing pubs" in Ireland to enjoy an evening out, listening to Irish tunes performed by artists on instruments such as **harp** (one of the Irish national symbols), bagpipes, banjo, bodhran (a wooden percussion instrument with goat skin), guitar, Irish Bouzouki, tin whistle and, of course, fiddle and accordion. Most folk songs have been written in English and Irish and are less than two hundred years old. The list of world-famous Irish musicians is almost endless. The most popular include the folk band The Dubliners, singers Sinéad O'Connor, Enya, Chris de Burgh, Ronan Keating, Declan O'Rourke, The Cranberries and the rock band U2.

Food and Drink

A pub visit is not complete without having tasted typical Irish food. One of the most frequently used ingredients is the potato, which came to Ireland in the second half of the 16th century and has heavily influenced Ireland's cuisine. Representative Irish dishes are **Irish mutton stew**, bacon and cabbage, boxty (a type of bread made using grated raw potatoes and flour), coddle (consisting of layers of roughly sliced pork sausages and bacon with sliced potatoes and onions) and colcannon (cabbage and potatoes boiled and mashed together).

As to drinks, **Irish coffee** consisting of hot coffee, **Irish whiskey** (with an "e"), sugar and topped with thick cream and Irish beer are known in all bars and restaurants of the world. Brewing in Ireland has a long history, and one of the traditional breweries is **Guinness** in Dublin. The types of beer that Guinness make are called stout (very dark brown and bitter) and porter (a sweeter stout).

Kurzinterpretationen zu den Pflichtlektüren

Harper Lee, *To Kill a Mockingbird* (1960)

Author

Nelle Harper Lee was born in Monroeville, Alabama, in 1926. As her father was a lawyer, Nelle Harper began to study law. However, she quit her studies and moved to New York City in 1950 because she wanted to be a writer and so began writing short stories and working on *To Kill a Mockingbird*. The novel was an immediate success and has since become one of the most read books of modern American literature. In 1961, Lee was awarded the Pulitzer Prize for Fiction. Her novel was turned into a highly successful film, starring Gregory Peck as Atticus Finch. Another novel by Harper Lee, *Go Set a Watchman*, has recently been discovered and was published in July 2015. Just a few months later, Harper Lee died in Monroeville, Alabama, on 19 February 2016.

Contents

Part I (Chapters 1–11): The story is set in the small town of Maycomb, Alabama, during the 1930s. The narrator is Jean Louise Finch, called Scout, who looks back on her childhood days. The children are raised by their father Atticus, a widowed lawyer, and Calpurnia, the Black[1] housekeeper. One summer seven-year-old Dill Harris comes to Maycomb to spend his holidays with his aunt. Scout, her older brother Jem, and Dill become friends. Together with their new playmate they try to get behind the secret of a haunted house in their neighbourhood in which "Boo" (Arthur) Radley lives. He hasn't been seen for years since his father locked him up in the house. Wondering what Boo Radley now looks like the children devise games intended to get him to come out, but without success.

The following September Scout starts school and she hates it. On their last day at school before the vacations, the children discover some chewing gum and a small box in the knothole of a tree on the Radley property. In the holidays, Jem and Dill try to look into the house, but the roar of a shotgun drives them off. In panic, Jem catches his breeches in the fence and must abandon them. Later that night, he returns and finds them neatly folded across the fence. More objects begin to appear, including replicas of Scout and Jem carved in soap. When Jem and Scout decide to leave a note for whoever is leaving the objects, they find the tree hole filled with cement.

1 The words "Black" and "White" are capitalised to signal that they are not natural categories but social ones (for more background information on this topic see, for example https://www.theatlantic.com/ideas/archive/2020/06/time-to-capitalize-blackand-white/613159/).

One night in the following winter, a neighbour's house is on fire. In the icy cold the children watch the fire brigade fight the flames. When Scout returns back home, she finds herself wearing a woollen blanket around her shoulders, which – as Atticus explains – must have been wrapped around her by Boo Radley. Scout later starts a fight at school in defence of her father who "defended niggers". Atticus tells Scout that he has accepted the defence of a Black man, Tom Robinson, because his conscience tells him so. He warns Scout that some people might condemn him for this but asks her to keep her fists down. The children are a bit ashamed of their father because he is so different from other fathers. Although he says he is not interested in guns, Atticus fulfils the children's Christmas wishes and gives them air-rifles. He warns them, though, not to shoot mockingbirds.

Part II (Chapters 12 – 31): As Atticus' presence is required at the state legislature in Montgomery, the housekeeper Calpurnia takes Jem and Scout to a church service in her community. The children learn that everybody in the Black community knows their father well. Reverend Sykes organises a collection for Helen, Tom Robinson's wife, because Tom cannot find any work now that he has been accused of raping a White* woman.

At home, to the surprise of the children, their Aunt Alexandra is waiting for them. Scout in particular is not pleased at all that her aunt will stay for the summer holidays. As the trial is about to begin, the defendant Tom Robinson is brought to Maycomb jail. Sitting in front of the jail, Atticus guards the prisoner and together with the children protects Tom against being lynched by a mob.

At the trial Tom Robinson is charged with the rape of a White woman named Mayella Ewell. Atticus knows Tom is innocent, and despite the intimidation from White people, Atticus defends as best he can. Although Atticus has forbidden the children to attend the trial they sneak into the courthouse. Sheriff Tate and Mayella's father Bob testify first, claiming that the girl was beaten on the right side of her face and raped. Atticus can prove that Mayella was hit by a left-handed man, and that her father is left-handed whereas Tom's left arm is crippled. Mayella testifies and repeats her accusations against Tom, who, in turn, assures he was called into the house by Mayella herself and that she tried to seduce him. Atticus sums up the case saying that the testimony of the witnesses has been contradicted by the defendant and that Tom Robinson's guilt is not proven beyond doubt. Atticus' efforts, however, are in vain: Tom is convicted. Jem finds it very hard to accept the verdict, because it is so unfounded. Atticus is confident that an appeal will be successful. The members of the Black community bring lots of food to Atticus' house as a sign of appreciation. In contrast, Mayella's father spits at Atticus.

Tom Robinson takes the verdict very hard, because he does not believe that he will find justice in a White-dominated legal system. He tries to escape from prison, but is shot. At hearing the news of her husband's death, Helen Robinson breaks down. Some of the White population use Tom's attempt to run away as proof of the Black man's inferiority. But the editor of the local paper, Mr Underwood, condemns Tom's death, comparing it to the senseless slaughter of songbirds. On thinking about this editorial, Scout realises despite all her father's efforts, Tom hadn't stood a chance from the beginning. Prejudice cannot be overcome in a court.

The new school year starts and Scout is now ashamed of the childish games they used to play with Boo. People in Maycomb still talk about the Robinson case and are critical of Atticus Finch, but they re-elect him for the legislature. Bob Ewell, feeling that Atticus and Judge Taylor had made a fool of him, is given a job, but soon loses it due to his laziness and blames Atticus Finch. He also menaces Tom Robinson's widow and tries to break into the judge's house.

On their way home from a Halloween party, Scout and Jem notice that they are being followed. They try to flee, but are attacked. They struggle to defend themselves against the assailant, until their attacker is suddenly pulled away in the dark. Scout sees a man lying on the ground, smelling of whiskey, and another one carrying Jem away. She manages to get home. Aunt Alexandra and Atticus call Doctor Reynolds and Sheriff Tate. Jem has been brought home unconscious and has a broken arm. Scout sees the man who brought Jem home but she doesn't know who he is. Sheriff Tate tells Atticus that Bob Ewell was found dead under a tree with a knife stuck under his ribs. At first Finch thinks that his son Jem stabbed Ewell and will have to face trial, and refuses to go along with the Sheriff's explanation that Ewell fell onto his knife, killing himself. Only slowly does Atticus realise that the Sheriff wants to suppress evidence to save shy Boo Radley, because it was he who had stabbed Ewell and rescued the children. Scout also agrees to the explanation of what had happened because not to do so would be like shooting a mockingbird. Atticus thanks Boo, who had all the time been waiting silently in the shadow of the veranda, and Scout guides him home.

Characters

Atticus Finch: Jem's and Scout's father is the descendant of one of the oldest families in Maycomb and a **highly respected personality** in the community. He is a competent lawyer and a member of the state legislature. He is a very **understanding father** with a lot of common sense and a dry sense of humour. He is one of the few residents of Maycomb **committed to racial equality** and treats all those around him with respect and consideration. Atticus **renounces violence** but stands firm for his convictions, risking his standing in the community and his personal safety when necessary. In accepting the defence of an African American, he shows that he does not care about public opinion and ignores the animosities of the prejudiced White majority of Maycomb. In this quiet yet determined manner, he sets an example for his children and teaches them moral principles and a strong sense of justice.

Jean Louise ("Scout") Finch: The narrator and protagonist of the story is almost six years old when her story begins. She is **intelligent** and a real **tomboy**, refusing to act like a young lady, and always trying to prove herself equal to her playmates Jem and Dill. Scout has a natural feeling of what is right or wrong, and quickly responds to insults with her fists. She is **outspoken, sincere, innocent** and **unprejudiced** – in contrast to the hypocritical White people in her community. Scout **represents a new generation** which, hopefully, will grow up without arrogance and racial prejudice.

Jeremy ("Jem") Finch: He is four years older than his sister, an **adventurous** boy and a keen footballer. Jem and Scout are really close companions and always spend their free time together. He **wakes up to the hard facts of life** when he has to cope with the unfair verdict against Tom Robinson. At the end of the novel, Jem proves his courage as fearless protector of his sister Scout.

Arthur ("Boo") Radley: He is the **reclusive** and **mysterious** neighbour who never leaves his house. As a child he was mistreated by his cruel father. Jem, Scout, and Dill are so fascinated by the rumours about this **supposedly sinister character** that they try to lure him into the open. In the end, it turns out how wrong the children were in basing their judgement on hearsay, and that beneath the surface there is a different truth. Boo **symbolises one of the mockingbirds** in the novel – a gentle creature that gives pleasure (through its singing). Boo delights the children by leaving little gifts for them and, in the end, he proves his virtue by saving their lives.

Themes and Interpretation

Coming of age – From innocence to experience: The novel shows how two children learn important lessons about life. They are nearing the end of their innocent childhood days and become **confronted with reality**. Jem and Scout begin to view members of their Maycomb community in a new light. In the beginning, they see Boo Radley as an evil monster. In the end, they learn to respect him as a human being and discard their prejudice. Scout realises that Boo needs her help because he is weak and shy. She comes to fully understand the meaning of the phrase "It's a sin to kill a mockingbird": good and innocent people must be protected. **Stereotypes and prejudice** are still very much alive in Maycomb as the example of Aunt Alexandra and her missionary circle shows. She calls poor people "trash" because of their low social status. Harper Lee tells her readers to look below the surface and judge people by their behaviour not by their background. The novel is a **plea for tolerance and understanding**, as Atticus tells Scout: "You never really know a man until you stand in his shoes and walk around in them".

Jem and Scout also receive a lesson in **maturity and courage**. As children they believed courage meant to carry guns or to dare touch the Radley house. However, through the example of their father, whom they initially thought to be a rather weak person, they eventually learn what real courage is. Atticus stands up for his convictions, risking his standing in the community and his personal safety.

The children are also confronted with the **coexistence** of **good** (personified by Atticus, Calpurnia, Sheriff Tate) and **evil** (Bob Ewell, Boo's brother Nathan Radley, the prejudiced community). For the first time they have to realise that good and evil exist side by side, and that the good does not always win. The case of Tom Robinson teaches Scout, Jem, and Dill a difficult lesson about the **nature of injustice**. The fact that the case could not be won has also to do with the era the events take place in.

Racial segregation and hatred against minorities: Harper Lee's novel was published in 1960, around the time when two of the most dramatic events in the American Civil Rights Movement occurred in Alabama: the Montgomery bus boycott (1955), a protest against segregated seating on municipal buses, and the attempt of Autherine Lucy, an African-American woman, to be admitted to the University of Alabama (1956). The novel is set in the same state in the 1930s, and the events reflect the economic difficulties brought about by the **Great Depression** (when a severe economic crisis afflicted the USA following the dramatic collapse of the stock market in October 1929) and the

disadvantaged situation of the Black population in the Deep South. Racial segregation had a long tradition in the South. Black and White people went to separate schools, separate churches, etc. African Americans were largely employed in low-status and manual jobs or those servicing the Black community only. As qualification was a basic requirement for voting, many Black people were not registered and therefore excluded from exercising this civil right. Furthermore, because jury lists were derived from registered voters, African Americans did not serve on juries. In the novel, Tom Robinson is tried by an all-White jury. When Atticus Finch is appointed by the local judge to defend a Black man accused of raping a White woman, most townspeople expect only a token defense. Harper Lee drew many legal details from the so-called "**Scottsboro Boys**" **case**. In 1931, nine Black young people were charged with the rape of two White women. This case is important for the American legal system because it was taken to the Supreme Court which ruled that criminal defendants are entitled to effective assistance of counsel and that people may not be excluded from juries due to their race.

In Maycomb, **racial discrimination** is still very much alive. The White majority regards African Americans as scarcely civilized, an attitude openly expressed by the White ladies' missionary society. Because of the presumed inferiority of Black people, a sexual relationship between them and White people is unthinkable. Mayella Ewell knew that she had broken a common code of the White community, and in order to cover her own guilt took advantage of the racist attitudes by claiming an assault. As a result, the hysteria created by her false account led to the death of an innocent man. The world history is full of examples which prove that self-righteous majorities have treated minorities and dissenters with cruelty. The 17th century saw the Salem witchcraft trials (1692), when 19 innocent people were hanged. In modern times, and on a much larger and more horrifying scale, Jews were persecuted and extinguished by the Nazis in Germany – a tragedy which is referred to in *To Kill a Mockingbird*, when Scout's teacher Miss Gates gives an impressive lecture about Hitler. Listening to and thinking about Miss Gates' condemnations and warnings, Scout proves that she has matured. She becomes aware of the **bigotry and hypocrisy** that exists in her hometown. She feels that it cannot be right to judge others (Germany's Nazis) and not realise one's own faults. Harper Lee's novel draws attention to intolerance, racism and ethnic cleansing and **calls for fair treatment, equality and mutual understanding.**

Film version by Robert Mulligan (1962)

Two years after its publication, Harper Lee's Pulitzer Prize-winning novel was adapted into a film, directed by Robert Mulligan and starring Gregory Peck as Atticus Finch. Mulligan, Peck and producer Alan J. Pakula worked together with novelist Harper Lee and playwright Horton Foote to develop the screen version. The film was officially released on December 25, 1962 and won three Academy Awards for Best Actor (Gregory Peck), Best Adapted Screenplay (Horton Foote) and Best Art Direction (Bumstead, Golitzen and Emert). *To Kill a Mockingbird* became one of the most successful films and ranks high on the list of greatest American movies of all time.

Transferring a literary work into a film is no easy task – due to the different nature of the two media – and changes are inevitable. Generally speaking, the screen version follows the novel closely. However, screenwriter Horton Foote also introduced several changes. To fit the story into a feature-length film of two hours he **condensed the action** and **omitted certain scenes and characters**. For example, Aunt Alexandra does not appear in the film at all, so that Scout's unladylike behaviour does not play a major role, and Mrs Dubose, who reprimands Scout for poor manners, is shown only once near the beginning of the movie. Furthermore, the housemaid Calpurnia plays a less important role, and her relationship with Scout is not as elaborate as in the book. In the novel, Calpurnia takes the children to her First Purchase African M.E. Church, where Jem and Scout experience racism toward White people ("I wants to know why you bringin' White chillun to nigger church." Chapter 12). This scene is not included in the movie. On the other hand, Foote also wrote a scene which is only in the film: During the trial, Atticus asks Tom Robinson to catch a glass with his left hand in order to prove that Robinson could not have attacked and hurt Mayella, because his left arm is crippled. Then Robinson himself explains what happened to his arm. In the novel, in contrast, Scout only describes Tom Robinson's injury when he stands up in the courtroom, and it is Reverend Sykes who explains to Jem how it happened.

The most import change in the screen version, however, is the **shift in perspective**. In the novel, Harper Lee used the first-person narration of tomboy Scout to present the adult world – with all its positive and negative sides – from the point of view of a 6-year-old child. The film adaptation uses an adult narrator (the older Jean Louise), mainly to indicate switches in time and place (e. g. "School finally ended and summer came and so did Dill." 0:58:15; "By October things had settled down again." 1:50:00. "The summer that had begun so long ago had ended and another summer had taken its place …" 2:08:00). The film shifts the emphasis to Scout's father, Atticus Finch, who becomes the main character.

As to the treatment of the issue of **race relations**, the powerful and impressive centrepiece of both the book and the film is the rape trial. However, in the screen version it takes up over a quarter of the film's running time, whereas the novel devotes less time to this event (Chapters 16–21). Here again, Horton Foote condensed the action in court to a couple of hours (from opening to end, i. e. the verdict of the jury) and worked many passages from the novel into the speech which Atticus delivers in the film. However, Harper Lee's references to Thomas Jefferson's words "that all men are created equal" and "the Supreme Court of the United States" are not included. This omission led critics to the conclusion that the film version **softens the book's indictment of institutionalised racism**. In 1961, while the film was still in its early planning stages, director Robert Mulligan explained in an interview with *The New York Times* that the filmmakers tried to avoid the danger of overemphasising the race problem: "The big danger in making a movie of *To Kill a Mockingbird* is in thinking of this as a chance to jump on the segregation-integration soapbox. The book does not make speeches. It is not melodramatic." For critics today, for example Roger Ebert, this view "expresses the liberal pieties of a more innocent time, the early 1960s."[2] Revisiting the classic film, Ebert is of the opinion that Atticus as a sensible adult should have been more questioning and suspicious when he is told that Tom Robinson was shot while trying to escape: "That Atticus Finch, an

2 Ebert, Roger: "The way we wish we were." In: *Chicago Sun-Times*, September 30, 2001.

adult liberal resident of the Deep South in 1932, has no questions about this version is incredible."[3]

On the other hand, the **idealised representation** of life in a small town in the 1930s may be one of the reasons for the film's immense popularity to this day. To transfer the book's setting as faithfully as possible to the big screen, Henry Bumstead, the Art Director on the film, drove to Monroeville to meet novelist Harper Lee. She showed him around her hometown, and Bumstead took photos of houses, streets and the actual courthouse, which were then replicated in the Universal Studios in Hollywood. In 2012, President Barack Obama introduced a special screening of *To Kill a Mockingbird* to celebrate the film's 50th anniversary, praising the novel as "an unforgettable tale of courage and conviction" and the film version for giving "us one of the great heroes of American cinema – Atticus Finch played so memorably by the late Gregory Peck."

William Shakespeare, *Othello* (approx. 1603)

Author

William Shakespeare was baptised on April 26, 1564, in Stratford-upon-Avon, where his father was a wealthy glove-maker and town councillor, and his mother a farmer's daughter. He went to the local grammar school and probably became a teacher himself. In 1582 he married Anne Hathaway (1556–1623), and about three years later, the couple moved to London. There he worked as both an actor and a playwright. His first plays, probably the comedies *Love's Labour's Lost* and the *Comedy of Errors*, were produced about 1590. There is no certainty about the dates of any of his plays, but for the next 20 years they appeared in a steady stream, 37 in all. In the middle of his career, Shakespeare wrote the tragedies for which he is perhaps most famous, among them *Hamlet*, *Macbeth*, and *King Lear*. He also wrote poems, including a collection of over 100 sonnets. His last production was *The Tempest*, staged in 1611. He died in Stratford in 1616.

Contents

Shakespeare's play *Othello* was probably written around 1603 and first performed at the Globe Theatre in 1604. The first printed version was published in 1622. The plot is based on a story of the Italian novelist and poet Giovanni Battista Giraldi (nicknamed Cinthio), which Shakespeare could have read in Italian or French. The drama comprises five acts. Act I is set in Venice, Acts II to V on Cyprus. The time is the Renaissance (about 1570).

Act I: The play opens with Iago, Othello's Ancient (= *Fähnrich*), and Roderigo, a rich Venetian gentleman meeting in a street in Venice. Roderigo has given Iago money and jewels to win Desdemona, the daughter of Venetian senator Brabantio, over for him. Iago complains that Othello has not promoted him, but chosen a less qualified man, Michael Cassio, as his lieutenant. Although Iago feels offended, he has decided to stay in Othello's service, but only to finally get what he wants. Iago and Roderigo wake Brabantio to tell him that his daughter Desdemona has secretly left the house and married Othello. Iago leaves. Brabantio calls on Roderigo to help him find and confront Othello.

3 Ebert, ibid.

Messengers led by Michael Cassio meanwhile inform Othello that he is wanted by the Duke of Venice because of an imminent Turkish invasion of Cyprus. Roderigo, Brabantio and his men appear on the scene. Brabantio is furious and accuses Othello of having used magic to steal his daughter. When Othello informs him that he has been called to meet the Duke on state matters, Brabantio joins him to put his wrong before the Duke.

In the Council Chamber various messages warn of a Turkish fleet heading towards Cyprus. Othello and Brabantio arrive, the latter repeats his accusations against the Moor. Othello, however, claims that he won Desdemona's love not by magic, but by telling her the story of his life. Desdemona confirms this and professes her love and allegiance to her husband. The Duke sees the case settled and sends Othello on a military mission to defend Cyprus. Desdemona asks permission to accompany her husband.

Roderigo is dejected about the outcome and wants to drown himself. Iago consoles him, saying that he would undermine the couple's loving relationship by convincing Othello that Desdemona betrays him with Cassio.

Act II: A terrible storm rages, delaying the arrival of the Venetians on Cyprus. Othello eventually makes it to the island with news that the Turkish fleet has been wrecked in the wild sea. Iago tells Roderigo that Desdemona will soon become tired of Othello and is already showing an interest in Cassio. He wants Roderigo to provoke Cassio into a fight, which will disgrace and eventually eliminate the newly appointed lieutenant.

To celebrate the destruction of the Turkish fleet in the storm, the Venetians gather in a hall in the castle. Iago gets Cassio drunk, who, under the influence of alcohol, insults Roderigo and injures Montano, Othello's predecessor in the government of Cyprus. The brawl arouses Othello, who is disgusted by Cassio's behaviour and removes him from his position: "Cassio, I love thee, but never more be officer of mine." (II, 3)[4]. Iago advises the desperate Cassio to ask Desdemona for help to regain Othello's favour. Iago's plan is to use Desdemona's pleading for Cassio to make Othello jealous.

Act III: With the help of Iago's wife Emilia, Cassio gets access to Desdemona. Iago makes sure Othello is away inspecting the fortifications of the city so that Cassio can talk to Desdemona, who promises him to speak with her husband on his behalf. Cassio leaves quickly when Othello returns because he does not want to meet the general right now. Desdemona speaks to Othello asking him to take Cassio back, but Othello hesitates. Iago uses Cassio's hasty exit and Desdemona's pleading for Cassio to rouse Othello's suspicion, insinuating that Desdemona is having an affair with the deposed lieutenant. Othello begins to doubt his wife's loyalty, but keeps it secret from her and develops a headache.

Trying to soothe Othello's pain, Desdemona accidentally drops a handkerchief she has received as a gift from her husband. Iago gets hold of it through his wife Emilia, and puts it in Cassio's room. He kindles Othello's jealousy by telling him that he heard Cassio fantasise in his dream about his love for Desdemona and that he has seen Cassio in possession of Desdemona's handkerchief. Othello vows revenge and makes Iago his

4 Die römischen Zahlen beziehen sich auf den Akt, die arabischen Ziffern auf die Szene, auf die hier verwiesen wird.

lieutenant. When Othello asks Desdemona for her handkerchief, she is unable to present it. He is upset and becomes angry and unkind. Jealousy has taken hold of him.
In the meantime, Cassio asks his mistress Bianca to copy the embroidery on the handkerchief he found in his chamber. He does not know that it is Desdemona's.

Act IV: Othello suspects that Desdemona gave the missing handkerchief to her new lover. Iago torments Othello further. When he tells Othello that Cassio said he spent a night with Desdemona, Othello briefly loses consciousness. Cassio enters and Iago asks him to come back later for a conversation. When Othello recovers, Iago instructs him to hide nearby and listen to Cassio's report about his affair with Desdemona. Cassio describes his relationship with the prostitute Bianca in a light-hearted and joking manner. Othello, believing he is talking about Desdemona, is totally enraged: "How shall I murder him, Iago?" (IV, 1). Bianca, who enters to give Cassio the handkerchief back whose embroidery he had asked her to copy, only gives Othello further proof of his wife's infidelity. Iago offers the furious Othello to kill Cassio for him and suggests that he should strangle his wife in the bed where she allegedly committed adultery with Cassio. Desdemona enters with Lodovico, a messenger from Venice, who announces that Othello is commanded home and Cassio should take his place on Cyprus. As Desdemona expresses her joy about this development, assuming that it will end the hostility between her husband and Cassio, Othello strikes her in front of everyone.

Later when the couple are alone, Othello, convinced of his wife's disloyalty, calls Desdemona "whore", "public commoner" and "strumpet" (IV, 2). He tells his wife to wait for him in bed and send Emilia away. In the meantime, Iago has persuaded Roderigo that he has to kill Cassio, if he still wants to have a chance of winning Desdemona over as only Cassio's death will prevent Othello's and Desdemona's departure from the island.

Act V: Iago instructs Roderigo to ambush Cassio. As Cassio is seriously injured, Iago pretends to take revenge for him and stabs Roderigo, because the Venetian's death will hide the fact that Iago has kept the gold and the jewels Roderigo had given him for Desdemona.

Othello has decided to kill Desdemona to bring about justice. Although Desdemona professes her innocence, asserting she only loved Othello and did not give her handkerchief to Cassio, Othello stifles her. Emilia comes in to report on Roderigo's death and discovers the dying Desdemona. Othello claims he killed Desdemona because he had proof of her infidelity from Iago, Emilia's husband. Emilia tells him Desdemona never loved anybody but Othello, who did not deserve her love, and raises alarm. When Emilia discloses that her husband was behind this evil plot, Iago kills her. Othello, overcome with grief, tries to kill Iago, who manages to escape, but is recaptured. The wounded Cassio is carried on the scene and explains how the handkerchief came into his possession. Othello realises his terrible mistake and, kissing the dead Desdemona, stabs himself. Iago is to be tried and executed.

Characters

Othello: The Christian Moor Othello is the protagonist and hero of the play. He is **gentle, eloquent and physically powerful**. Because of his noble qualities he won the love of

Desdemona, the daughter of a Venetian senator. Othello is a **stranger in the Italian town**. However, he is highly respected and honoured by the Duke, his officers and the people of Venice, because he is a brave and reliable general. **In his military function, he is urgently needed** for the defence of Cyprus, but, having **darker skin**, he is **not socially accepted** as a person. Othello is aware of this and has therefore kept his courtship and marriage secret. The fact that he is an outsider certainly contributes to his becoming easy prey to Iago.

Iago: Othello's standard bearer Iago is the **villain of the play**. For Shakespeare's contemporaries he was the **personification of evil**. A ruthless cynic, he has a low opinion of human nature and **uses the weaknesses of the people around him** (e. g. Roderigo's lust for Desdemona, Cassio's concerns about his reputation, Othello's jealousy) **to deceive and manipulate them**. Iago hates Othello because he promoted Cassio over Iago's head. He takes his revenge by contriving a plan to alienate Othello and Desdemona. With his lies and insinuations he **turns Othello's love for his wife into blind jealousy**, thus stripping the Moor of his gentle and noble nature and destroying his integrity.

Desdemona: Othello's wife is the daughter of the Venetian senator Brabantio. She knows that her marriage will not meet with the approval of her father and the Venetian aristocratic society. Therefore she agrees to be secretly married. In a confrontation with her father, she defends her choice and **stands firm in her allegiance to Othello**. For Desdemona, adultery is unimaginable, and she is completely taken by surprise at Othello's suspicions and his violent behaviour. Up to the very last moment, she **professes her innocence**, but falls victim to Othello, who is eaten up by jealousy. For most critics, gentle **Desdemona is the most innocent of all of Shakespeare's heroines**.

Michael Cassio: He is a **highly educated** young man from Florence, whom Othello has promoted to his lieutenant. In Iago's view Cassio is a bookkeeper well-versed in statistics, but **inexperienced in combat**. Iago is furious that Othello preferred Cassio to himself. Thus the Florentine becomes the **object of Iago's contrivances**, when Iago spreads the word that Cassio has an affair with Desdemona. He destroys Cassio's reputation by involving him in a drunken brawl and thus causing his dismissal as lieutenant.

Emilia: Emilia is Iago's wife and Desdemona's **loyal** lady-in-waiting. She knows about her husband's malign nature, but **without realising she assists Iago in contriving his plot**. When she discovers that her mistress has been murdered, she reveals Iago's deceitful manoeuver and **boldly confronts her husband**: "Thou hast not half the power to do me harm […] I care not for thy sword, I'll make thee known" (V, 2).

Themes and Interpretation

Character tragedy: In Shakespeare's early tragedies, the catastrophe which destroys the protagonist results from an inescapable and unavoidable fate. For example, the young lovers Romeo and Juliet are doomed because the stars are in an unfavourable position. A coincidence, which cannot be controlled by the two young people, is ultimately responsible for their deaths. In Shakespeare's later plays, the tragedy is not brought about by some higher force or destiny, the **downfall** of the protagonist is **due to a fault, a flaw, in his character**. These plays, amongst them *Othello*, are referred to as character tragedies. Shakespeare explains the Elizabethan view of the self-inflicted downfall of the hero in his play *Julius Caesar*, in which Cassius states, "The fault, dear Brutus, is not in our stars,/but in ourselves" (I, 2).

Jealousy: The character faults which ultimately cause the tragic development and outcome vary in Shakespeare's plays. In *Macbeth* it is the protagonist's ruthless ambition, in *Hamlet* the hero's insecurity and indecisiveness and in *Othello*, the Moor's **gullibility** and **excessive jealousy**. Othello is a **tragic character**, because he is basically a gentle and noble man, but he fails to see through Iago's intricate net of lies. He is **naïve** and therefore susceptible to Iago's ploys. He is convinced that Iago is an honest man, and his **trust in Iago increases** in the course of the play, whereas, on the other hand, the **trust in** his devoted **wife decreases**. Overwhelmed by suspicion, Othello does not listen to Desdemona's protestations of innocence. Instead, jealousy, the "green-ey'd monster" (III, 3), which Iago has brought to life, leads him astray. In the end, Othello is completely convinced of his wife's guilt and believes that it is his **duty to kill Desdemona** in order to **bring about justice** and **restore order**: "Yet she must die, else she'll betray more men." (V, 2). When it is too late, he realises that he has been manipulated ("not easily jealous, but being wrought/Perplexed in the extreme"; V, 2) and is completely heart-broken. He feels deep pain and recognises himself as "one that love'd not wisely, but too well" (V, 2). The tragic outcome rouses pity of the audience not only for Desdemona, but also for Othello.

Racial prejudice: The Venetians appreciate and respect Othello as a competent military leader. They rely on his expertise and call for his help when they need him as a soldier and general. However, racial prejudice is very much alive in the Venetian establishment. Othello's **background** and the **colour of his skin** make him an **outsider**. Roderigo and Iago refer to him **disparagingly** as "Barbary horse" (I, 1) and "thicklips" (I, 1). In their eyes, and in the view of Desdemona's father, the match of the **Venetian noble girl** to the "**lascivious Moor**" (I, 1) is a **disgrace**, a "treason of the blood" (I, 1) and thus totally unacceptable. The only person who is free of prejudice and accepts Othello as equal is Desdemona. She trusts him and loves him deeply. She is so devoted to her husband that she places him first, even before her parents.

Honour and reputation: For various characters in the play, honour and reputation play an essential part. Iago begins his intrigue when he feels discriminated and insufficiently honoured. Talking to Othello he asserts that a person's good name, his/her reputation, is more valuable than any worldly possessions: "Good name in man and woman's dear, my lord;/Is the immediate jewel of their souls" (III, 3). Here he appeals to Othello not to let his honour be tarnished by Cassio's affair with Desdemona.

For Cassio, honour and reputation are of overall importance. After his involvement in the nightly brawl, while he was drunk, he feels ashamed and humiliated and implores Iago to help him restore his reputation. To him, **reputation** is "the immortal part" (II, 3) which **distinguishes man from animal** and, consequently, **a life without reputation is not worth living**. From a modern point of view, Othello's, Iago's and Cassio's actions are hard to understand, but in the light of the ancient concept of honour and reputation, their train of thought might be easier to reconstruct.

Hanif Kureishi, "My Son the Fanatic" (1994)

Author

Hanif Kureishi, born in 1954 in London, is the son of a Pakistani and an English woman. During his youth in South East London he experienced racist attacks by White youths against Pakistanis (so-called "Paki-bashing"), a common phenomenon in the 1960s. After studying philosophy at King's College in London he began writing scripts and TV screenplays. His breakthrough came in 1985 with his screenplay *My Beautiful Laundrette* on the relationship of a homosexual Pakistani and a White punk. Other works of Hanif Kureishi include his semi-biographical novel *The Buddha of Suburbia* (1990), the novels *The Black Album* (1995) and *Intimacy* (1998) as well as the non-fiction work *My Ear at His Heart* (2004) and several short stories. The short story "My Son the Fanatic" was first published in the magazine *The New Yorker* in 1994.

Contents

Parvez, an immigrant from Lahore, Pakistan, has been working as a taxi driver in London for twenty years. He prefers working at night because then he can earn more money which he needs to pay for the expensive education of his son Ali, who is studying accounting. One day Parvez notices significant changes in Ali's behaviour: He is clearing his room of all electronic gadgets and fashionable clothes. What worries Parvez even more is the fact that Ali also breaks up with his English girlfriend. Parvez is afraid that Ali might be taking drugs and confides in Bettina, a prostitute, who he has known for three years. She advises him to watch out carefully for any changes in Ali's appearance, but the drug theory cannot be proved. Parvez' confusion and worries increase when he discovers that Ali is praying five times a day and has given up sports.

In order to find out what is happening Parvez decides to have a talk with his son in a restaurant. Ali only reluctantly agrees to the meeting. But the get-together becomes the worst experience of Parvez' life: Instead of finding out why Ali has changed so dramatically, Parvez is confronted with harsh accusations by his son. Ali criticises his father for having adopted the decadent Western lifestyle – in Ali's opinion the lifestyle of the oppressors. Parvez tries hard to suppress his anger in view of the insolence and ingratitude of his son, for whom he has been working hard all his life. To make things worse for Parvez, Ali starts preaching about the law of Islam, the necessity of jihad (= the struggle of religious Muslims against the infidels or holy war) and the merciless punishment of anybody who does not live a life in accordance with the Koran. Parvez is at a loss and wants Ali to give a reason for his drastic change: Ali blames living in England. He wants to give up his studies to work in prisons supporting incarcerated Muslims.

After this experience, Parvez fears that he will be constantly criticised by his fundamentalist son. He thinks about making Ali leave the house, but Bettina encourages him to stick to Ali, as he might just be going through a phase. During the following two weeks Parvez' attempts to persuade his son to accept his philosophy of life are met with contempt.

A few evenings later Parvez, who is accompanied by Bettina, offers Ali a lift in his taxi when he sees his son coming out of a mosque. As they are driving along, Bettina tries to mediate between father and son by starting a friendly conversation with Ali. But when Ali insults her, she jumps out of the car and runs away. Parvez just about manages to suppress his fury. When they get home, however, he cannot hold his anger back any longer: He enters Ali's room, drags the praying boy up by his shirt and hits him. Ali does not retaliate, but asks Parvez calmly which of them is a fanatic.

Characters

Parvez grew up in Lahore (Pakistan) and immigrated to England where he has been working as a taxi driver for twenty years. He is a **typical first-generation immigrant, who works hard to succeed**. In contrast to his son Ali, Parvez does not feel an outsider as he **has assimilated to the British lifestyle** and adopted its values. He likes English breakfast, pork pies and drinking whisky. **His main aim** in life **is to help his son** get a good education and **climb the social ladder**. Out of frustration, Parvez turns to violence when he realises that Ali rejects everything he has worked for.

Parvez' pride in life is his son **Ali**, a good student and sportsman, who goes to college to study accountancy. Ali, however, changes his life drastically **under the influence of fundamentalist Muslim leaders**, goes to the mosque regularly and prays five times a day. He gets rid of everything that symbolizes the decadent Western lifestyle and materialism to him. He **criticises his father for adhering to Western principles** and lectures him on immoral behaviour. Ali, a **second-generation immigrant**, has turned into a fanatic: He is ready for the jihad, thus prepared to fight the unbelievers, in his native country England and abroad.

Bettina is a **prostitute** Parvez has known for three years. While Parvez treats his wife in a rather harsh and unfriendly way, he turns to Bettina to talk about his problems. **She tries to help Parvez cope with the increasingly difficult relationship with his son.** To Ali, Bettina symbolises the immorality of Western lifestyle, which is why he despises her openly.

Themes and Interpretation

Father-son conflict: The central theme of Hanif Kureishi's short story is the conflict between Parvez and his son Ali. However, the confrontation **differs from traditional father-son conflicts** in which the father plays the dominant role and criticises the son's behaviour. In "My Son the Fanatic" **the traditional roles are reversed**: Ali gradually develops contempt and hostility against his father because he hates Parvez' adherence to Western lifestyle. Whereas **Parvez' aim in life is to integrate into the society of his new homeland, Ali is no longer interested in following the path** his father has laid out for him. Climbing socially and achieving success has become irrelevant to him. Ali has begun to deliberately reject the opportunities life offers in Britain since he believes in the teachings of fundamentalist Muslims.

Fundamentalism: Hanif Kureishi was among the first who observed the emergence of young radical Muslims in Britain's Asian community **following the publication of Salman Rushdie's** allegedly blasphemous **book *The Satanic Verses* in 1988**. The worldwide protests of the followers of Islam eventually led to a fatwa imposed by Iran's spiritual and political leader Ayatollah Khomeini. The fatwa means that it was a devout Muslim's duty to kill the infidel author on sight. In Kureishi's story, Ali is the representative of this new generation of young Muslims. **Many children of first-generation immigrants**, born and bred in Britain, lacked the cultural heritage of their parents and felt they were not really wanted in the country their parents had brought them to. In contrast to their parents they **were no longer willing to adapt and put up with humiliation and discrimination**. To Ali and many young Muslims of his generation, the uncompromising adherence to the Koran is a way of establishing an identity. Influenced and led by extremely conservative Muslim leaders, **they repudiate capitalist ideals as well as the striving for material success, and condemn Western immoral and decadent behaviour**. Thus, they distance themselves from the rest of society.

Kureishi wrote his story as early as 1994, and a couple of years later Britain and the world experienced the eruption of Islamic extremism into violence. The most horrific of these attacks against Western capitalism carried out in the name of religion occurred on September 11, 2001 (referred to as 9/11) with the destruction of the World Trade Centre in New York which caused the death of 3,000 people. **London became a target on July 7, 2005**, when fundamentalist young men with an Islamic background carried out suicide bombings in London's Underground, killing 52 people and mutilating dozens. In videotaped statements they explained their religious motivation, saying their action was a protest against military intervention of the West in Afghanistan. **The actions** of "home-grown terrorists" shocked people in England, and **led to second thoughts about the blessings of a multicultural society**. Extremists like the "7/7" bombers represent only a tiny fraction of Britain's Muslim community, but in his story **Kureishi issued a warning of the consequences of failed integration** in an increasingly ethnically and racially diverse society.

George Orwell, "Shooting an Elephant" (1936)

Author

George Orwell, whose real name was Eric Blair, was born on 25 June 1903 in Motihari, Bengal, a province of India under British rule, where his father worked in the Indian Civil Service. In 1904, his mother returned to England with Eric and his older sister. In 1922 Orwell went to Burma to serve for five years as a policeman, which he processed in his first novel, *Burmese Days*. Disgusted by his first-hand experience of imperialism, Orwell left the service and lived in Paris and London, where he started to write and publish his writings. After living in England for another seven years, he went to Spain as a war correspondent in 1936 to support the antifascist "Popular Front" government in the Civil War. Disillusioned by the behaviour of Communist groups, he returned to England. Because of his continued failing health, he struggled to earn a living as a journalist and author. In 1950, George Orwell died in London of tuberculosis. His works include *Down and Out in Paris and London* (1933), *The Road to Wigan Pier* (1937) and his masterpieces *Animal Farm* (1945) and *Nineteen Eighty-four* (1949).

Contents

The main character and first-person narrator of the story is a young British officer serving in the Indian Imperial Police in a Burmese village. One day, the locals inform him that a tame elephant has gone "must" (the "must" is a period during which male adolescent elephants are more sexually active but also more aggressive, similar to female animals in "heat"). The beast has gone mad and is now at large, ravaging the bazaar. The Burmese ask for the police officer's help because the keeper of the elephant is twelve hours away, having taken the wrong direction in his search for the animal. As the villagers have no weapons to defend themselves against the animal, the officer's protection is needed. Unsure how to act, the policeman eventually takes his old Winchester rifle and rides on his pony to the area – a poor quarter – where the elephant has last been seen. He finds a dead man lying in the mud who, the locals tell him, was killed by the elephant. The young officer now realises the danger of the situation, sends his pony back and gives the order to be brought a proper elephant rifle.

When the news comes that the elephant has been spotted in the paddy fields nearby, the young officer sets out, armed with the new weapon. More and more locals follow him with rising excitement, expecting a spectacular shooting of the elephant and hoping to secure themselves a piece of the animal's meat. The narrator feels increasingly uncomfortable as he has no intention of killing the animal. He only took the rifle with him to defend himself.

Arriving at the field, he sees the elephant grazing peacefully which makes him think that the "must" attack has passed. With its "grandmotherly" appearance, the creature is no longer a danger so there is no need to shoot it. However, at the same time he feels the pressure from the huge crowd, which now comprises more than two thousand people, who expect him to do just that. He feels trapped, realising that he has to play the role of the White man, the "sahib", in order to not be laughed at by the Burmese. For the sake of appearances, and not out of free will, the young officer pulls the trigger and shoots at the animal. As he is not an experienced big-game hunter he aims at the wrong spot, and, instead of killing the animal instantly, merely wounds it severely. He shoots several times, using up all five cartridges that he has brought with him. As the elephant is still not dead, the narrator sends back for his small rifle. He fires shot after shot at close range into the elephant's heart and down his throat. Unable to watch the terrible death throes of the tortured creature the young officer escapes from the scene. He later learns that the elephant suffered great pain for half an hour until it eventually died. Villagers brought baskets to collect the meat.

After the incident, the furious protests of the Burmese owner of the elephant against the shooting of his animal are brushed aside by the authorities. Opinions among Europeans are divided. Older men say the officer acted correctly because the beast had killed a man. On the other hand, the younger British people argue that the elephant should not have been shot since it was worth more than any "Coringhee coolie" (racist and outdated term for a low-wage labourer, typically of Asian descent).

Characters

First-person narrator: The main character of the essay (sometimes classed as a story or short story) is a young **British police officer** who serves in the **Indian Imperial Police** in Burma (today Myanmar). The higher ranks of this organisation were always occupied by Europeans, the lower posts by locals. The young man is still **rather inexperienced** and only holds this responsible position because he is a White European. His **relationship** to the **Burmese villagers** is ambivalent and rather strained. He hates them for being hostile and for harassing Europeans whenever safely possible, but he also feels pity for them because of the brutal oppression they have to suffer as a colony of the British Empire which he represents. In his job he is aware of his deficiencies ("I was ill-educated") and when the villagers demand help to deal with a mad elephant he is rather unprepared. Because of his professional inadequacy and insecurity, he is never in control of the events which begin to evolve. The **rising pressure from the locals** puts him in a moral dilemma. He **shoots the elephant for the sake of appearances** and against what he believes to be right.

The crowd of locals: The crowd of Burmese villagers who follow the narrator on his search for the elephant play an important role in the story. They keep a close watch on the young officer's movements and act as a catalyst, changing his initially peaceful intention to spare the animal into needless and brutal aggression. **Lusting after sensation** and greedy for the elephant's meat, they force the policeman to act against his conscience.

Themes and interpretation

The evils of colonialism: In "Shooting an Elephant" (1936), George Orwell drew on his **personal experience** while serving in the Indian Imperial Police in Burma. The country had become part of the British Empire in 1886 and administrated as a British colony. Orwell uses the essay to express and illustrate his anti-imperialist opinion in general and his **condemnation of the British Empire** in particular. From the start, the narrator makes it clear "that imperialism was an evil thing". Although he even defends the Empire at one point in the essay, comparing it favourably to its possible successors ("it is a great deal better than the younger empires that are going to supplant it"), he deplores the cruel treatment of the colonised. However, at the same time, the narrator **despises the Burmese for the hostile behaviour they show towards the British**. As the representative of the colonial power, he becomes the target of their contempt and malicious enjoyment. He is forced to play a role which he would naturally refuse. This awkward and hostile relationship generated a typical kind of behaviour among British officials in the colonies. They generally had no personal contact with the Burmese population, but kept themselves to themselves, preserving their English way of life and developing a special expatriate lifestyle. Seeing themselves as the undisputed lords of the world, **many of the British looked down on Native populations** and demonstrated outspokenly **racist tendencies** – as can be seen from the reactions of the Europeans to the shooting of the elephant, particularly the reaction of the younger men. It was important to the British "to play the White man" and always to keep a safe distance from the 'uncivilised' locals. In the story, the oppressed Burmese people compel the young policeman to shoot the elephant against his own inner convictions. He **acts like a puppet** to satisfy the hostile crowd's lust for sensation. According to the story, therefore, the Empire – and imperialism in general – degrades and corrupts both the governors and the governed.

Symbolic meaning

The police officer: While Eric Blair was stationed with the Indian Imperial Police in 1922, we should not read "Shooting an Elephant" simply as an autobiographical story. It is more likely to be read as a genre that **blurs the line between fiction and autobiography**. In the story, Orwell processes his own experiences as a policeman in Burma and describes his contempt for the colonial system. Yet, his biographers do not believe that Eric Blair himself actually killed an elephant during his time in Burma.

The **narrator rejects the British Empire despite being a part of it**. He condemns "the dirty work of Empire" he sees up close, but is too "young and ill-educated" to put it into context, feeling "an intolerable sense of guilt". The story is told from a retrospective point of view, when the narrator has found out that "the British Empire is dying [and] that it is a great deal better than the younger empires that are going to supplant it".

When Eric Blair was stationed in Burma, a nationalist movement partly led by Buddhist monks had been challenging imperial rule for years. In the time between 1922 and 1936, when the story was published, further attempts at rebellion had weakened British rule and could only be suppressed with large troops and promises of further political reform.

It is possible to see the characters in the story and the elephant as symbols hinting at more general ideas and concepts. The **policeman** is a symbol of the **moral decline and the loss of free decision-making on the part of the British rulers**. He does not want to shoot the elephant, but he fears that the large crowd of Burmese people who follow him will think him weak and ridiculous if he does not. He does not shoot the elephant to protect the people as he no longer considers it a threat. He shoots it because "it is the condition of his rule that he shall spend his life in trying to impress the 'natives'" and this makes him "grasp[] the hollowness, the futility of the White man's dominion in the East".

The shooting of the elephant: The narrator does not shoot the elephant because it is the right or logical thing to do, but because the crowd expects him to. **To uphold his appearance of superiority as a White man he tries to avoid being ridiculed at all costs.** He tries to demonstrate his power and the power of the Empire by shooting the animal, but he fails, as even after he has used all his ammunition, the elephant does not die immediately. As he can no longer stand the "tortured gasps" of the wounded animal, he leaves long before the elephant is dead and stripped to the bone by the surrounding crowd. The narrator has to understand "that when the white man turns tyrant it is his own freedom that he destroys".

Zadie Smith, "The Embassy of Cambodia" (2013)

Author

Zadie Smith was born in October 1975 in North London, the daughter of a Black Jamaican mother and a White English father. Zadie Smith studied English literature at King's College, Cambridge. Her debut novel *White Teeth* was published in 2000 and became an immediate bestseller. Her other novels include *On Beauty* (2005), *NW* (2012, NW = postcode area in North West London), *Swing Time* (2016) and *Feel Free* (2018). The novella "The Embassy of Cambodia" first appeared in the magazine *The New Yorker* in 2013.

Contents

Zadie Smith's story (novella, prose text) comprises 21 short paragraphs or chapters. The story is set in London and begins in August 2012 at the time of the London Olympics, and recounts events in the life of the young African woman Fatou, who works in the household of the Derawals, a well-to-do Pakistani family. Zadie Smith switches back and forth between events related by an omniscient narrator, comments of a Willesden woman and reminiscences of the main character Fatou.
The Embassy of Cambodia is a villa in the North London district of Willesden. It was built at some point in the thirties and is surrounded by a red brick wall. When the Embassy was first opened in Willesden, the locals associated the country of Cambodia with the genocide committed by the Khmer Rouge. On Mondays, when her employers, the Derawal family, are out of the house, Fatou goes swimming in the pool at the health centre next to the Embassy. She gets into the club for free using one of the Derawals' guest passes without the family knowing. Fatou taught herself to swim while she was working as a chambermaid at the Carib Beach Resort in Accra (Ghana). When she is walking past the Embassy, she often sees a shuttlecock passing back and forth between two unseen players behind the red brick wall. This always fascinates her.

One day, Fatou reads a story about a Sudanese "slave" kept by a rich man in his house in London. Comparing her situation with that of the girl in the article, she doesn't think of herself as a slave because she was not beaten – only slapped twice by Mrs Derawal. On Sundays, she meets her church friend Andrew Okonkwo to worship at the Sacred Heart of Jesus. Afterwards, Andrew regularly invites Fatou to go to a Tunisian coffee shop. One day, after watching a mysterious woman leaving the Embassy, Fatou engages

Andrew in a conversation about suffering and pain. They talk about the Holocaust, the killings in Rwanda and the corruption of the Nigerian government. Fatou sometimes thinks "we [the Africans] were born to suffer more than all the rest". When she returns home, Fatou saves Asma, the youngest of the Derawals, from choking. Mr Derawal tells Asma off and thanks Fatou briefly, but Mrs Derawal scolds her for not having prepared the dinner in time. The Derawals show no gratitude towards Fatou for saving their daughter's life, but instead they seem to feel guilty or awkward in front of her.

During one of her visits to the swimming pool, Fatou's thoughts go back to the seedy Carib Beach Resort where she was raped by a Russian tourist. She also remembers seeing nine children drowned on the beach, a tragedy which people seem to quietly accept as fate, whereas one year later in Italy the accident of a boy on his bike made big headlines. In Rome, where she works cleaning toilets at a Catholic girls' school, she initially envies Bengali boys who earn their money performing as living statues until she realises that she is better off.

In the café, Fatou and Andrew talk about the policies of the "Big Men", as Andrew calls them, the strategies of the Khmer Rouge in Cambodia and the rulers in Nigeria. They tell people what to think and what to do and crush them. Although Fatou is not attracted to Andrew, she thinks he is a good man and that his good qualities outweigh his bad ones. Fatou asks Andrew to go swimming with her. She manages to get Andrew and herself into the health centre for free and they enjoy the time together. That same evening Fatou loses her job. She does not understand why. Mrs Derawal says they have no need for a nanny anymore, although Fatou never worked as a nanny in the house. Fatou asks for her passport, which the Derawals had confiscated when they employed her. Mrs Derawal is offended and pretends not to know where the passport is. Fatou phones Andrew, who offers to let her sleep in his room while he is at work (he works during the night) and to help her find a job as a cleaner in the offices where he works. Fatou goes swimming to pass the time until she is to meet Andrew.
A survey of the "chapters" provides an overview and makes it easier to understand:

Outline

0–1: Description of the setting: embassy and neighbouring buildings
0–2: Fatou passes the Embassy for the first time on her way to the swimming pool where she regularly swims
0–3: Woman on the balcony claims that inhabitants of Willesden associate Cambodia with genocide
0–4: Fatou watches people at the Embassy; information about her employers: the Derawal family
0–5: A basketball hoop appears in the garden of the Embassy
0–6: Woman on the balcony describes the diverse neighbourhood of the Embassy
0–7: Fatou compares her own life with the story of a 'slave' girl in London
0–8: Fatou observes a mysterious Cambodian woman leaving the Embassy
0–9: Comment from the woman on the balcony: We cannot follow the history of every "little" country
0–10: Fatou and her friend Andrew talk about the suffering and the pain in the world
0–11: After a conversation in a café Fatou and Andrew part in the rain

0–12: Fatou saves the youngest daughter of the Derawals from choking
0–13: The ideology of the Khmer Rouge
0–14: Fatou thinks back to her work at the seedy hotel in Accra where she was raped by a Russian tourist
0–15: First meeting with Andrew; Fatou remembers the tragedy of drowned children
0–16: Fatou recalls her time in Rome, envy of Bengali boys; Fatou becomes a Catholic
0–17: Mrs Derawal brusque and ungrateful towards Fatou
0–18: Conversation with Andrew about politics; Fatou invites Andrew to go swimming with her
0–19: Fatou and Andrew meet at the health care centre
0–20: Andrew and Fatou in the pool together
0–21: Fatou is fired by the Derawals; cannot understand why; she phones Andrew for help

Fatou's migration route – From Africa to London

Ivory Coast – Ghana (Accra) – Libya – Italy (Rome) – UK (London)

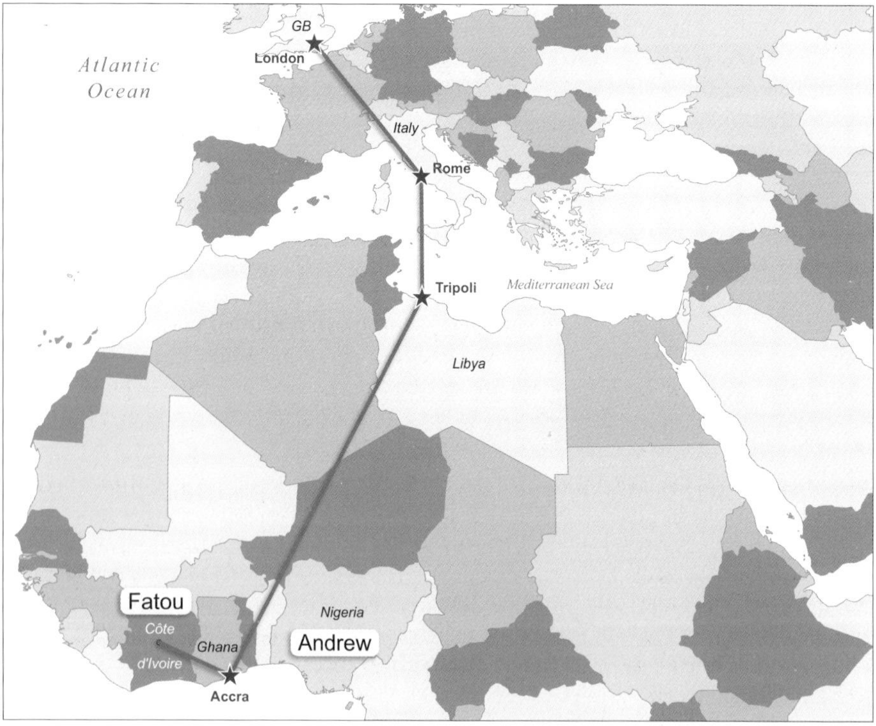

Characters

Fatou: Fatou is a refugee – not an undocumented immigrant, as she holds a passport – from the Ivory Coast (West Africa) working as a live-in nanny for a Pakistani middle-class family, the Derawals, in Willesden (North London). Although she is **exploited** – Fatou does not get paid, her wages are retained by the Derawals to be used for her up-keep in the house – and treated with disrespect, she does not feel like a slave. In Africa, she is **raped by a Russian tourist**. However, **Fatou does not despair or rebel.** She puts up with humiliation, discrimination (excluded from swimming pool in Accra hotel, disrespectful treatment in the Derawal household) and loneliness. To survive she accepts menial jobs (chambermaid, toilet cleaner) for which she is overqualified. Fatou speaks and reads English, speaks a little Italian and knows a little about world history and politics, which she can discuss with her **friend Andrew**. Andrew is the one who persuades her to get **baptised**. At the end of the story, despite her disappointment about the ingratitude of the Derawal family and her dismissal, Fatou braces herself for whatever difficulties life might have in store for her.

Andrew Okonkwo: He is **Fatou's church friend**, three years older than Fatou, and comes from Nigeria. Andrew is a **devoted Christian** and an **educated person** studying for a part-time business degree at the College of North West London. To support himself he works as a night guard in the City. He knows more about the world (Hiroshima) and politics than **Fatou, who is very impressed by his superior knowledge**. Andrew cares for Fatou and he is generous and full of sympathy for the young woman. He listens patiently to her complaints and tries to console her so that she does not despair.

The relationship between Fatou and Andrew: In the story, Andrew and Fatou have known each other for one year. Andrew started their acquaintance by addressing Fatou, who was sitting on a bench in Kilburn Park, advising her not to lose heart. Since then, they have met regularly **on Sundays for church and tea afterwards** in a café. Andrew is a man Fatou can trust and **to whom she can unburden her worries**. Sometimes she even flirts with Andrew but **cannot imagine him as a husband**. She thinks he is a dreamer. Andrew, on the other hand, does not notice when Fatou flirts with him. He feels uneasy about showing himself with his bulging stomach in his swimming trunks. When they talk politics in the café, he likes to embark on a lecture.

The Derawal family: The Derawals, Fatou's employers, are a middle-class Pakistani family who reside in a house in the London suburb of Willesden and **own two corner shops** (in Eltham and Kensal Rise). They treat Fatou like a slave. Mr Deraval is oblivious to her and more or less ignores her. Mrs Deraval is strict and sharp, and **slapped Fatou twice**. The children – Julie, the eldest child, whom Fatou likes the least, Faizul, and Asma, the youngest – are very rude to Fatou. Instead of appreciating **Fatou's timely intervention to save Asma's life, the Derawals dismiss her** – perhaps Mrs Derawal is jealous of Fatou.

Woman on the balcony: Every now and then a Willesden resident comments on the events in first-person plural – "we, the people of Willesden". She is a **woman standing in her dressing gown on the balcony of a house overlooking the Embassy of Cambodia**. She acts like a speaker of the Willesden community, **expressing the attitude of the native population** towards newcomers and world events generally. There is so much trouble and misery, but people do not want to be involved or held responsible. They prefer to concentrate on their own lives.

Themes and interpretation

Pain, evil and lack of solidarity: Fatou's and Andrew's conversations revolve around **pain, suffering, solidarity and the evil in the world**. The young woman's personal experiences – discrimination, rape, flight, hard menial work, exploitation and maltreatment – are proof of the vulnerability of the powerless poor and underprivileged people in the world today. Fatou is absolutely **helpless in the face of the evil** and turns to Christianity in order to protect herself. After her baptism she feels happy for a short time, but she soon realises that **happiness is hard to hold on to**. She recognises the evil – in the Russian tourist and in Mrs Derawal – but cannot defend herself against the **"stupid" Devil**, as she calls it. Thinking about the Devil makes her angry. Andrew advises Fatou not to give in to this feeling: "Don't give the Devil your anger, it is his food". People's indifference to personal tragedy and suffering and the lack of solidarity add to Fatou's frustration. The fact that **everybody only cares about themselves** seems to her to be a global trend. The Willesden woman expresses this self-centred attitude, and Andrew tells Fatou that Africans do just the same, "We cry for Africa, because we are Africans".

Slavery and exploitation: Another important theme in Zadie Smith's story is the **economic and sexual exploitation of people**. Refugees, immigrants and asylum-seekers are often compelled to do work that is very demeaning, much like that of slaves. Fatou and her father, who lost his job when the Chinese took over the mine in his village, have to emigrate to Ghana, where they find employment as a servant and chambermaid respectively. At the resort ("not a holy place"), local staff are forced to supplement their low wages by having paid sex with guests. Human traffickers who organise the transport of Africans to Europe take advantage of the desperate situation of Fatou and her father, demanding high sums of money for their passage. In Italy and England, Fatou is again exposed to exploitation in her jobs. The pinnacle of her unfair, merciless treatment is her dismissal by Mrs Derawal. The ruthless action, this disrespect towards an individual, proves that the motto of the Cambodian Khmer Rouge "To keep you is no benefit, to destroy you is no loss" still applies today.

Racial conflict and racism: Zadie Smith's story is set in the London suburb of Willesden, a multiracial community with a large immigrant population. The **continuing influx of newcomers**, mainly from the former colonies of the British Empire, has transformed the **United Kingdom into a country of unparalleled diversity**. As a result of this demographic change, **tensions have increased** – not only between the local population and immigrants, but also between ethnic groups. Fatou's treatment in the Derawal household illustrates the hate **relationship between Pakistanis and Africans** in the United Kingdom. The Derawals are immigrants themselves and have succeeded in society as house and shop owners. Because of their achievements, they feel superior to the Black immigrant Fatou and treat her like a second-class citizen. They withhold her passport, pay minimal wages, make her work hard and insult her. The final demonstration of their power is the unjustified dismissal of the African woman. Zadie Smith shows that **racism and discrimination continue to be part of daily life for powerless people in Britain**. The **game of badminton** which is played behind the high walls of the Embassy of Cambodia may symbolise the **continuous up and down**, the persistent pattern of achievement (acceptance, employment, peaceful life) and defeat (displacement, insecurity, fear) in Fatou's life. She is a victim who is dependent on the kindness of strangers.

The events narrated in "The Embassy of Cambodia" take place around the time of the London Summer Olympic Games of 2012, when numerous race-related incidents erupted in London and around the country. The organisers had chosen the borough of Newham, one of London's poorest and most diverse districts, to host the Games. The predominantly Black minority in Newham were promised economic regeneration of the impoverished area. However, it was clear from the start that in the end only developers and rich investors would profit. The poor people who lived in Newham were "the least well-equipped to effectively resist exploitation, through their exclusion and marginalisation from political power and decision making", one commentator wrote.

Abiturprüfung Hessen 2018 – Englisch Grundkurs
Vorschlag A – Immigrant shadows

Ashoka Sen: "Trailing Behind a Shadow" (short story, 2010)

Romola often remembers the story of the man who lost his shadow and was very sad and lonely. He found it at last, but sadly the shadow did not want to come back. Anyhow after much persuasion, it agreed to come back to him, only on one condition that from now on the shadow would be the master and walk in front, and the man would be following it behind, lying flat at its feet. The man was so desperately lonely that he instantly agreed to trail behind his shadow all his life.

Romola often wonders if she, like the man in the story, is trailing behind her shadow too. Thirty years ago today she came to Britain and in the process of settling in a new country has undergone some drastic changes, and transformed almost beyond recognition. She wears trousers and tops, cagoule[1] and boots, keeps her hair short and perm and speaks in local dialects. She likes the British way of living – the whole package – the well-tended garden, weed-free driveway, net-curtained-double-glazed windows, the welfare state and above all the National Health Service.

"Though I enjoy so many things of 'British life', I'm not British, can never be", she says looking at her shadow in the mirror. "I'm British only by nationality. Under an ostentatious[2] ceremony I have taken an oath offering my allegiance to the Queen of Great Britain surrendering my own nationality and I'll stay loyal to her forever, but I'm not British like the way the other British people are. I have been given only an identity, a superimposed identity that has not changed the 'real me inside'." She knows how she had been processed thoroughly before the new identity was stamped upon her. Sets of little questions with boxes for answers worked like a fishnet to catch her into its mesh. What are you? What country of origin? What colour? What faith? What language? Tick in the box … tick in the box … tick in the box. What marital status? Ms, Miss or Mrs? Employed or unemployed? On benefit? A disabled? A wheelchair user? Tick in the box … tick in the box … She ticked in the box, and got slotted in the national grid of the computer system – A British Asian woman, Hindu, single, low tax earner, living in a one-bedroom flat in a high-rise-building in the East End of London.

"It's all true, but it is not me. It is the shadow of what I was before, but sadly I cannot live without its protective shelter now and I crawl at its feet like the man in the story", she sighs. […]

Her two selves – British and Asian – combat with each other constantly. Yes. Yes. Yes. I'm Asian. "Only Asian, and not British", says one. "No, I'm not Asian, I'm British. I need my British identity for my survival", says the other. I cannot be both – thinks Romola. Then she feels rebellious – "if I'm British, why am I living here like a foreigner? It does not matter how long I live here, I'll never be part of the mainstream. Doubts are always cast upon my loyalty, my rights of staying here and my benefit status. The welfare state is doing its best, but it cannot change the minds of the people. I'm here enjoying all the rights and facilities like any other citizen of the indigenous population, but there is always a feeling of non-belongingness. I feel I'm living on the periphery of its society as an unwelcome guest."

Someday she finds the domination of her shadow squashing her spirit too hard. When she cannot take the pressure anymore, she goes out with a group of friends for a shopping spree. She runs from one shop to another buying beautiful gorgeous saris and matching jewelleries. She buys and stacks them on the shelves in her wardrobe. She doesn't wear them. There is no time and occasions for these useless, glittery stuffs in the busy, work-packed, storm-tossed, rain-soaked life in Great Britain. […]

In lonely hours of a wakeful night she often hears Mother India calling her – "Come home, child, come home." But she cannot go back home, because she has no home to go back to. […] A sense of non-belongingness keeps torturing her for some time. But she never likes to dwell on defeat and despondency too long. She remembers, today is the day she came to Britain thirty years ago. "I'm going to celebrate the day, the day of my rebirth. Though my real mother cannot provide what I need anymore, my adopted mother has taken her place. Why should I waste my time, regretting over my loss?" She stands up, lights a candle and says to the reflection of her image in the mirror in front: "Best wishes to you on your birthday." *(797 words)*

Ashoka Sen: Trailing Behind a Shadow, in: Ashoka Sen: The bark of the cinnamon tree. *Create Space Independent Publishing Platform 2014, S. 93–96.*

Hinweis: Der Text der Autorin wurde redaktionell angepasst.

1 cagoule – a light jacket with a hood that protects you against wind and rain
2 ostentatious – noticeable in a way that is intended to impress people

Assignments

1. Describe Romola's situation and her attitude towards India and the UK. (Material) (30 BE)
2. Analyse the image of the shadow. (Material) (35 BE)
3. "Her two selves – British and Asian – combat with each other constantly." (Material)

   Just like Romola, there are immigrants in the USA who face the same conflict. Comment on their experience of living between two cultures referring to material dealt with in class. (35 BE)

Lösungsvorschläge

Teaching modules referred to:
The tasks refer to the teaching module The United Kingdom *(Q 2) with a special focus on the topic* social structures, social change (ethnic minorities, multiculturalism).
The assignment also extends to the module USA *(Q 1), particularly in relation to the topic* living together (immigration).

1. ***Step 1:*** *Read the short story several times and highlight all passages that reveal something about the protagonist's situation as well as her attitude towards India and the UK.*
   Step 2: *Start with an umbrella sentence mentioning the author, title, text type, year of publication and topic dealt with.*
   Step 3: *Your description should adhere to the following conventions: Use the present tense and neither direct speech nor quotations. References to the text can be marked in brackets (cf. l. x). Write in your own words and do not comment on the text. Employ connectives as well as strategies to abridge the text. You should also omit unnecessary detail and examples.*

   The short story "Trailing Behind a Shadow" by Ashoka Sen was published in 2010 and describes Romola's experiences as an Indian immigrant in Great Britain.
   Romola emigrated from her home country of India 30 years previously and, in the meantime, has acquired British citizenship and changed considerably with respect to the way she looks and speaks (cf. ll. 8–11). However, she has never really become British and does not think that this is going to happen in future either (cf. l. 14). She regards Britishness as an identity that has been imposed on her (cf. ll. 18–20) and recalls the process of naturalisation as merely being captured by a net of little questions whose answers are kept in a computer system (cf. ll. 20–27). Although Romola has become well integrated into British society (cf. ll. 8–11) and even likes the British lifestyle, such as the neat gardens, the clean driveways, the curtained windows, the welfare state and, in particular, the National Health Service (cf. ll. 11–13), she does not feel British in the way that a member of the mainstream society does. As a result, her two identities are in constant conflict with each other (cf. l. 31). She nurtures mixed feelings with regard to both India and Britain. On the one hand, she is homesick and longs for India, but on the other hand, she knows that she no longer has a home there (cf. ll. 47–49). Similarly, she is glad about all the comforts her life in Britain brings with it (cf. ll. 37/38), but at the same time still feels like an unwelcome foreigner after all these years (cf. ll. 34 and 39/40). Consequently, she is neither at home in the one nor in the other culture (cf. ll. 39 and 49). On a positive note, however, Romola celebrates the 30th anniversary of her immigration as her rebirth (cf. ll. 50/51).

   (274 words)

2. ***Step 1:*** *In the short story, the image of a shadow is used to illustrate Romola's self-perception. Read the story again and pay special attention to all passages dealing with this image.*
Step 2: *In your analysis, first delineate the image as depicted in the story Romola remembers and explain its meaning.*
Step 3: *Associate the story about the man and his shadow with Romola's situation, which is dominated by feelings of estrangement, non-belonging and an identity imposed on her.*

In Ashoka Sen's short story "Trailing Behind a Shadow", the image of a shadow plays a crucial role. It emerges from a story the protagonist Romola remembers about a man who lost his shadow. He feels lonely and very sad, thus being desperate for his shadow to come back. This is granted to him on the condition that he will henceforward accept his shadow as his master and follow it "lying flat at its feet" (l. 5), which means that for the rest of his life their roles will be switched: the shadow will dominate all his actions and he has to agree to "trail behind" (l. 6). Romola relates to this image when reflecting on her current life in Great Britain in contrast to her past and cultural origins. When Romola looks in the mirror, she sees her new identity in the UK: "A British Asian woman, Hindu, single, low tax earner, living in a one-bedroom flat in a high-rise-building in the East End of London." (ll. 25–27) However, she feels that the reflection in the mirror does not adequately reflect her inner being: "It's all true, but it is not me. It is the shadow of what I was before" (l. 28). Thus, the "shadow" clearly refers to Romola's "new" identity in Britain. At the same time, the image expresses her sense of loss of her former, Asian self or, perhaps more generally, her longing for an identity that captures the complexity of her being. The image of the shadow hence represents Romola's self-perception, as it symbolises her inner conflict and her feeling of non-belongingness. In her "new" life, she is merely a shadow of her former self.

Romola feels that this new identity has been superimposed on her by society and its need to put people into neat categories (cf. ll. 20/21). Like the shadow in the story after returning to the man, her British identity has taken over the dominant part, controlling her life with expectations which she can never really fulfil (cf. ll. 14 and 35–40). From time to time, she even feels oppressed by the omnipresence of her shadow (cf. l. 41) and tries to get away from the pressure of it by joining a group of friends on a shopping trip where she buys all those things that remind her of her home country of India. However, she does not need all the garments and jewelleries because there are no occasions for her to wear them in "the busy, work-packed, storm-tossed, rain-soaked life in Great Britain" (ll. 45/46). Buying these useless things merely serves as escapism.

Similar to the man in the story, Romola cannot exist without her shadow. Both prefer to creep behind their shadows rather than to live without them (cf. ll. 5/6 and 29). Although Romola deplores it, she is aware of the fact that her shadow serves as an indispensable protection (cf. ll. 28/29). It seems that the certainty and orientation of her new identity, even if it has been imposed upon her, is preferable to living without any kind of identity and feeling completely lost.

To sum up, Romola's new, British identity feels alien to her and "looking at her shadow in the mirror" (l. 15), she experiences that this superimposed identity works like a shadow that does not make a real British person of her but instead leaves her in limbo between two selves. Romola appreciates the "protective shelter" (l. 29) of her new identity. Nevertheless, the shadow also dominates her daily life and activities, including the occasional escape into old customs and traditions. *(564 words)*

3. ***Step 1:*** *The quotation from the short story points at the fact that immigrants often have to cope with two cultures and their conflicting effects. Starting with Romola's experiences as an Asian-British woman, briefly outline what it could mean to live in-between two cultures.*
Step 2: *Using background knowledge attained in your courses, comment on the situation of immigrants in the US and the issues they encounter, drawing on concepts like the melting pot, the salad bowl and/or hyphenated Americans.*
Step 3: *Your conclusion should include a personal statement based on relevant arguments and reflecting your own opinion.*

Romola, the protagonist of the short story "Trailing Behind a Shadow", grew up in India but has been living in Great Britain for 30 years now. Romola likes the British lifestyle and is a well-integrated citizen. Nevertheless, she does not feel at home in the UK. At the same time, she realises that there is no place for her in her country of origin either. As the given quote reveals, for Romola it feels as if there is a fight between her two identities going on inside her.

One can assume that quite a few immigrants experience a similar inner conflict, not just in the UK but also in the USA. They have to decide to what degree they want to adapt to the values and way of life in their new home, and to what degree they want to maintain their culture of origin. This affects issues such as the question of language (e. g. in the case of Hispanic people, whether Spanish is spoken and if so, in which situations) and values (e. g. regarding gender roles) as well as customs or traditions (e. g. religious practices, which holidays are celebrated, etc.).

In addition, many immigrants also have to deal with negative attitudes on the part of "mainstream society". This appears to be particularly true for people from Muslim countries in the aftermath of 9/11, who were met with general suspicion, even if they were in no way fundamentalist (or even religious at all). Such experiences of rejection can further increase the feeling of non-belonging.

America has always welcomed people from different nations, ethnicities and cultures – for a long time even without green cards, visas and quotas, the only requirements being good health and finding a means to earn a living. The famous motto *E pluribus unum* (Latin for "Out of many, one"), as included in the Great Seal of the United States, reflects the country's heritage as a nation of immigrants. However, there have been different concepts of how to handle immigration (and different expectations of how newcomers should deal with their identities):

The original idea was to create a melting pot, whereby people from all over the world would strive to become one, leaving behind their cultural and religious traditions and

assimilating into a common American culture. This, however, would force immigrants to deny their culture of origin, and hence a part of their identity, altogether.
A competing concept is that of the salad bowl, where cultural diversity is regarded as a positive value and immigrants are encouraged to maintain their traditions and their native languages. In this model of racial and ethnic integration, rather than assimilation, many different cultures coexist but their differences remain visible at the same time – like the lettuce, tomatoes and carrots in a salad – and people are not merged or melted into one group. However, there is a risk that this might lead to parallel societies and ghettoisation, and to there being no feeling of "oneness" (*E pluribus unum*) and common ground left.
In my opinion, in an ideal multicultural society all citizens would have equal rights and opportunities as well as some shared customs and values, but could also maintain and be proud of their own individuality. Whether the so-called "hyphenated identities" might be a solution, is subject to debate. Nowadays, it is politically correct to talk about African-American people, Hispanic-American people and so on as a sign of inclusion and respect for different cultures and their traditions. For me, the fact that hyphenated names have become increasingly popular even beyond their political correctness is a good sign. It ensures that immigrants become part of a diverse and tolerant community without giving up their original cultural identity. This could help immigrants to blend the old and the new, and both selves could openly exist next to each other without combat.
(640 words)

Abiturprüfung Hessen 2018 – Englisch Grundkurs
Vorschlag B – Race relations

Sarah Lyall and Alan Cowell: A trial concludes, but for South Africans, the debate may be just starting – Oscar Pistorius guilty of culpable homicide[1] (2014)

The murder trial of the Paralympic star Oscar Pistorius lurched to a close[2] on Friday when he was convicted of culpable homicide in the shooting death last year of his girlfriend, Reeva Steenkamp. But in a case that reflected South Africa's complicated obsession with race, crime and celebrity, many South Africans found understanding the verdict to be as difficult as trying to fathom[3] exactly what was in Mr. Pistorius's mind the night he pulled the trigger. […]

Some South Africans felt that Mr. Pistorius got off too lightly. "Will Oscar Walk?" said the headline in *The Star* newspaper. On Twitter, Trevor Noah, a comedian, asked why Molemo Maarohanye, a black rap star known as Jub Jub, had been sentenced to 25 years in prison for killing three people with his car while driving high[4], while "Oscar went to fetch a gun but he gets less time?" And on the *News24* website, a commenter[5] named Peter Tracey called the verdict "a very sad indictment of our justice system."

Friday's proceedings were the culmination of a grueling roller-coaster of a trial that began in March, a little more than a year after Mr. Pistorius grabbed a handgun in the middle of the night on Valentine's Day, pumped four shots through the locked door of his bathroom and killed Ms. Steenkamp, his 29-year-old girlfriend.

The world may never know what he was thinking that night; perhaps even he does not know. But while many saw his account as implausible, the defense he gave – that he believed an intruder had broken into his house and was lurking in the bathroom, and that it did not occur to him that Ms. Steenkamp could have been in there – spoke to many South Africans' deep fear of crime and home invasions. […]

[T]he Pistorius case has riveted South Africa. Mr. Pistorius was for many years a national hero for the way he rose above his disability, competing against both disabled and able-bodied athletes in international competitions. Born without fibula[6] bones, he had both his legs amputated below the knee when he was a baby and later became known, admiringly, as the Blade Runner, for the scythe-like[7] curved prostheses he used while competing.

Handsome, charming, extraordinarily gifted as an athlete, Mr. Pistorius became an emblem of South Africa's pride and craving for international acclaim. He carried the flag for his country in the closing ceremony of the 2012 Olympic Games in London.

But the killing of Ms. Steenkamp stripped the sheen off what had been a story of success and celebrity, exposing an uglier side to Mr. Pistorius – a side in which he had a mercurial temper, was a jealous and sometimes angry boyfriend, drove too fast, was enamored and irresponsible with guns, and used his celebrity to get what he wanted.

The case raised numerous questions – about fame, disability, crime, violence against women, class and, looming always in the background, race – in a country uneasy about where it stands on many of those matters.

Many of these collided in the courtroom. The judge presiding over the trial of Mr. Pistorius – white, rich, privileged – was a 66-year-old black woman who grew up poor in Soweto, began studying law in the throes of[8] apartheid, had been arrested during a protest, and did not earn a law degree until she was in her 40s. The courtroom, too, reflected a reality of race in South Africa: virtually all the principals – the lawyers, the accused, the families – were white, while virtually all the security guards, cleaners and court functionaries were black.

[… T]he verdict enraged some South Africans, who said it sent a terrible message about domestic violence and also gave people the right to kill and then claim they had not meant to do it […] *(625 words)*

Sarah Lyall, Alan Cowell: A trial concludes, but for South Africans, the debate may be just starting – Oscar Pistorius guilty of culpable homicide. From The New York Times, *12. 09. 2014*

Hinweis: In December 2015, the Supreme Court of Appeals overturned the culpable homicide verdict and found Pistorius guilty of murder. On July 6, 2016, Judge Masipa sentenced Pistorius to six years in prison for murder. In 2017, the case was reopened and Pistorius was sentenced to 13 years and five months in prison for culpable homicide.

1 culpable homicide – *die fahrlässige Tötung*
2 to lurch to a close – *hier: ruckartig dem Ende zugehen*
3 to fathom – to imagine, to understand
4 to drive high – to drive under the influence of drugs
5 commenter – someone who makes/posts a comment on a website without being a reporter
6 fibula – *das Wadenbein*
7 scythe-like – *sichelförmig*
8 in the throes of – in the middle of

Assignments

1. Summarize the text. (Material) (30 BE)
2. Taking the article as a starting point, compare the racial situation in South Africa to that in the USA (past and/or present) referring to material dealt with in class. (40 BE)
3. "I have a dream that my four little children will one day live in a nation where they will not be judged by the color of their skin but by the content of their character."

   Martin Luther King: I Have a Dream, 28th August 1963.

   Assess if King's dream of equality is still relevant for contemporary societies. (30 BE)

Lösungsvorschläge

Teaching modules referred to:
The task refers to the teaching module Promised Lands: Dreams and Realities *(Q 3), focusing on the country of reference* South Africa *and the topics* political issues *and* social issues. *Furthermore, the assignment extends to the module* USA *(Q 1), particularly the topic* the American Dream.

1. ***Step 1:*** *Read the text carefully and identify the main ideas.*
   Step 2: *Start the summary with an introductory sentence in which you mention the author, title, text type, year of publication and topic.*
   Step 3: *Summarise the article in your own words. Avoid both direct speech and quotes and do not comment on the text. If necessary, adapt references to time, place and people. Only include relevant information.*

   In the article "A trial concludes, but for South Africans, the debate may be just starting – Oscar Pistorius guilty of culpable homicide" by Sarah Lyall and Alan Cowell, published in *The New York Times* in 2014, the verdict against former Paralympic star Oscar Pistorius and its meaning for South African society are discussed.
   Although Pistorius had originally been charged with murder – accused of the premeditated killing of his girlfriend Reeva Steenkamp by shooting at her through a locked bathroom door – the trial ended with a verdict of culpable homicide. Pistorius defended himself by arguing that he had wanted to fight off a suspected intruder, which many South Africans sympathise with due to a general fear of crime and burglaries. Others, though, consider the verdict too mild and believe that it is a result of Pistorius' white skin colour and star status. Pistorius, who lost both his legs as a baby due to a birth defect, has come to be a national hero through his athletic successes and charm. The murder, however, has unveiled his other, darker side: that of a quick-tempered gun fanatic abusing his fame for his own purposes. His case raises questions as to the handling of fame, class, disability, violence against women, crime and skin colour. Some of these issues were even reflected in the courtroom: apart from the presiding judge, a black woman from a poor background, all other main participants were white, privileged people. *(239 words)*

2. ***Step 1:*** *In order to compare the racial situation in South Africa and the USA, take the issues emerging in the given text as a starting point.*
Step 2: *Based on your background knowledge, additionally outline the general situation in South Africa, and draw on materials dealt with in class to take a closer look at the race relations in the US. Focus on historical as well as current developments in both countries, such as apartheid, the Civil Rights Movement or police brutality against black people.*
Step 3: *Compare common issues, similarities and differences.*

The article about the Oscar Pistorius case provides quite a good insight into the current racial situation in South Africa. As the US also looks back at a long history of race relations, the question arises as to how the situations in these two countries are comparable and where they differ.
Oscar Pistorius' case was tried in court several times and raised many questions related to domestic violence, race and social class, among other issues. Some South Africans maintained that Pistorius was given preferential treatment in comparison to black offenders whose prison sentences were distinctly longer (cf. ll. 7–11). From their point of view, Pistorius' sentence was unjustified and demonstrated the shortcomings of the South African judicial system (cf. ll. 11/12 and 45–47). The fact that the culpable homicide verdict was later overturned by the Supreme Court of Appeals, which considered Pistorius guilty of murder, and that the sentence was extended several times – finally to a prison term of 13 years and five months – confirms once more that the initial judgement was probably biased and that the preferred treatment based on social class or skin colour is indeed a controversial topic in South African society.
Since the system of apartheid was officially abolished in South Africa in 1990 by the then president de Klerk, the country has been struggling to overcome the legacy of its racist past, during which the black majority had been oppressed for many decades and subject to atrocious treatment by the white minority and police. The same year, Nelson Mandela, an anti-apartheid activist, was released from a 27-year prison sentence and was elected the country's first black president in 1994 in the first fully representative democratic election. His and Desmond Tutu's attempts at reconciliation went some way towards alleviating the aftermath of the worst crimes by investigating gross violations of human rights and seeking for a national settlement. Nevertheless, many black South Africans still live in spatially separated neighbourhoods known as townships, and are poverty-stricken. The poverty is mostly due to the fact that – as current statistics show – unemployment is still widespread among the black population and, if employed, black people often do menial work. Higher education and career prospects, in contrast, are predominantly reserved for white people. This general tendency was also reflected in the courtroom where the Pistorius case was initially tried: Apart from the black female judge, who can be considered an exception, all of the other main participants, such as the lawyers, were white, whereas almost all "security guards, cleaners and court functionaries were black" (ll. 43/44).
The racial situation in the US is similar and different at the same time. Unlike black people in South Africa, African Americans have never been a majority in the US. Nevertheless, their situation was just as deplorable in the past. They were exploited as

slaves, oppressed by an unjust legal system during the Jim Crow Era and persecuted by extremist groups like the Ku Klux Klan. It was the Civil Rights Movement in the 1960s, a non-violent resistance movement, which decisively changed the situation, at least in legal terms, and eventually led to the constitutional acknowledgment of equal human and civil rights. Under the leadership of Martin Luther King, African Americans succeeded in achieving more equality, better schooling and – sometimes as a result of affirmative action – both academic and professional career opportunities on a wider scale. The first black president, Barack Obama, who took office in 2009 and was re-elected once, is a prominent case in point.

The racial tensions that have recently arisen in many parts of the US, however, have cast some doubts about the consistent progress in civil and legal rights for the black population. News reports and studies show that an unequal treatment of African Americans, especially in terms of police brutality against black people, racial profiling and unjust law enforcement, is still routine, and resulting movements such as "Black Lives Matter" might just be the beginning of a new civil rights movement. Besides, although the economic situation of African Americans is probably not as bad as that of black people in South Africa, poverty is still an issue.

As can be seen, the racial situation in South Africa and the USA is not completely identical, yet there are obvious similarities. Both countries look back on a past in which black people were treated with considerable cruelty. In both countries, progress has been achieved over the last few decades. Nevertheless, both countries still have a long way to go towards achieving equality for all people, regardless of their skin colour.

(749 words)

3. ***Step 1:*** *Paraphrase the quote from Martin Luther King's famous speech using your own words and focusing on the meaning of the term "equality".*
Step 2: *Considering the historical context of the given quote, assess in which countries the issue of equality, or rather the lack of it, is still particularly relevant. Examples from the US, South Africa and/or other countries may be suitable.*
Step 3: *Find a convincing conclusion to your arguments.*

In August 1963, Martin Luther King delivered his famous "I Have a Dream" speech in front of a crowd of people before the Lincoln Memorial. It marked the end of the peaceful March on Washington, the purpose of which was to stand up for the civil and economic rights of African Americans. In the quote provided, which is one of the most frequently cited lines in the speech, he expresses his hope – if not expectation – that future generations of African Americans would no longer suffer from prejudice, injustice and discrimination and would be judged by their individual character rather than the colour of their skin, thereby receiving the same treatment as white people. The demand for equality, already proclaimed in Abraham Lincoln's Emancipation Proclamation one hundred years earlier, was one of the leading ideas of the Civil Rights Movement, in which Dr. King played a key role.

In the light of current developments, his dream certainly continues to be relevant, as in many countries people are still discriminated against because of their ethnic origins, religious beliefs or skin colour.
In the US, racial profiling is a case in point. Supposedly an effective tactic in crime fighting, it mostly targets non-white people in poor neighbourhoods, making them suspects merely due to stereotypical criteria. As a result, the number of African Americans arrested or even imprisoned is several times higher than their proportion of the population. Furthermore, over the past few years, there have been several incidents in which unarmed black men were killed while being arrested by white police officers, who were afterwards more often than not found not guilty. Such cases triggered unrest and riots and led to a nationwide protest movement under the name of "Black Lives Matter", which criticises the racism within the police and the legal system on the whole. Thus, despite considerable progress within the political realm, for instance, with Barack Obama having been the first black president, unequal treatment in law enforcement and the judicial system is still a concern in the US.
Similarly, the situation of black people in South Africa has not improved significantly in all areas of life since the end of apartheid. Although enjoying full democratic rights, many of them still live in poor conditions, and underdeveloped townships spatially separated from "white" residential areas continue to exist. If employed at all – the unemployment rate in this section of the population presently stands at over 30 per cent – many black South Africans do menial work and are thus poorly paid. The equality of black and white South Africans has therefore not been achieved to this day.
Likewise in other parts of the world, for example in Europe, people are often treated unequally due to their ethnicity. This becomes particularly obvious in the context of recent developments. Global conflicts and the dire situation in many underdeveloped countries have triggered an international flow of refugees seeking freedom and relief from civil wars and oppression. In the receiving countries, they frequently meet with prejudices due to their religious beliefs, foreign customs or foreign appearance. Right-wing movements exploit the fears of people who mistake ethnic differences for a threat to their own security, and xenophobia is often the result.
As these examples show, Dr. King's dream of equality has not yet come true – neither in the US nor in many other countries. Thus, his vision is still relevant for contemporary societies. In my opinion, the challenges of a multicultural society need to be addressed by dialogue and mutual understanding in order to create a community in which future generations are able to live together peacefully side by side regardless of their ethnic background, religion or skin colour. It is the urgent task, not least in education, to foster intercultural competencies, so that existing cultural differences are perceived as a chance to broaden one's horizons. *(638 words)*

Abiturprüfung Hessen 2018 – Englisch Grundkurs
Vorschlag C – Kombinierte Aufgabe: Cities of the future

Teil A: Aufgabe zur Sprachmittlung

Material 1: Rolf Schneider: Die Utopie der sozialen Mischung (2014)

Viele Kommunalpolitiker denken darüber nach, wie sie eine soziale Mischung der Stadt erzwingen könnten, um schroffe Gegensätze von Luxusquartieren und Problembezirken zu vermeiden. Doch widerspricht diese Utopie der Wirklichkeit, der Erfahrung und der Geschichte.

Zu den gern gebrauchten Formeln gegenwärtiger Stadtplaner gehört die von der sozialen Durchmischung. Gemeint ist, dass Menschen aus unterschiedlichen kulturellen, ökonomischen und ethnischen Milieus nah beieinander wohnen; in neu zu errichtenden Stadtvierteln will man dies etwa durch unterschiedliche architektonische Gestaltung und unterschiedlich hohe Mieten erreichen.

Jedenfalls soll damit der sozialen Trennung begegnet und die Bildung von Ghettos vermieden werden. Das klingt recht menschenfreundlich und ist doch nichts als eine romantische Utopie. Sie teilt das Schicksal aller Utopien: nicht realisierbar zu sein. Sie widerspricht der Wirklichkeit, der Erfahrung und der Geschichte.

Es gibt eine einzige Siedlungsform, in der sich soziale Durchmischung wie von selbst ergibt: das Dorf. Dort kennt man einander und ist aufeinander angewiesen.

Kennzeichen der Stadt sind die weitgehende Trennung von Arbeiten und Wohnen und, auch dadurch, eine weitgehende Anonymität. Sie wenigstens partiell zu überwinden, ziehen ähnlich gestimmte Menschen in ein gemeinsames Wohnquartier. Den Rest besorgt der Markt.

Ein Leben in teuren Vierteln kann sich leisten, wer das dafür erforderliche Geld hat, billigere Quartiere bleiben den Kleinbürgern, die billigsten dem Prekariat[1]. Die Situation ist so oder jedenfalls ähnlich, seit es Städte gibt.

[…] In München, wo man sich gezielt um soziale Durchmischungen bemühte, muss man zähneknirschend eingestehen, dass „ein schlichtes Nebeneinanderwohnen unterschiedlicher Bevölkerungsgruppen bestenfalls zu Indifferenz, nicht aber zu engeren Sozialbeziehungen" führe.

Projekte zur sozialen Durchmischung sind gesellschaftspolitische Alibi-Veranstaltungen. Die Energien, die dabei investiert werden, sind verplempert. Das Schicksal von Utopien ist, unrealisierbar zu sein. Aber das sagten wir bereits. *(275 Wörter)*

Rolf Schneider: Die Utopie der sozialen Durchmischung, in: Deutschlandfunk Kultur, 07. 01. 2014. http://www.deutschlandfunkkultur.de/gesellschaft-die-utopie-der-sozialen-mischung.1005.de.html?dram:article_id=273800 (abgerufen am 07. 05. 2017).

1 Prekariat – Bevölkerungsteil, der, besonders aufgrund von anhaltender Arbeitslosigkeit und fehlender sozialer Absicherung, in Armut lebt oder von Armut bedroht ist und nur geringe Aufstiegschancen hat.

Assignment

You participate in an international youth conference on "Cities of the Future". In your workshop you discuss ideas for urban planning and you have found a text on the internet. Summarize it for the other group members. (Material 1)

Teil B: Verkürzte Textaufgabe

Material 2: Raya Bidshahri: The cities of the future are smart, green, connected innovation hubs (2017)

Humanity has come a long way since the very first cities began to emerge about ten thousand years ago. Today, places like New York, Tokyo and Dubai are centers of innovation and human progress.

[…] With the rise of technology comes increasing mobilization. Many prototypes of self-driving cars are already being tested in California and autonomous transport pods[1] are running in Masdar City, Abu Dhabi. This increasing mobilization is expected both within and between major cities in the world. Perhaps one of the most anticipated projects is Elon Musk's hyperloop, a 500mph train that will travel between Dubai and Abu Dhabi, two cities in the United Arab Emirates 120 kilometers apart, in less than 12 minutes. […]

As climate change becomes a growing threat against our species, humanity is faced with significant decisions. Many cities are integrating multiple solutions that involve sustainable infrastructure, cleaner transportation and renewable energy sources.

In the realm of renewable energy, the price of solar power alone is dropping to unprecedented lows. The cost of solar panels is expected to fall by 10 percent every year. In some countries, wind energy is a cheaper source than coal. Many cities are embracing these trends and integrating them into their urban development. Copenhagen, the most eco-friendly city in the world, is set to be carbon neutral by 2025, leading the way for all other major cities to follow in its footsteps.

In Abu Dhabi, Masdar City is one of the first zero-carbon, zero-emission and zero-car cities. One of its many notable features is a 45-meter-high wind tower that keeps desert temperatures as low as 20 °C when it's 35 °C in other parts of the country. This is a step towards climate-controlled cities. The city is also designed to be a hub for innovative cleantech companies and clean energy research facilities. […]

Cities are considered to be the center of development. As technological growth allows for an increased quality of life, access to resources and inter-connectedness, we will see an acceleration in innovation. This innovation may not simply be technological, but societal as well. Research has consistently shown that bigger, denser, and more affluent cities are some of the more tolerant places in the world. Cities are known to be the places most welcome to immigrants, artists and institutions. Cities from San Diego to London are investing in innovation hubs, which not only create jobs and boost the economy, but also integrate the very culture of innovation into their communities.

Above all, cities demonstrate that any goal within the laws of physics is possible. They continue to push the boundaries of human progress in all domains, whether it be creative, technological or societal. Pushing these boundaries will undoubtedly have a profound impact on citizens' mindsets. The prime minister of Dubai, Sheikh Mohammad bin Rashid Al Maktoum, said it best: "The future belongs to those who can imagine it, design it, and execute it. It isn't something you await, but rather create." *(488 words)*

Raya Bidshahri: The cities of the future are smart, green, connected innovation hubs, in: SingularityHub, 20. 02. 2017. https://singularityhub.com/2017/02/20/the-cities-of-the-future-are-smart-green-connected-innovation-hubs/ (abgerufen am 07. 05. 2017).

Hinweis: Raya Bidshahri ist Gründerin und Geschäftsführerin der Awecademy, einer Onlineplattform, die jungen Menschen Möglichkeiten zum Lernen, Vernetzen und Fortschritt bietet.

1 transport pod – small automated vehicle

Assignments

1. Summarize the text. (Material 2) (30 BE)
2. Relate technical and scientific developments mentioned in the text to material about science and technology and/or the environment dealt with in class. (Material 2) (45 BE)
3. "The future belongs to those who can imagine it, design it, and execute it. It isn't something you await, but rather create." (Material 2)

   Using the quotation as a starting point, write a speech in which you urge students to study subjects which promote technological innovations. (25 BE)

In das Gesamtergebnis gehen die Bewertungen der Teilaufgaben A und B im Verhältnis 1:3 ein.

Lösungsvorschläge

Teaching modules referred to:
The texts at hand refer to the teaching module Order, Vision, Change *(Q 3), focusing on the topic* models of the future (utopias, dystopias, progress in the natural sciences). *Furthermore, the assignments are based on the modules* Science and Technology *(Q 1), with special emphasis on* energy, *and on* Work and Industrialization *(Q 2), particularly referring to the topic* business, industry and the environment.

Teil A: Aufgabe zur Sprachmittlung

Step 1: *Read the article carefully and highlight the most important statements on mixed neighbourhoods in cities.*
Step 2: *Start the summary with an umbrella sentence including the source and the topic.*
Step 3: *Write a summary of no more than 140 words. Include relevant information only.*

In his article "Die Utopie der sozialen Durchmischung", published on *Deutschlandfunk Kultur* in 2014, Rolf Schneider criticises attempts to overcome ghettoisation by promoting socially mixed urban neighbourhoods.
Schneider considers mixed neighbourhoods in cities to be unrealistic utopian visions. He emphasises that villages are the only places where diverse neighbourhoods can develop, since people know each other and depend on each other. Cities, by contrast, are characterised by the separation of working and living, and therefore by greater anonymity. Trying to overcome this isolation, like-minded people often move to the same neighbourhoods. Similarly, affluent people tend to cluster together in exclusive residential areas whereas the less well-off remain in cheaper quarters.
Moreover, as an example from Munich shows, projects aiming at social mixing often do not reach their intended goal, but rather result in people living side by side in mutual indifference. *(141 words)*

Teil B: Verkürzte Textaufgabe

1. ***Step 1:*** *Read the text carefully and underline the most important statements on cities as centres of innovation.*
   Step 2: *Start your summary with an umbrella sentence containing information on the author, the source, the title, the type of text, the year of publication and the topic.*
   Step 3: *Limit yourself to a maximum of about 170 words. Omit minor details and examples.*

   In her article "The cities of the future are smart, green, connected innovation hubs", published on *singularityhub.com* in 2017, Raya Bidshahri claims that big cities are places where innovation and progress are booming.
   The increasing need for mobility within and between cities, for example, has led to innovative means of transportation, such as autonomous vehicles or high-speed trains.

Moreover, some cities have become pioneers in countering the effects of climate change, such as by making their infrastructure and transportation more ecofriendly or by embracing alternative energy sources like solar or wind power.
Bidshahri emphasises that technological innovations will also improve the standard of living and bring people together, thereby leading to social progress as well. Big cities investing in innovative technologies foster the economy, provide new jobs and attract people from abroad, artists and institutions. Thus, they encourage a culture of liberality and open-mindedness.
Bidshahri concludes that by promoting progress in the fields of creativity, technology and society, cities also inspire their inhabitants to shape their future actively.

(168 words)

2. ***Step 1:*** *Scan the article again and make a list of the technical and scientific developments mentioned in the text.*
Step 2: *Consider all the materials dealt with in class (e. g. films, factual texts, literature) which refer to similar topics. It might also help to remember what you have worked on in the teaching module "The Blue Planet" in E-Phase. Identify similarities and/or differences between these materials and the article at hand.*
Step 3: *Use your list of the technical and scientific developments mentioned in the given text as a starting point for your comparison.*

In her article, Raya Bidshahri depicts cities as centres of progress bringing forth innovative technical and scientific developments, for instance, to counter climate change. Global warming certainly represents the greatest challenge to mankind in the 21st century, since it immediately affects human existence in the form of melting glaciers, floods or droughts, for example.
Among other points, Bidshahri mentions the pioneering role of cities in introducing cleaner transportation (cf. ll. 11/12). Various initiatives mentioned in recent news reports seem to support her argument. Tokyo, for example, is now trying to curb individual transportation by means of tight regulations. Hence, you are only allowed to purchase a new car if you can provide a parking space or a garage. To reduce the number of cars, some other cities have promoted new forms of mobility apart from public transportation. Ride- and car-sharing programmes using special apps and bike-sharing are becoming increasingly popular as well, with the result that the number of gridlocks and traffic jams as well as the amount of CO_2 emissions have already decreased in European city centres.
The American author Ernest Callenbach even went as far as to envision zero-emission transportation in his novel *Ecotopia* from 1975. In this utopian, independent state in western USA, the inhabitants have managed to decentralise their industries and therefore do not have to commute to their workplaces anymore. Private vehicles have been banned and replaced by slow-moving driverless buses and electric taxis that are free of charge. As a result, the air is cleaner and former six-lane highways could be reduced to two lanes, providing more space for parks, gardens and thousands of trees. Yet, Ecotopia is different from the megacities mentioned in Bidshahri's article, since the

helter-skelter of urban life has given way to a rural atmosphere that is inhabited by relaxed and obviously happy people.
In her article, Bidshahri also mentions driverless electric cars as technological innovations (cf. ll. 4/5). As studies have shown, autonomous cars might indeed have the potential to replace the conventional transportation of goods or people and to contribute to the reduction of emissions. However, trusting a computer in robotic cars still seems nightmarish to many people – and their fear might not be completely unjustified, as Tesla vehicles that are currently being tested in the USA have already caused fatal accidents.
A second approach to reducing the effects of climate change concerns alternative energy sources. In her article, Bidshahri optimistically views solar and wind power as key sources of energy in the future (cf. ll. 13–18). This is again quite similar to the way Ecotopians have solved the problem of air pollution in Callenbach's novel. There, the inhabitants of Ecotopia have developed a technology to produce efficient and sustainable forms of energy. They rely on thermal or hydroelectric power plants as well as hot water discharge pipes or wind and geothermal power in areas with hot springs. With the help of these and numerous other technological advances, they have managed to restructure their economy and to avoid emitting pollutants into the atmosphere. They have succeeded in making their world green again.
Yet, science and technology have a long way to go before such standards can become reality. From several non-fictional texts that we dealt with in class we learned that the sector of renewable energies, such as wind or solar power, is a growing industry with huge potential. There are many wind farms and solar parks already in operation all over the world. Nevertheless, these power stations produce only small amounts of the energy needed because the technologies that have been developed to date are not yet able to meet the competition of fossil-fuelled power plants. The question is whether they will be able to replace fossil fuels as substantial sources of energy in the future. Although wind and solar power are sustainable and renewable, they have their downsides, too, especially concerning high investments in turbines and panels, power storage and transportation or dependence on weather conditions. Apart from that, they are not fully accepted in society and many people do not like wind turbines in their neighbourhood because they make noise, endanger wildlife and cause real estate prices to fall. *(685 words)*

3. ***Step 1:*** *Use the quotation as a starting point to motivate students to study a scientific or technological subject.*
Step 2: *Use the information from the text and/or your own ideas to illustrate the importance of scientific and technological progress.*
Step 3: *Keep in mind that your speech has to be persuasive. Persuasive texts often contain specific stylistic devices, such as rhetorical questions, repetitions or the frequent use of "I" or "we" to emphasise conviction. You may also use exclamation marks or quotations to underline your arguments.*

Dear students,
As Dubai's prime minister once said, "The future belongs to those who can imagine it, design it, and execute it. It isn't something you await, but rather create". Thus, our situation in the future largely depends on decisions we make today!
However, our future is at risk, since we have been taming nature and exploiting it in an unsustainable way for centuries. Now we have to find a way to design and execute a more responsible way of life based on an efficient and environmentally friendly use of resources that will preserve our own livelihood and also enable future generations to meet their own needs.
Unfortunately, this has not yet become reality. But it is not enough for individuals to merely show concern! What mankind needs is a great number of innovative and highly qualified visionaries to tackle the problems of today's world. As a famous scientist put it, "Our future is not predetermined. We ourselves shape it". We need people with visions of a sustainable future and knowledge of the scientific background to take the right steps.
We need specialists to do research on the development of new technologies to improve the efficiency of alternative energy! We need specialists to solve the problem of storing and transporting clean energy! We need specialists to reduce energy waste in private homes and in the industrial sector! We need specialists to develop new concepts of urban mobility!
Are you a scientifically interested innovator? Are you interested in becoming a scientific or technical pioneer? Can you imagine designing a sustainable future?
If so, why not choose a Science, Technology, Engineering, and Mathematics study programme? The demand for STEM graduates is constantly rising and it will become even greater in the future. As a result, you will encounter a multitude of career opportunities on both the national and international level: You might have the chance to assume responsibility as an advisor to governments or NGOs, you could do scientific work in international and interdisciplinary research teams at university or in the private sector, or you might work as a scientific educator in a faraway country – to name but a few possibilities.
And even during your time as a student, many doors are open to you. As a member of a STEM study programme, you will have access to scholarships and internships all over the world. Doesn't that sound great?
If you want to shape the world around you, pave the way for a sustainable future and help mankind, then dedicate yourself to scientific and technological progress!
Thank you! *(422 words)*

Abiturprüfung Hessen 2018 – Englisch Leistungskurs
Vorschlag A – Lovers and impossible love

Margret Mitchell: *Gone with the Wind* (extract from the novel, 1936)

The first chapters of the novel Gone with the Wind *are set in pre-Civil War Georgia (1861). Scarlett O'Hara, daughter of the plantation owner Gerald O'Hara, learns that her secret love Ashley Wilkes is going to announce his engagement to Melanie Hamilton at a barbecue the next day. She is convinced that she can win Ashley from Melanie if she tells him about her true feelings. At the barbecue, she confesses her love to him.*

"What is it?" he repeated. "A secret to tell me?" […]

"Yes – a secret. I love you."

For an instance there was a silence so acute it seemed that neither of them even breathed. Then the trembling fell away from her, as happiness and pride surged through her. Why hadn't she done this before? How much simpler than all the ladylike maneuverings she had been taught. And then her eyes sought his.

There was a look of consternation in them, of incredulity and something more – what was it? [… W]hy did Ashley look so oddly and say nothing? Then something like a well-trained mask came down over his face and he smiled gallantly.

"Isn't it enough that you've collected every other man's heart here today?" he said, with the old, teasing, caressing note in his voice. "Do you want to make it unanimous? Well, you've always had my heart, you know. You cut your teeth[1] on it."

Something was wrong – all wrong! This was not the way she had planned it. Through the mad tearing of ideas round and round in her brain, one was beginning to take form. Somehow – for some reason – Ashley was acting as if he thought she was just flirting with him. But he knew differently. She knew he did.

"Ashley – Ashley – tell me – you must – oh, don't tease me now! Have I your heart? Oh, my dear, I lo –"

His hand went across her lips, swiftly. The mask was gone.

"You must not say these things, Scarlett! You mustn't. You don't mean them. You'll hate yourself for saying them, and you'll hate me for hearing them!"

She jerked her head away. A hot swift current was running through her.

"I couldn't ever hate you. I tell you I love you and I know you must care about me because –" She stopped. Never before had she seen so much misery in anyone's face. "Ashley, do you care – you do, don't you?"

"Yes," he said dully. "I care."

If he had said he loathed her, she could not have been more frightened. She plucked at his sleeve, speechless.

"Scarlett," he said, "can't we go away and forget that we have ever said these things?"

"No," she whispered. "I can't. What do you mean? Don't you want to – to marry me?"

He replied, "I'm going to marry Melanie." […]

"Father is to announce the engagement tonight. We are to be married soon. I should have told you, but I thought you knew. I thought everyone knew – had known for years. I never dreamed that you – You've so many beaux.[2] I thought Stuart[3] –"

Life and feeling and comprehension were beginning to flow back into her.

"But you just said you cared for me."

His warm hands hurt hers.

"My dear, must you make me say things that will hurt you?"

Her silence pressed him on.

"How can I make you see these things, my dear? You who are so young and unthinking that you do not know what marriage means."

"I know I love you."

"Love isn't enough to make a successful marriage when two people are as different as we are. You would want all of a man, Scarlett, his body, his heart, his soul, his thoughts. And if you did not have them, you would be miserable. And I couldn't give you all of me. I couldn't give all of me to anyone. And I would not want all of your mind and your soul. And you would be hurt, and then you would come to hate me – how bitterly! You would hate the books I read and the music I loved, because they took me away from you even for a moment. And I – perhaps I –"

"Do you love her?"

"She is like me, part of my blood, and we understand each other. Scarlett! Scarlett! Can't I make you see that a marriage can't go on in any sort of peace unless the two people are alike?"

Someone else had said that: "Like must marry like or there'll be no happiness." Who was it? It seemed a million years since she had heard that, but it still did not make sense.

"But you said you cared."

"I shouldn't have said it."

Somewhere in her brain, a slow fire rose and rage began to blot out everything else.

"Well, having been cad[4] enough to say it –"

His face went white.

"I was a cad to say it, as I'm going to marry Melanie. I did you a wrong and Melanie a greater one. I should not have said it, for I knew you wouldn't understand. How could I help caring for you – you who have all the passion for life that I have not? You who can love and hate with a violence impossible to me? Why you are as elemental as fire and wind and wild things and I –" […]

"Why don't you say it, you coward! You're afraid to marry me! You'd rather live with that stupid little fool who can't open her mouth except to say 'Yes' or 'No' and raise a passel[5] of mealy-mouthed brats just like her! Why –"

"You must not say these things about Melanie!"

"'I mustn't' be damned to you! Who are you to tell me I mustn't? You coward, you cad, you – You made me believe you were going to marry me –"

"Be fair," his voice pleaded. "Did I ever –"

She did not want to be fair, although she knew what he said was true. He had never once crossed the borders of friendliness with her and, when she thought of this fresh anger rose, the anger of hurt pride and feminine vanity. She had run after him and he would have none of her. He preferred a whey-faced little fool like Melanie to her. *(971 words)*

1 to cut one's teeth on sth – to get your first experience of doing something and learn the basic skills
2 beau (plural: beaux) – an admirer
3 Stuart Tarleton was an admirer of Scarlett's.
4 cad – a man who cannot be trusted, especially one who treats women badly
5 passel – a large number

Assignments

1. Describe the conflict presented in the text. (Material) (30 BE)
2. Compare Scarlett – taking character traits, gender issues and her situation as a lover into account – to other female characters dealt with in class including Shakespeare's Juliet. (40 BE)
3. "Like must marry like or there'll be no happiness." (Material)
   Discuss the quotation also referring to material dealt with in class. (30 BE)

Dieser Vorschlag bezieht sich auf die Pflichtlektüre *William Shakespeare: Romeo and Juliet.*

Lösungsvorschläge

Teaching modules referred to:
The assignment relates to the teaching module USA *(Q 1) with a special focus on the topic* living together (gender issues, the significant other).
The tasks also extend to the module Extreme situations *(Q 2), in particular relating to the topic* love and happiness *and William Shakespeare's play* Romeo and Juliet.

1. ***Step 1:*** *In order to be able to describe the conflict presented in the text, read the extract several times and mark the most important controversial statements of the two protagonists Scarlett O'Hara and Ashley Wilkes, focusing on how Scarlett reveals her feelings and the rejection she experiences.*
Step 2: *In your introductory sentence you should mention author, title, text type, year of publication and the particular topic emerging here.*
Step 3: *Your description needs to adhere to the following conventions: Use the present tense and neither direct speech nor quotations. References to the text can be marked in brackets (cf. l. x). Write in your own words and do not comment on the text. Employ connectives as well as strategies to abridge the text. Also, omit unnecessary detail and examples. Your text should have approximately one third of the extract's length.*

The given extract from Margret Mitchell's 1936 novel *Gone with the Wind* is about a confrontation between the two protagonists Scarlett O'Hara and Ashley Wilkes, which takes place after Scarlett has found out that her secret love Ashley is going to announce his engagement to another woman.
Scarlett is secretly in love with Ashley and, without wasting words, confronts him outright with her feelings (cf. l. 2). Ashley's reaction is one of surprise; he obviously can't believe what he is hearing and tries to alleviate the situation (cf. ll. 7–9). Furthermore, he reminds Scarlett of her ways with other men (cf. l. 10) and – to deflect the confrontation – indirectly reproaches her for just trying to secure his affection, too (cf. l. 11). Scarlett realises that the conversation does not go the way she has planned, but cannot accept Ashley's rejection of her feelings. She even makes him admit that he cares for her as well (cf. ll. 25/26). In spite of this, Ashley confirms that his father is going to announce his engagement to another woman called Melanie this very evening (cf. ll. 31/32). He tries to keep the conversation friendly and explains to her that, in his opinion, love alone is not a sufficient foundation for a marriage. In his view, a successful relationship can only work between people who are and think alike, whereas the two of them are too different for him to be able to commit himself totally to her and she would hate his enthusiasm for books and music (cf. ll. 43–53). Scarlett feels deceived by his remarks (cf. ll. 58/59) and, as a reaction to her disappointment, Ashley regrets having shown that he cared for her (cf. l. 62). At this point Scarlett gets furious and insults him and his fiancée by calling them names and talking derogatively about their future children (cf. ll. 66–68). She also accuses him of not having the courage to deal with a passionate woman like herself (cf. l. 66). Although Scarlett realises that Ashley has never misled her, her pride has been deeply injured (cf. ll. 73–75).

(313 words)

2. ***Step 1:*** *In this assignment you are expected to compare Scarlett to other women in literature. As a first step you should analyse her character traits, gender specific aspects and the situation she finds herself in.*
Step 2: *The comparison, as a second step, requires referring to Shakespeare's Juliet and to other female characters dealt with in class. Before writing, make a list of related materials you encountered in your course to outline common features, similarities and differences, and give evidence of these.*
Please note: *The sample solution examines several points of comparison and takes many different examples into account in order to give you an idea of what could be mentioned. The text is therefore much longer than necessary.*

The extract gives the reader a good impression of Scarlett's character as well as how she deals with gender issues and being a lover. Taking these aspects into account, common features, similarities and differences between her and other female characters in literature become apparent.
Scarlett shows her quick-tempered and passionate nature in the way she confronts her secret love Ashley after having learned about his impending engagement. In her argument with him she strongly confesses her determination to change his plans to marry another woman by openly declaring her feelings and demanding that he admits to caring for her as well. Thus, in matters of the heart, Scarlett proves to be a self-confident and headstrong woman, actively fighting for her aim to win Ashley's heart and make him marry her instead (cf. ll. 17/18, 23–25, 36, 42, 56 and 71). After being rejected by Ashley, Scarlett does not hide the fact that she is angry and that her pride has been injured; instead, she even gets abusive towards him. By being that quick-tempered and taking this active role in courting a man, Scarlett quite successfully abandons "all the ladylike maneuverings she had been taught" (ll. 5/6) in order to comply with the ideal of a Southern lady in pre-Civil War Georgia.
The model of another Southern Belle is drawn upon in the novel *To Kill a Mockingbird* by Harper Lee, where Jean Louise Finch is constantly reproached by her aunt Alexandra for not behaving in a ladylike manner and acting like a boy instead of following the conventional gender rules of her Southern community. The girl, who ages from five to eight during the story and not by chance is called 'Scout', appears as the antitype of a Southern lady; she always has to prove herself equal to her brother Jem and other playmates and must be ready to fight with her fists when insulted. Like Scarlett, she is easily irascible and outspoken, and, thus, does not meet the traditional role expectations.
However, as Scout is a child, her unladylike behaviour does not (yet) show up in terms of matters of the heart. In this regard, a comparison between Scarlett and Juliet from Shakespeare's most famous play seems to be appropriate, first because Juliet at age 14 is closer to Scarlett's age – who is 16 when she tries to convince Ashley of her love to him – and second because she is just as straightforward and purposeful as Scarlet centuries later when it comes to love. Juliet is remarkably proactive and self-confident for her time, for example, when she shows her feelings towards Romeo quite frankly and directly or when she demands a clear love confession from him. She is even ready to

go against all conventions of her time and give up her maidenhood for her lover. Thus, just like Scarlett, Juliet is willing to oppose social expectations for the sake of love. This, however, is where similarities between Scarlett and Juliet end and differences show through. In contrast to Scarlett, Juliet is not rejected by Romeo but, quite on the contrary and against all odds, her love is fully requited. In both cases, the potential lovers encounter obstacles, yet of different kinds: in Juliet's case caused by a feud between their families or, depending on interpretation, by chance or fate; in Scarlett's case by seemingly insurmountable differences between personalities or the impending marriage between Ashley and Melanie. And whereas Juliet and Romeo are able to get together, albeit for a limited time, Scarlett is immediately rejected by Ashley after openly confessing her love to him.

It is this active part in love matters taken by Scarlett that invites further comparisons, for instance with the situation of Muslim women from very conservative families living in Great Britain. In Muslim communities, passive behaviour and subjection are regularly expected of female roles, and arranged marriages are not uncommon. Scarlett's straightforward attitude, her headstrong passion and the way she fights for love, by contrast, would be unthinkable, which can be seen in the case of Shanaz, a young woman of Pakistani descent, in George Alagiah's autobiography *A Home from Home – From Immigration Boy to English Man.* Shanaz appears to be a determined and independent young woman who knows what she wants with regard to education – she even manages to convince a group of elders, all men, who regard university life as unsuitable for a Muslim girl, of the contrary. Nevertheless, she is not able to show the same determination when it comes to living together with a man she loves. Instead, out of love for her conservative parents, she acquiesces to an arranged marriage to a man back in Pakistan, whom she has never seen before.

The situation is different with another Pakistani character, namely Chanda in Nadeen Aslam's novel *Maps for Lost Lovers.* This young Muslim woman disregards the conventional role expectations – quite similar to Scarlett – and lives together with her lover Jugnu, who is of Pakistani descent like her, out of wedlock. Nevertheless, placing love over role-compliant behaviour is eventually her undoing. For although relationships like this are quite normal in the Western world they live in, Jugnu and Chanda's conduct is still unacceptable for the traditional Pakistani community they come from. As a result, Chanda causes great disgrace in the eyes of her family and the couple fall victim to honour killing by Chanda's brothers.

To draw a conclusion, Scarlett's quick-tempered, passionate nature, her carelessness with role expectations and her active, self-confident approach in matters of the heart make her a very interesting personage. As has been seen, several other female characters in literature show common or similar features. However, there is none who is identically equal to Scarlett. They all differ more or less, which makes every single one of them special. *(952 words)*

3. ***Step 1:*** *Starting with the given quote, you are expected to first explain it in your own words and illustrate what can be understood by the word "like". In this regard, you may want to consider religious, cultural or ethnic backgrounds as well as the interests, inclinations or educational experiences of potential partners.*
Step 2: *In order to discuss whether having things in common is a necessary condition for a happy relationship, refer to examples from your course that show how lovers deal with similarities and/or differences.*
Step 3: *In your conclusion, evaluate the different examples and their historical or current validity. Do not forget to include your personal opinion.*

When Scarlett tries to change Ashley's plan to marry another woman, he rejects her by arguing that his wife-to-be is very much like him (cf. l. 51), whereas a relationship with Scarlett would not work because they are too different in their personalities (cf. ll. 43/44). At that moment she remembers what someone once told her: "Like must marry like or there'll be no happiness" (l. 54), which is as much as to say that likeness is an indispensable basis for a successful marriage. In this context "like" refers to similar attitudes, personal preferences or even joint plans for a life together. On top of that, "likeness" might also imply a common cultural, ethnic and religious background, belonging to the same social class or having a similar level of education. However, is it true that a harmonious relationship can only be guaranteed for partners who are alike? In Nadine Gordimer's short story "Country Lovers", the two South African protagonists, Paulus Eysendyck and Thebedi, could be hardly more different: he being a white farmer's son, attending a boarding-school and later going to college; she being a black girl, living in her mother's hut, sometimes helping out in the Eysendycks' farmhouse. Despite all that, they have been friends since childhood and fall in love as teenagers. Nevertheless, they can live their love only secretly because the racist system of apartheid prohibits relationships between white and black people. The forbidden romance comes to an end when Thebedi consents to a marriage with a black man arranged by their parents. When Paulus realises that he is likely to be the father of Thebedi's baby, he reacts heartlessly, and it is hinted that he even murders the child to conceal the illegal love affair. Thus, it becomes increasingly obvious that a happy marriage between Paulus and Thebedi would have been impossible – not because of the many differences between the couple but due to the system.
For Romeo and Juliet from Shakespeare's same-titled play, a happy life together is not made impossible by a political regime but by a family feud, which forces them into a secret marriage. Thus, at least from their hostile families' point of view, one could argue that Romeo and Juliet are not alike. However, both are bound together by true feelings and in this they defy outer obstacles. Despite the fact that they come from two inimical families, they still find happiness – even if for a short time. Although the differences between their families are the reason for their difficult situation and somehow contribute to the tragic ending of the play, it is rather only by an unfortunate coincidence that the news about Juliet's feigned death does not reach Romeo in time and eventually leads to their suicide.
A further couple that encounters difficulties due to their not being alike is dealt with in the film *East is East*. In 1970s England, George, a Muslim Pakistani, and Ella, a

Catholic of Irish descent, live in a marriage under very unfortunate conditions. Because of their different ethnic and religious backgrounds, they have different values, which they are struggling to overcome. This also affects bringing up their seven children and leads to a high potential for conflict. Although George's choleric and violent character is no mean cause for the rather unhappy relationship, the main reasons for the problematic situation within the family are his conservative attitude – he tries to arrange his children's marriages, for instance – and his feeling insecure in coping with a Western lifestyle. The result is an increasing alienation between him and his offspring, which nearly tears the family apart and almost destroys his marriage.

The examples mentioned above lead to different conclusions concerning the relation between likeness and happiness in a relationship. Although the rather historic cases of Romeo and Juliet as well as Paulus and Thebedi are not universal in that family feuds do not necessarily have to be an obstacle in modern society anymore and apartheid as a racist system has been overcome, we can still learn something from their stories – namely that "outer" differences as such, for example skin colour, social class or family background, are often not the problem. It is rather the views of other people with regard to these differences that can stand in the way of a happy relationship. In these cases, the question is whether the two lovers are willing and strong enough to defy the obstacles. In my opinion, some differences can even keep a relationship interesting, whereas it may quickly become boring if partners are too alike. However, as the example of George and Ella shows, it appears to be quite difficult if two people differ considerably in aspects related to personality, for instance concerning interests, opinions, values, goals or life planning. In my view, such "inner" differences tend to lead to increasing conflicts sooner or later. *(799 words)*

Abiturprüfung Hessen 2018 – Englisch Leistungskurs
Vorschlag B – Skin colour

John Maxwell Coetzee: *Boyhood* (extract from the novel, 1997)

In Boyhood, *the fictionalized memoirs of the author, J. M. Coetzee narrates his childhood in Rosebank, a small town near Cape Town, in the late 1940s and early 1950s. His parents are middle-class Afrikaners.*

In the early mornings there are Coloured children trotting along the National Road with pencil-cases and exercise books, some even with satchels on their backs, on their way to school. But they are young children, very young: by the time they are his age, ten or eleven, they will have left school behind and be out in the world earning their daily bread.

On his birthday, instead of a party, he is given ten shillings to take his friends for a treat. He invites his three best friends to the Globe Café; they sit at a marble-topped table and order banana splits or chocolate fudge sundaes. He feels princely, dispensing pleasure like this; the occasion would be a marvellous success, were it not spoiled by the ragged Coloured children standing at the window looking in on them.

On the faces of these children he sees none of the hatred which, he is prepared to acknowledge, he and his friends deserve for having so much money while they are penniless. On the contrary, they are like children at a circus, drinking in the sight, utterly absorbed, missing nothing.

If he were someone else, he would ask the Portuguese with the Brilliantined[1] hair who owns the Globe to chase them away. It is quite normal to chase beggar children away. You have only to contort your face into a scowl and wave your arms and shout, 'Voetsek, hotnot! Loop! Loop!' and then turn to whoever is watching, friend or stranger, and explain: 'Hulle soek net iets om te steel. Hulle is almal skelms.' – They are just looking for something to steal. They are all thieves. […]

While watching the coloured children, the narrator remembers an incident involving Eddie, a servant boy, and Trevelyan, an English lodger to whom John's parents rent a room.

Eddie was a seven-year-old Coloured boy from Ida's Valley near Stellenbosch. He came to work for them: the arrangement was made between Eddie's mother and Aunt Winnie, who lived in Stellenbosch. In return for washing dishes and sweeping and polishing, Eddie would live with them in Rosebank and be given his meals, while on the first of every month his mother would be sent a postal order for two pounds ten shillings.

After two months of living and working in Rosebank, Eddie ran away. He disappeared during the night; his absence was discovered in the morning. The police were called in; Eddie was found not far away, hiding in the bushes along the Liesbeeck River. He was found not by the police but by Trevelyan, who dragged him back, crying and kicking shamelessly, and locked him up in the old observatory in the back garden.

Obviously Eddie would have to be sent back to Ida's Valley. Now that he had dropped the pretence of being content, he would run away at every opportunity. Apprenticeship had not worked.

But before Aunt Winnie in Stellenbosch could be telephoned there was the question of punishment for the trouble Eddie had caused: for the calling in of the police, for the ruined Saturday morning. It was Trevelyan who offered to carry out the punishment.

He peered into the observatory once while it was going on. Trevelyan was holding Eddie by the two wrists and flogging him on the bare legs with a leather strap. His father was also there, standing to one side, watching. Eddie howled and danced; there were tears and snot everywhere. *'Asseblief, asseblief, my baas'*, he howled, *'ek sal nie weer nie!'* – I won't do it again! Then the two of them noticed him and waved him out.

The next day his aunt and uncle came from Stellenbosch in their black DKW[2] to take Eddie back to his mother in Ida's Valley. There were no goodbyes. […]

There is a debt he still owes Eddie, which he has told no one about. After he had bought the Smiths bicycle with the money for his eighth birthday and then found he did not know how to ride, it was Eddie who pushed him on Rosebank Common, shouting commands, till all of a sudden he mastered the art of balancing. […]

He remembers wrestling with Eddie on the lawn. Though Eddie was only seven months older than he, and no bigger, he had a wiry strength and a singleness of purpose that always made him the victor. The victor, but cautious in victory. Only for a moment, when he had his opponent pinned on his back, helpless, did Eddie allow himself a grin of triumph; then he rolled off and stood at a crouch[3], ready for the next round.

The smell of Eddie's body stays with him from these bouts[4], and the feel of his head, the high bullet-shaped skull and the close, coarse hair.

They have harder heads than white people, his father says. That is why they are so good at boxing. For the same reason, his father says, they will never be good at rugby. In rugby you have to think fast, you can't be a bonehead. […]

He has never been to Ida's Valley, where Eddie comes from. He thinks of it as a cold, sodden place. In Eddie's mother's house there is no electric light. The roof leaks, everyone is always coughing. When you go outside you have to hop from stone to stone to avoid the puddles. What hope is there for Eddie now that he is back in Ida's Valley, in disgrace?

'What do you think Eddie is doing now?' he asks his mother.

'He is surely in a reformatory.'

'Why in a reformatory?'

'People like that always end up in a reformatory, and then in jail.'

He does not understand her bitterness against Eddie. *(984 words)*

John Maxwell Coetzee: Boyhood, *London 1997, S. 72–77.*

Hinweis: The author capitalized "Coloured children".

1 Brilliantine – a hair product for men giving a glossy appearance
2 DKW – a former German car and motorcycle brand
3 to stand at a crouch – to stand in a pose typical in wrestling with your legs bent, awaiting the next move of the opponent
4 bout – in wrestling: fight

Assignments

1. Describe the life of 11-year-old narrator John and the lives of Eddie and the other coloured children. (Material) (35 BE)

2. Compare the different attitudes towards and experiences of white children and adults with coloured people in South Africa (Material) to attitudes towards and experiences with African Americans in the US referring to material dealt with in class. (40 BE)

3. Brigitte Vittrup, professor of child development at Texas Women's University, criticizes parents who teach their children to be racially "colorblind": "These white parents are clearly well-intended in this approach, but a colorblind ideology may actually do more harm than good."
Discuss. (25 BE)

Lösungsvorschläge

Teaching modules referred to:
The assignment relates to the teaching module Promised Lands: Dreams and Realities *(Q 3) with a special focus on the country of reference* South Africa *and the key words* political issues *and* social issues. *Furthermore, the tasks extend to the module* Them and Us *(Q 1), particularly referring to the topic* the one-track mind (prejudice, intolerance, ideologies).

1. ***Step 1:*** *Read the excerpt carefully and highlight all relevant passages that contain information on the children's lives. It might be a good idea to use different colours – one for John, one for Eddie and one for the other coloured children.*
   Step 2: *In your introductory sentence, mention author, title, text type, year of publication and the particular topic dealt with here, namely the narrator's encounters with coloured children, especially with Eddie, who has lived in his parents' house as a paid helper for some time.*
   Step 3: *Since you are about to write a description of the children's lives, consider the following conventions: use the present tense, avoid direct speech and quotations, always write in your own words and do not comment on the text. Use adequate means of structuring and leave out unnecessary detail. References to the text can be marked in brackets (cf. l. x).*

   The given excerpt from J. M. Coetzee's novel *Boyhood*, published in 1997, describes different encounters of John, the narrator, with coloured children, in particular with his parents' temporary household helper Eddie.
   John lives in a white middle-class home in Rosebank near Cape Town. His family seems to be well-off and even employs servants. On his birthday, he is allowed to invite other children to a café, which makes him feel like a prince (cf. ll. 5–8), and he receives generous presents (cf. ll. 43/44). The coloured helper Eddie serves as his playmate, teaches him to ride a bike and is his wrestling partner. John grows up with the prejudiced attitude of his parents towards black people, who are thought to be good boxers due to their hard heads, too stupid for rugby and likely to end up in jail (cf. ll. 54–56 and 64). Yet, he does not share other people's prejudices completely (cf. ll. 14/15).
   The lives of the coloured children in Rosebank differ considerably from John's. Usually, they leave school at an early age and have to work to earn their living (cf. ll. 3/4). They are subject to poverty (cf. ll. 8/9 and 11) and are said to be beggars and thieves (cf. ll. 15 and 19). On top of that, the coloured children seem to be very interested in the lives of white people (cf. ll. 9–13).
   One coloured boy mentioned in the excerpt is Eddie. Already as a seven-year-old he is sent away from home to work in a white household in Rosebank – that of John's parents – where he gets board and lodging as well as a small salary to be transferred to his mother (cf. ll. 20–24). His duties are to wash the dishes and clean the house. For some time, he seems to be content; but then he runs away, for which he is punished with beating (cf. ll. 36/37). As a further consequence, he is eventually dismissed and has to go back to his mother (cf. ll. 41/42). *(298 words)*

2. ***Step 1:*** *In this task, the situation between white and coloured people in South Africa – as depicted in the given extract – is to be compared to the one of white people and African Americans in the USA. Parallels, similarities and differences need to be outlined. Thus, as a first step, scan the given extract again, focusing on passages that reveal something about white people's attitudes towards and experiences with coloured people in South Africa.*
Step 2: *Draw on suitable examples dealt with in class. The comparisons can, for instance, be based on information about the Jim Crow Era in the United States and current factual texts dealing with police brutality as well as films mirroring the attitudes of white people to Afro-Americans, such as* The Help. *Furthermore, having a closer look at characters from the novel* To Kill a Mockingbird *lends itself to a comparison.*
Please note: *The sample solution examines several points of comparison and takes many different examples into account in order to give you an idea of what could be mentioned. The text is therefore much longer than necessary.*

Through the eyes of the narrator John in *Boyhood*, the reader gets a good impression of white people's attitudes towards and experiences with coloured people in apartheid South Africa. The US is another country with a long history of race relations. In order to compare the two countries, one has to look at those situations which are similar, and those which are not.

John's attitude towards coloured people is ambivalent. When he narrates what people usually do with beggar children, it seems as if he is distancing himself from that behaviour (cf. ll. 15/16) and feels uneasy about approving of the way coloured people are treated. Nevertheless, John is not able to completely resist the influence of other white people's racial prejudices – especially those of his parents, who regard black people as stupid criminals (cf. ll. 55/56 and 64). Consequently, his own perception of coloured children is biased so that, for instance, his mood gets clouded by their mere presence (cf. ll. 8/9). Despite all prejudices, John makes friends with Eddie. Yet, he does not tell anybody about it and when describing how he watched Eddie's severe punishment for running away, he does not show any emotions (cf. ll. 36–40). What is more, John himself also develops some prejudices: He imagines Eddie's home as wet and cold, without electricity and with a broken roof. Besides, he believes that everybody there suffers from bad health and that the roads are unsealed. Without ever having been there, he expects terrible living conditions (cf. ll. 57–60).

Comparing these attitudes and circumstances in apartheid South Africa with those in the USA, the Jim Crow Era comes to mind. Jim Crow Laws had been in effect from the 1870s until the Civil Rights Act was passed in 1964. At the end of the 19th century, racism was rife, one of the reasons being white people who feared losing their jobs in the economic depression of the time. Laws were passed to enforce segregation in public facilities: black and white workers could not work in the same place, enter through the same door nor use the same toilets. In many industries, African Americans were even excluded completely. Furthermore, residency was restricted so that, like under the racist apartheid regime in South Africa, there were entire towns where black people could not live. Schools and colleges were segregated, too. In some cases, black and white students had to use different text books. And there were even two separate Bibles

for black and white witnesses in court to take their oaths on. On top of that, black people were denied the right to vote. What made this system even more oppressive was the terror exerted by the infamous Ku Klux Klan, which violently chased black people and terrorised them with lynch mob attacks (as is described in *To Kill a Mockingbird*). The Civil Rights Movement in the 1960s slowly changed these conditions. Nevertheless, it took almost another 50 years before a black president was elected when Barack Obama came to power in 2008, whereas the South African apartheid regime had already been abolished when Nelson Mandela became president in 1994.
Progressive legislation, however, did not stop racial prejudices and discrimination in the US, which is apparent in the labour market and in law enforcement, for instance. As studies show, racism in recruitment is still a problem, with white applicants receiving over 30 % more callbacks than equally qualified African Americans. Besides, according to statistics, the number of black people in jail or even condemned to death is disproportionately high and as several recent incidents of police brutality indicate, African Americans suffer from excessive violence enacted against them by white policemen. Although a lot of these cases have been brought to court in the meantime and a policy of affirmative action is supposed to enable equal access to education and employment, white supremacy is still ingrained in large parts of society.
On a fictional level, *Boyhood* can be compared to the 2011 film *The Help,* which is based on Kathryn Stockett's novel of the same title. *The Help* also reflects white people's attitudes towards and experiences with coloured people. Skeeter, the white protagonist, feels uncomfortable with the racist attitudes of her white friends and, contrary to John from *Boyhood*, is not at all influenced by their prejudices. Instead she decides to write a book airing the concerns of black maids during the early 1960s. Throughout the plot, more and more maids come forward with their stories of suffering.
On another historical note, characters in the 1960 novel *To Kill a Mockingbird* are suitable for a comparison, as they show conflicting attitudes towards racism and intolerance against black people. In contrast to the South African John, Atticus' children Scout and Jem grow up in a home free from prejudices and until their father takes the Tom Robinson case, they are even relatively naïve and innocent regarding the social realities of the American South during the 1930s. Other than John in *Boyhood* they are not negatively influenced by the adults living in Maycomb – neither by the lynch mob that attacks Atticus and the insults directed at him, nor by the bigotry of the Maycomb Missionary Circle. Also in contrast to John, when they visit Calpurnia's church, drive to her home with Atticus or sit in the segregated gallery together with black people in court, they are directly confronted with the realities of life as a black person and do not have to imagine what it looks like. Unlike John they show empathy for the situation of African Americans, especially concerning Tom Robinson's unjust punishment. Most adults in Maycomb, however, do not renounce their general negative attitudes towards black people, not even in the light of individual fates. Just like in *Boyhood* they are shaped by stereotypical thinking.
In conclusion, attitudes towards and experiences with African Americans in the US do not differ considerably from the situation of coloured people in apartheid South Africa. Discrimination was and still is widespread and people are regularly confronted with – sometimes even influenced by – the racial prejudices of others. *(996 words)*

3. ***Step 1:*** *Paraphrase the quotation provided in your own words by pointing out the well-meaning of parents educating their children in a racially neutral way (= colour-blind) but also drawing attention to disadvantages and possible negative consequences of this "ideology".*
   Step 2: *In discussing the professor's statement you are supposed to focus on the pros and cons of such an education. A reference to the novel* To Kill a Mockingbird *will help you to back up your arguments: Outline Atticus' way of bringing up his children and his tolerant attitude as well as his children's reactions and emotions around the trial of the Tom Robinson case.*
   Step 3: *Sum up different reasonings and come to a convincing conclusion on how to successfully foster anti-racist values in education.*

Should white parents teach their children to be racially colour-blind? The American professor Brigitte Vittrup has commented on this question, taking a critical position. Despite the good intentions behind parents supporting such an "ideology", it tends, in her view, to show detrimental consequences rather than being beneficial. However, what are the positive and negative effects of a colour-blind education?

On the one hand, children brought up this way tend to develop a more tolerant attitude towards people who look different from them. Prejudices against different-coloured people do not arise and, in theory, each person is judged on their character and not on the colour of their skin, just like the idea Martin Luther King postulated. Besides, in a society that underlines the equality of people in its constitution, skin colour should not be an important factor these days anyway.

On the other hand, the term "colour-blind" is frequently equated with "colour-mute", meaning that less and less is being talked about skin colour. This is a dangerous trend, for racism continues to exist and cannot be stopped by being ignored. Thus, all issues related to it should still be discussed. Otherwise, children could misunderstand the intended message and regard skin colour as a taboo subject that must not be mentioned. What is even worse, the privileged position of white compared to non-white people in Western societies would be further supported by a colour-blind education, as this stance automatically negates the existence of racism – with the result that there seems to be no need for action.

To see what a colour-blind upbringing could look like in practice and which consequences could follow, let's have a look at the novel *To Kill a Mockingbird.* Atticus raises his children without explicitly addressing the ongoing discrimination against black people in the society of the American South in the 1930s. The black household keeper Calpurnia, for instance, is quite naturally treated as a family member and Atticus himself is free from prejudices against African Americans. He teaches his children to form their opinion of others by putting themselves in their shoes first. They know little about limited rights of black people, lynch mobs, intolerance and discrimination. Only when their father, who works as a lawyer, conducts the defence of Tom Robinson, a black man accused of having raped a white woman, are they confronted with the adverse treatment of African Americans. Equally, they have to experience how intolerance, prejudices and even violence are being transferred to their own family. For the

first time they are able to realise that not knowing about or even ignoring discrimination and racism does not improve the situation of black people nor protect them from racist attacks, let alone helping them to gain equal rights.
To draw a conclusion, colour-blind education might be well-intended, as the underlying idea is that skin colour should not play a role in any part of life. However, there is a risk that due to such an ideology the ubiquitous problem of racism is not perceived anymore and hence no change for the better is attempted. For, even in the light of progressive legislation and the achievements of the Civil Rights Movement, discrimination against minorities continues to exist and something must be done about it. Yet, in my opinion, overemphasizing the problem (e. g. by giving preference to job applicants from ethnic minorities only to meet quotas) is not the right way either, as this is just another form of racial discrimination. In a nutshell, we must not close our eyes to skin colour nor open them too wide. Rather, it is important to strike a balance. Children must grow up with the knowledge that different skin colours do exist yet are no reason for treating people differently. That is why parents should not teach their children to be racially "colour-blind" but "colour-neutral". *(637 words)*

Abiturprüfung Hessen 2018 – Englisch Leistungskurs
Vorschlag C – Kombinierte Aufgabe: Integration

Teil A: Aufgabe zur Sprachmittlung

Material 1: Ulf Lippitz: Kreuzberg am Kap (2016)

Die blonde Verkäuferin im Lederwarengeschäft Chapel schaut vom aufgeklappten Laptop auf. Berlin! Sie lächelt, als sie den Namen der Stadt hört. Ein paar Monate habe sie in der deutschen Hauptstadt gelebt, eigentlich sei sie nämlich Künstlerin und in der Boutique mit den vor Ort gefertigten Hand- und Umhängetaschen arbeite sie nur, um ihren Lebensunterhalt aufzubessern. Für einen kurzen Moment fühlt man sich als Kapstadt-Tourist nach Kreuzberg oder Neukölln zurückversetzt. Ist dort nicht jeder junge Verkäufer ein verhinderter Designer, Modeschöpfer oder Fotograf?

Das Chapel residiert in der Woodstock Exchange, einem Kreativzentrum mit kleiner Shopping Mall. Die Woodstock Exchange war eine Näherei, bis es nichts mehr zu nähen gab. In das alte Industriegebäude mit seinen drei Etagen zogen vor ein paar Jahren Agenturen, ins Erdgeschoss kamen Restaurants, Cafés, Bekleidungsläden. Die Bedingung: keine Modeketten, sondern Geschäfte von Ortsansässigen.

Der Funkenstrahl von Berlin scheint in dem geschmackvoll grau gestrichenen Backsteinbau ein kleines Feuer zu entfachen – selbst Tausende Kilometer entfernt. Kreativkollektive, lokaler Designerstolz, örtliche Kunstkompetenz, das hat Berlin seine Tausende Kurz- und Langzeitbesucher gelehrt. Einiges davon findet sich nun in Kapstadt wieder, das sich nach Johannesburg auch in eine ernstzunehmende Kreativzelle Südafrikas verwandelt.

Für mehrere Geschäfte der Woodstock Exchange übersetzt sich die Berliner Lehre von optimaler Raumnutzung und maximaler Kreativität so: Wo die Ladentheke aufhört, beginnt die Werkstatt. Wie bei den Chocolatiers von Honest. Ein Renner sind die Büsten von Mandela aus dunkler Schokolade. […]

Bereits 2014 hat Kapstadt ein Jahr den Titel „Design-Hauptstadt der Welt“ tragen dürfen. Über 460 Projekte in der Stadt beschäftigten sich damit, die Millionen-Metropole in einen besseren Ort zu verwandeln. Am meisten überrascht über die Ehrung waren die Capetownians selbst. Daraufhin haben sie sich mal genauer umgesehen und gestaunt: Galerien öffnen in früher verschmähten Bezirken, es gibt versteckte Gin-Bars und teuer gerösteten Kaffee, Guerillakunst und Museumspläne. Kapstadt boomt, hält sich dabei ein bisschen für Berlin und das zieht nun auch Touristen an vergessene Orte.

Politisch steht dieser Prozess unter anderen Vorzeichen als in Deutschland. Es war nicht der Kalte Krieg, sondern die Apartheid, die Jahrzehnte lang die kreative Szene zensierte. Erst 20 Jahre ist es her, dass Schwarze und Weiße wieder frei wählen können, wo sie leben wollen – wenn auch sich die meisten Schwarzen weiterhin nicht die exklusiven Viertel an der Ostküste des Horns leisten können.

Nirgendwo erleben Besucher den produktiven Aufschwung besser als in Woodstock. Bis vor einigen Jahren galt das gesamte Viertel als marode und gefährlich, es war schlimmer als der Wedding in Berlin. Hier lebten schwarze Familien, die zu viele Stunden für zu wenig Lohn arbeiteten. Die kleinen viktorianischen Zweigeschosser verfielen, Gangs trieben sich in den Gassen zwischen den Hauptstraßen herum und ehemalige Manufakturen bröckelten dem Untergang entgegen. Meine Straße, mein Block, mein Ruin.

Was in Kreuzberg funktioniert, passiert nun auch am Kap. Street-Art-Künstler bemalen Fassaden, aber mit lokalen Einflüssen. So prangen Nashörner an Häuserwänden oder schauen Gesichter von möglichen Nachbarn auf Passanten. Bunte Bilder an grauen Mauern, und alles vor der spektakulären Kulisse des Tafelberges, der die gesamte Stadt überragt. *(493 Wörter)*

Assignment

You are spending a semester abroad at the University of Southern California. As a co-worker for the "Emergent Cities Research Group" it is your job to find out what German newspapers write about evolving cities around the globe. Outline the author's description of the "new" Cape Town. (Material 1)

Teil B: Verkürzte Textaufgabe

Material 2: Shubnum Khan: South Africa's untold success story – A Christian nation's peaceful history with a Muslim minority (2017)

Growing up in early 90s South Africa I was not exposed to many different races, in that stifling, artificially divided environment apartheid left us with. But I was immersed in a rich religious melange that formed my understanding of community. My neighbours on my right were Hindu, on my left were Christians and opposite me were Muslims. […]

While we may have been segregated by race, there were no clear rules about religion and it is perhaps one of the reasons that faith bound us to one another so strongly. Religion was not only a source of strength and comfort during apartheid, it was also a means of resistance against a system designed to divide. And yet religion, the one thing that has divided the rest of the world so starkly, has not done so here. This has perhaps been one of the most remarkable stories of post-apartheid South Africa […]

Thuli Madonsela, the former public protector[1] who helped draw up the South African Constitution, explained in an interview last year that respect for the right to choose one's faith and the state's respect for all faiths is how a secular democracy and a religious population work together so well in South Africa.

This is especially pertinent today in a world where Islam and its communities have come under scrutiny with non-Muslim majority countries calling for stricter control measures like the surveillance of Muslims, preventing mosque construction and supporting the introduction of Muslim identification documents. South Africa's Muslim population represent only one and a half percent of the population but it has a strong presence in the country due to an active and involved community. This community of Muslims has lived in harmony with the Christian majority in South Africa for years. It is perhaps one of only a handful of countries where this has succeeded. […]

Despite their small numbers, Muslim South Africans are visible in many fields, including our politics. In 1998 former South African president Nelson Mandela reflected that: "Our country can proudly claim Muslims as brothers and sisters, compatriots, freedom fighters and leaders, revered by our nation. They have written their names on the roll of honour with blood, sweat and tears." […]

But the Muslim community in South Africa has not been without its criticisms. […]

Some within the Muslim community have been labelled racist, sexist, apathetic and unwilling to integrate into a South African community. There is a danger that they consider themselves separate from the people and government.

And mostly alarmingly, there is one aspect of the issues facing global Islam that has crept into an otherwise largely peaceful Muslim existence in South Africa: an undeniable strand of extremism. This may pose the biggest danger to the social cohesion South Africa enjoys with its Muslim population. While most were largely moderate Muslims, and a significant number well-integrated into society, some South African Muslims have actually joined terror groups. In 2015 a fifteen-year-old Cape Town girl was taken off a flight en route to join ISIS. […]

An active and committed community with a history in the country may be the reason why Islamophobia has had little impact in the country. Whilst there have been some protests to construction of mosques in Valhalla[2] and most recently Atholl[3], these incidents are often related to the history of the area as previously white-only areas, and objections mainly came from white residents. This year the Western Cape experienced vandalism of two mosques in January; the mosques were desecrated after a public call on Facebook to burn Islamic places of worship. However there was an immediate outcry and the Christian community showed support with the local Bishop attending interfaith meetings at the mosque and publicly denouncing the acts. […] *(614 words)*

Shubnum Khan: South Africa's untold success story: A Christian nation's peaceful history with a Muslim minority, in: Huffington Post, *10. 04. 2017. http://www.huffingtonpost.co.za/2017/04/09/south-africas-untold-success-story-a-christians-nations-peac_a_22032852/ (abgerufen am 04. 06. 2017).*

Hinweis: Shubnum Khan ist eine südafrikanische Autorin.

1 public protector – The Public Protector was set up in terms of South Africa's Constitution to investigate complaints against government agencies or officials.
2 Valhalla – suburb in the Pretoria area
3 Atholl – suburb of Johannesburg

Assignments

1. Summarize the text. (Material 2) (30 BE)

2. Compare the situation of Muslims in South Africa as presented in the text (Material 2) to the situation ethnic minority groups are facing in Great Britain referring to material dealt with in class. (40 BE)

3. In December 2013, Donald Trump tweeted: "I really like Nelson Mandela but South Africa is a crime-ridden mess that is just waiting to explode – not a good situation for the people!"

   Taking this tweet as a starting point, comment on South Africa's current economic, political and social situation. (30 BE)

In das Gesamtergebnis gehen die Bewertungen der Teilaufgaben A und B im Verhältnis 1:3 ein.

Lösungsvorschläge

Teaching modules referred to:
The texts to be dealt with relate to the teaching module Promised Lands: Dreams and Realities *(Q 3), focusing on the country of reference* South Africa *and the topics* political issues *and* social issues.
The assignments also extend to the module The United Kingdom *(Q 2) with a particular focus on* social structures, social change (ethnic minorities, multiculturalism).

Teil A: Aufgabe zur Sprachmittlung

In a mediation, texts are never translated literally. Instead, you are asked to sum up the information that is relevant for the task – in this case the author's description of Cape Town. Start with an introductory sentence that provides information on the author, the title, the source and year of publication as well as the topic. Refrain from using direct speech or quotations and do not comment on the text. Stick to the present tense, use your own words and omit unnecessary details and examples.

In his article "Kreuzberg am Kap", published on *Zeit Online* in 2016, Ulf Lippitz describes the changing face of Cape Town. He mainly concentrates on the evolving creative scene of Woodstock, a formerly run-down and dangerous neighbourhood that has become a popular attraction for both locals and foreigners.
In 2014, Cape Town was surprisingly awarded the title "Design Capital of the World" for more than 460 different projects which had tried to transform the city into a better place. Formerly rejected districts became home to gin bars, museums, art galleries and designer factories, for example.
There is no place where this process of transformation, which would have been unimaginable during apartheid, is more visible than in Woodstock, the creative heart of Cape Town. A lot of street art – often with local and geographical influences of the region – can be found on the walls, and in the Woodstock Exchange, a former sewing factory, more and more different kinds of agencies, cafés, restaurants and fashionable clothing stores have opened. Many shops rely on concepts involving a versatile use of space and a maximum of creativity. On top of that, only locals can run their businesses there. All this reminds the author – and probably many tourists as well – of Kreuzberg and Neukölln, two trendy districts of Germany's capital, which underwent a similar transformation at the beginning of the 1990s and now serve as models for the "new" Cape Town in many regards.

(239 words)

Teil B: Verkürzte Textaufgabe

1. ***Step 1:*** *Read the text carefully. Identify the main ideas.*
   Step 2: *Start the summary with an umbrella sentence containing information on the author, the title, the type of text, the year of publication and the topic.*
   Step 3: *Summarise the article in your own words using the present tense. Only include relevant information and try to limit yourself to 205 words (i. e. one third of the original text).*

   In her article "South Africa's untold success story – A Christian nation's peaceful history with a Muslim minority", published on *huffingtonpost.co.za* in 2017, the author Shubnum Khan describes the mostly peaceful coexistence of Christians and Muslims in South Africa.
   In contrast to other countries, South Africa has not been divided by religion. In fact, during apartheid, it gave people strength and was a way of showing resistance against this political instrument of race division.
   Khan claims that, despite their small number, South Africa's Muslim population has played an active role in the positive development of the country during and since apartheid. Although some Muslims are accused of being sexist, racist and reluctant to integrate, most of them have lived together with the Christian majority in peace and harmony for many years.
   However, the author admits that new tendencies towards religious extremism have not spared South Africa's Muslims either. When it had become known that a small number of people from this religious community had joined terror groups like ISIS, Islamophobically motivated acts of vandalism against mosques followed. Yet, the vast majority of the Christian community immediately intervened, publicly condemned these violent acts and showed their support towards the Muslim community. *(199 words)*

2. ***Step 1:*** *Scan the article again for detailed information on the situation of Muslims in South Africa.*
   Step 2: *Make a list of materials dealt with in class which focus on ethnic minorities in Great Britain. Identify similarities and differences between their situation and that of Muslim South Africans.*
   Step 3: *Write the text in the present tense. Use the article at hand as a starting point for comparing the various aspects. At the end, draw a conclusion.*
   Please note: *The sample solution examines several points of comparison and takes many different examples into account in order to give you an idea of what could be mentioned. The text is therefore much longer than necessary.*

   In her article, Shubnum Khan depicts the situation of Muslims in South Africa, focusing on their standing as a religious minority group within a mainly Christian country. Another nation that has a history with ethnic and religious minorities is Great Britain. However, is the situation of the minority groups in these two countries comparable or are there essential differences?

According to Khan, Muslims only make up 1.5 per cent of the total population in South Africa (cf. l. 19). In contrast, statistics show that – at approximately 13 per cent – ethnic minorities overall are much more highly represented in the UK. That is because many people immigrated from Commonwealth countries such as Pakistan, India and the West Indies after the Second World War, bringing with them many different cultural backgrounds as well as religions.

Despite being a very small minority group, the situation of South African Muslims seems to be quite positive, as depicted by Shubnum Khan. Most of them are actively engaged and integrated members of society (cf. l. 20), which might stem from the country's difficult past. During the hard years of apartheid, it was religion that helped South Africans to be strong and show resistance to the regime (cf. ll. 6–8). Faith united people, regardless of their religious beliefs (cf. l. 6). As a result, for Khan, who grew up "in a rich religious melange" (ll. 2/3), it is absolutely normal for a community to consist of people belonging to different religions. The same is certainly true for large parts of the British population, who are open-minded and embrace diversity. Nevertheless, it appears that religion or ethnic background are still sometimes a dividing factor in the UK. For instance, as studies show, members of ethnic minorities are frequently disadvantaged on the job market or with regard to the allocation of flats. In addition, people of foreign ethnic backgrounds often have to deal with the animosity of the British, especially those from a lower-income background, who often regard immigrants as a threat to their employment, for example.

Many also think that foreign values and traditions, primarily those of Muslim people, go against their British identity. Khan mentions a similar problem in her article, namely that some South African Muslims are regarded as being backward and reluctant to integrate (cf. ll. 29/30). However, whereas South African politicians have stressed the importance of respecting different religious beliefs (cf. ll. 11–14) and publicly appreciated the significant role of the Muslims in the country's fight for freedom (cf. ll. 24–27), some British politicians have instead fuelled anti-immigrant sentiments and xenophobic fears. One early example is Enoch Powell's "Rivers of Blood" speech from 1968, in which he depicted immigration as a major threat to British identity. Recently, politicians like Theresa May have also warned of the dangers of too much immigration.

If we now turn to the attitude of ethnic minorities in the UK towards the majority, different positions can be observed. Whereas some consider it important to fully adapt to the society of the country they live in, others tend to return to traditional values of their culture of origin and to stick with their kind. Regarding South Africa, Khan argues that while most Muslims are well integrated, there are some who isolate themselves from the rest of society as well (cf. ll. 30/31). However, she does not go into further detail as to whether these differing views lead to inner conflicts or problems within the Muslim community. By contrast, the topics of identity and belonging appear to play a central role in literature and films on ethnic minority groups in the UK.

In the film *East is East*, for example, the different values and perspectives on cultural identity lead to a generation conflict. The film, which is based on writer Ayub Khan Din's own experiences, focuses on events in the Khan family, which consists of Pakistani father George, English mother Ella and their seven children. While George is a devout Muslim with very conservative views who wants to raise his children according to the values, customs and traditions he grew up with – he is in favour of arranged marriages, for example –, his children are torn between two cultures: on the one hand, they live in a Western country with more tolerant views and want to be fully integrated into (Christian) society. On the other hand, they are dominated by a father who demands strict adherence to Muslim traditions and values.

A similar generation gap – even though it is the other way round – can be seen in Hanif Kureishi's short story "My Son the Fanatic". Ali and Parvez, the two protagonists, are of Pakistani descent. Whereas Parvez has successfully integrated into modern British society – he eats pork and drinks alcohol, for instance –, his son Ali seems to struggle much harder to find his place within the Western world. He feels that the more he tries to adapt, he betrays his culture and religion, and therefore finds relief in religious isolation.

The problems of radicalisation and religious extremism are mentioned in Khan's article as well. Similar to the UK, some Muslims in South Africa have already joined terror groups (cf. ll. 36–38). In both countries, the reactions to this have been comparable: on the one hand, there have been racist and Islamophobic outbursts, such as vandalism of mosques, while on the other hand, many Christians have condemned the general suspicion towards the Muslim population and showed their support. Still, in the UK, hate crimes and Islamophobia are increasing, whereas in South Africa Islamophobic tendencies generally "ha[ve] had little impact in the country" (l. 40).

In conclusion, there are some similarities but also several differences between the situations in the two countries. Perhaps more so than Muslims in South Africa, ethnic minorities in Great Britain appear to be confronted with disadvantages and xenophobic attitudes by the majority of society. On top of that, many struggle to find their place in society and to define their own identity in a fast-changing social and political environment.

(970 words)

3. ***Step 1:*** *Read the quote carefully and make sure you understand its meaning. Explain it in your own words.*
   Step 2: *Comment on the current economic, political and social situation in South Africa by finding arguments for and against Trump's statement. Wherever possible, illustrate your point with convincing examples (e. g. by referring to material dealt with in class).*
   Step 3: *Draw a conclusion.*

In 2013, the current President of the United States, Donald Trump, posted a message on Twitter commenting on the situation in South Africa at that time. On the one hand, he showed appreciation for Nelson Mandela, former icon of the anti-apartheid movement and first black President of South Africa. On the other hand, he described the social situation in the country as anything but peaceful so that, in his view, riots were about to take place. However, what induced him to make such a sharp statement?

At first, one has to admit that there are indeed critical factors to be considered. Racial tensions which date back to the apartheid era still affect the country's current situation.

The main reason for ongoing conflicts between black and white residents may be inequality – a structural, unsolved problem rendering the majority of the population fundamentally powerless. Although black presidents have been ruling the country for years, the economic power is still in the hands of the whites, who form only nine per cent of the population. White South Africans are still believed to own more than two thirds of the country's private land. Furthermore, the Gini Index shows an unequal income distribution between blacks and whites. Thus, the fact that a social welfare system like that in Germany (including unemployment benefit, income support or old-age pension, for example) does not exist in South Africa hits the black population even harder. As a result of this still existing inequality, many black youths grow up without prospects. In some cases, their anger and frustration eventually erupt into violence.

Additionally, former President Jacob Zuma and his administration have been involved in a huge number of political scandals, like corruption and abuse of power, violation of the constitution and political misconduct. Consequently, the faith in the ANC, which has ruled South Africa since Nelson Mandela was elected president in 1994, has declined considerably. People feel that they have had little economic benefit, but have instead had to witness inexperienced and incompetent bureaucrats susceptible to manipulation spending public money on private affairs. This has led to growing discontent and anger among the population.

It must have been things like these which caused Donald Trump to see South Africa's situation in such a negative light. However, in my view, one must also consider the many positive achievements of post-apartheid South Africa.

South Africa's economy is one of the highly developed ones within Africa. The country has an advanced infrastructure and many mineral resources and is one of the world's largest producers and exporters of gold. Another very important economic sector is the tourist industry, since South Africa is a popular travel destination.

On the social level, South Africa still envisions a united, non-racial, non-sexist, dynamic society and is headed in the right direction. Take, for example, the fact that there are more and more friendships between black and white people. Moreover, white students participate in protests for black equality, and sports events unite people regardless of their skin colour. Progress has been achieved in many other fields of life, too. Meanwhile a large majority of the population have access to electricity, and more and more people are living in proper houses. One must also mention that the murder rate has more than halved, and more people have access to education, with the result that the rate of illiteracy has decreased. South Africa has invested in early childhood development and understands that additional investment is required.

To draw a conclusion, one cannot deny that there are quite a few difficulties which South Africa must cope with, which made Donald Trump regard the country's situation in a very negative light, and maybe his fear is not completely unjustified. However, progress is not going to happen overnight, but needs to occur progressively. In my opinion, the US President is going too far, as he not only fears that the situation in South Africa could run out of control but actually depicts this scenario as a matter of fact. On top of that, his choice of words – calling South Africa "a crime-ridden mess" – is very derogatory and disrespectful. His view is distorted and does not include the many positive achievements of the "rainbow" nation. *(700 words)*

Abiturprüfung 2019 Englisch (Hessen)
Grundkurs

Prüfungsteil 1 (Sprachmittlung) – Vorschlag A: *Integration*

Material: Josef Joffe: Hello Muslime! (2016) – Warum in Amerika keine Parallelwelten entstehen und Integration funktioniert

Der Einreisestopp für Muslime ist ein Trump-Klassiker; nach Orlando hat er nun jene drei Millionen aufs Korn genommen, die bereits in Amerika leben: „Die assimilieren sich nicht wirklich. Und ich rede über die zweite und dritte Generation."

Wie die meisten seiner Sprüche ist auch dieser falsch. Wie misst man Assimilation? Man vergleiche die Sitten und Gebräuche der Neuen mit denen des Rests der Republik. Siehe da: Die Muslime sind so amerikanisch wie alle anderen. Ebenso viele – drei Viertel – trennen Müll. Sie verbringen fast genauso viel Zeit vor dem Fernseher. Und fast sechs von zehn sind in den Sozialen Netzwerken unterwegs – in der Gesamtbevölkerung sind es nur 44 Prozent.

Es wird noch besser. Muslime sind zufriedener mit Amerika: Gut sechs von zehn meinen, dass „es gut läuft" in der neuen Heimat, was nur 23 Prozent der Bürger insgesamt glauben (Pew Research Center, *A Portrait of Muslim Americans*). Eine frühere Pew-Studie (2007) wirft ein Schlaglicht auf die Kluft zwischen Amerika und Europa. Entschieden mehr US- als Euro-Muslime bekunden, es gehe Frauen in der neuen Heimat besser als in der alten. Das Gefühl der Nichtzugehörigkeit teilt weniger als die Hälfte; in Europa sind es zwei Drittel.

Assimilation heißt: Ich will Amerikaner werden! Auf der Patriotismus-Skala liegen Muslime vor allen anderen Einwanderern. Von diesen beantragen nur 50 Prozent die Staatsbürgerschaft, bei den Muslimen sind es 70. Trump weiß also nicht, wovon er redet.

Warum die Integration in den USA so gut funktioniert, dafür gibt es drei Gründe. Erstens: Selbstselektion. Aus der islamischen Welt gehen viele nach Amerika, um dort zu studieren (und zu bleiben); als Gruppe sind sie besser ausgebildet als etwa Türken in Deutschland oder Algerier in Frankreich. Die Einkommen belegen das. Der Anteil jener, die 100.000 Dollar oder mehr melden, ist fast so hoch wie unter den Alteingesessenen. Dramatisch ungleicher geht es dagegen in Europa zu.

Zweitens: nationale Vielfalt der Neuen. Anders als in Europa, wo jeweils eine Nationalität dominiert, etwa Marokkaner in Belgien, kommen Amerikas Muslime aus achtzig Ländern – von Indien über Iran bis Ägypten, unterteilt in unzählige Sekten. Das Gemisch stärkt den Druck aufs gedeihliche Zusammenleben. Parallelwelten wie in Molenbeek[1] werden hier rasch aufgesogen.

Drittens: religiöse Toleranz (oder besser: Indifferenz) auf beiden Seiten. Amerika kennt keine Staatsreligion; jeder kann nach seiner Fasson selig werden, sich sein Gotteshaus bauen. Unter den Muslimen sorgt die chaotische Sektenvielfalt dafür, dass sich die Gläubigen untereinander sowie mit Christen und Juden vertragen müssen. Der Moschee-

Architekt Chris McCoy bringt's auf den Punkt: „Es geht nicht darum, ob die Kuppel nach saudischem oder indischem Muster gebaut wird, sondern darum, ob man sich überhaupt eine Kuppel leisten kann.“ Geld schlägt Gott.

Wie gut die Assimilation läuft, zeigen auch die hässlicheren Statistiken. Die Harvard-Soziologin Mary Waters notiert: „Amerikaner zu werden heißt, weniger Sport zu treiben, fetter und straffälliger zu werden.“ Herzkrankheiten und Scheidungsraten passen sich in der zweiten Generation ebenfalls an. Der Schmelztiegel funktioniert also im Guten wie im Schlechten – wie einst für Deutsche, Iren, Polen und Juden. Bloß sind dem Demagogen Zahlen und Trends egal.

Josef Joffe: Hello Muslime! Warum in Amerika keine Parallelwelten entstehen und Integration funktioniert, in: Die Zeit *28/2016*

1 Molenbeek – ein Stadtteil von Brüssel mit überwiegend muslimischer Bevölkerung marokkanischen Ursprungs

Aufgabe

You are working on an international school project researching the worldwide integration of migrants. Your role is to research the integration of Muslims.

Write an email to the project coordinator (a teacher), outlining the indicators for successful integration and the reasons Josef Joffe, the editor-in-chief of the German weekly newspaper "Die Zeit", gives for his theory that the integration of Muslims in the US is more effective than in Germany. (Material) (100 BE)

Prüfungsteil 2 (Schreiben) – Vorschlag B 1: *Modelling the future*

Wählen Sie Vorschlag B1 oder B2 zur Bearbeitung aus.

Material 1: Joel Budd: Healthy, happy and hands free (2016)

CARS: HEALTHY, HAPPY AND HANDS FREE
Driverless cars will reshape our cities. Joel Budd sees a future of more parks and less parking
Illustration by Mark Oliver

You have just finished breakfast when your phone pings, confirming that your driverless car has arrived. Five minutes later you are on the way to work, travelling in a convoy of robo-vehicles. Even at 70 miles per hour, your car stays only a few feet behind the one in front; it will react to an emergency many times faster than you could. You pay little attention to the other vehicles in any case, since you are reading. But at one point you glance over at the lane reserved for old-fashioned cars driven by humans. As usual, it is hardly moving. Mugginses[1], you think.

In the past decade self-driving cars have gone from an engineer's fantasy to a reliable technology. […] Road regulations and legal liability will take a while to sort out, and the cars must still learn to cope with snowflakes. But it is a good bet that a lot of self-driving cars will be on the roads by the middle of this century.

Almost immediately, some people's lives will improve. The old will find it far easier to get around, points out Josef Hargrave of ARUP, an engineering firm. So will teenagers and disabled people. All drivers will be safer, as will pedestrians. But at that point the future becomes fuzzy. Whereas car-watchers mostly agree that robo-vehicles are coming, they don't agree on how people will use them, or how they will change the landscape. What kind of city will flash by during your commute in the future? Will it be packed with vehicles, or pedestrianised and green? And will the home you leave in the morning be a detached house in the suburbs or a high-rise flat in the city centre?

One answer to those questions begins with a bird's eye view. Look at a city like San Jose, or even Rome, on Google Earth and it is astonishing how much land is occupied by car parks. Many of the cars that are moving are just looking for a place to rest – one study in Brooklyn found that 45 % of drivers were cruising for a parking space. Driverless cars should make this unnecessary. If you own one, you could pilot it to the office, then send it home and order it to pick you up at the end of the day. If you use a car service, you could summon the nearest empty vehicle using your phone, just like requesting an Uber[2].

The land that cars now squat upon might be put to all sorts of lovely uses. The city of San Francisco already has a "pavement to parks" programme, which encourages people to turn roadside parking spaces into cafes or tiny outdoor art galleries. […]

Perhaps, because city centres become so lovely and dense, some people who previously drove will now have the opportunity to live in the centre of town and therefore will no longer require a car.

But there is another possibility. It derives from an observation made in the 1970s by Yacov Zahavi, an Israeli traffic scientist. Zahavi noticed that Americans spent about the same amount of time travelling each day, regardless of which city they lived in or how they got to work – a little over an hour on average. Given speedier transport, they did not use the time saved to work longer hours in the office or relax at home. Instead they travelled farther. Americans still spend about an hour a day travelling on average; so do Britons.

Self-driving cars will be able to follow each other so closely and precisely that roads dedicated to them could carry up to five times more traffic, according to America's transport-department. On such roads, traffic lights will be unnecessary. Cars will weave round each other without stopping, hugely increasing traffic flow. As cars speed up, two things will happen. First, drivers who now live ten miles from work will eye homes 20 miles away. Secondly, some of the people who now take trains or buses will hop into driverless cars. After all, they will be cheaper: you will need to pay for neither a driver nor for parking. The upshot will be epic sprawl.

These scenarios sound like opposites, but they might not be. Driverless cars could lead to nicer, denser city centres even as they make it easier to live miles away from them. Downtowns and distant villages could both become more appealing. *(749 words)*

Joel Budd: Healthy, happy and hands free, June/July 2016,
https://www.1843magazine.com/technology/healthy-happy-and-hands-free,

1 Muggins – (humorous) a stupid person
2 Uber – *here:* a taxi provided by the global transportation technology company Uber

Material 2

(13 words)

Aufgaben

1. Outline the two scenarios presented in the text. (Material 1) (30 BE)

2. Examine the author's attitude towards driverless cars. Refer to structure, language and the illustration printed with the article. (30 BE)

3. Choose **one** of the following tasks: (40 BE)

3.1 Using the cartoon (Material 2) as a starting point, comment on the question it raises on modelling the future.

or

3.2 You are taking part in a web-based project on *Visions of the Future*. In your contribution you focus on the topic: "Robots: Friend or Foe?"
Write an article for the project website in which you discuss this question, referring to material dealt with in class.

Prüfungsteil 2 (Schreiben) – Vorschlag B 2: *Growing up in South Africa*

Material: Trevor Noah: Born a crime (excerpt from the autobiography, 2016)

Trevor Noah, son of a white Swiss-German father and a black South African mother, was born in 1984 and grew up in the Johannesburg area. He was raised by his free-spirited mother Patricia, who worked as a secretary, which enabled the two of them to live in slightly better conditions than other black families at the time. Nevertheless, luxuries like brand clothes or meat were still unaffordable.

As modestly as we lived at home, I never felt poor because our lives were so rich with experience. We were always out doing something, going somewhere. My mom used to take me on drives through fancy white neighborhoods. We'd go look at people's houses, look at their mansions. We'd look at their walls, mostly, because that's all we could see from the road. We'd look at a wall that ran from one end of the block to the other and go, "Wow. That's only *one* house. All of that is for *one* family." Sometimes we'd pull over and go up to the wall, and she'd put me up on her shoulders like I was a little periscope. I would look into the yards and describe everything I was seeing. "It's a big white house! They have two dogs! There's a lemon tree! They have a swimming pool! And a tennis court!"

My mother took me places black people never went. She refused to be bound by ridiculous ideas of what black people couldn't or shouldn't do. She'd take me to the ice rink to go skating. Johannesburg used to have this epic drive-in movie theater, Top Star Drive-In, on top of a massive mine dump[1] outside the city. She'd take me to movies there; we'd get snacks, hang the speaker on our car window. Top Star had a 360-degree view of the city, the suburbs, Soweto. Up there I could see for miles in every direction. I felt like I was on top of the world.

My mom raised me as if there were no limitations on where I could go or what I could do. When I look back I realize she raised me like a white kid – not white culturally, but in the sense of believing that the world was my oyster[2], that I should speak up for myself, that my ideas and thoughts and decisions mattered.

We tell people to follow their dreams, but you can only dream of what you can imagine, and, depending on where you come from, your imagination can be quite limited. Growing up in Soweto, our dream was to put another room on our house. Maybe have a driveway. Maybe, someday, a cast-iron gate at the end of the driveway. Because that is all we knew. But the highest rung of what's possible is far beyond the world you can see. My mother showed me what was possible. The thing that always amazed me about her life was that no one showed her. No one chose her. She did it on her own. She found her way through sheer force of will.

Perhaps even more amazing is the fact that my mother started her little project, me, at a time when she could not have known that apartheid would end. There was no reason to think it would end; it had seen generations come and go. I was nearly six when Mandela was released, ten before democracy finally came, yet she was preparing me to live a life of freedom long before we knew freedom would exist. A hard life in the township or a trip to the colored orphanage were the far more likely options on the table. But we never lived that way. We only moved forward and we always moved fast, and by the time the law and everyone else came around we were already miles down the road, flying across the freeway in a bright-orange, piece-of-shit Volkswagen with the windows down and Jimmy Swaggart[3] praising Jesus at the top of his lungs.

People thought my mom was crazy. Ice rinks and drive-ins and suburbs, these things were *izinto zabelungu* – the things of white people. So many black people had internalized the logic of apartheid and made it their own. Why teach a black child white things? Neighbors and relatives used to pester my mom. "Why do all this? Why show him the world when he's never going to leave the ghetto?"

"Because," she would say, "even if he never leaves the ghetto, he will know that the ghetto is not the world. If that is all I accomplish, I've done enough." *(735 words)*

Trevor Noah: Born a crime. *Spiegel & Grau: New York 2016, S. 72–74*

1 mine dump – a hill that is formed when waste sand from the production of gold is piled in one place
2 the world was my oyster – there was no limit to the opportunities open to him
3 Jimmy Swaggart – an American preacher

Aufgaben

1. Describe Trevor Noah's upbringing. (Material) (25 BE)

2. Compare the relationship between Trevor and his mother (Material) to that between Mandisa and Mxolisi from the novel "Mother to Mother" by Sindiwe Magona. (45 BE)

3. Choose **one** of the following tasks: (30 BE)

3.1 Referring to material dealt with in class, discuss the influence of one's parents on the process of assimilation into society.

or

3.2 Write an article for a youth magazine about changing opportunities for young people growing up in post-apartheid South Africa, also referring to material dealt with in class and the text at hand.

Lösungsvorschlag

Prüfungsteil 1 (Sprachmittlung): *Integration*

In order to write an informative email, read the text carefully and highlight the information given on the assimilation of Muslims in Europe and in the USA. Keep in mind that you are supposed to address your email to the coordinator of an international school project, so use formal language, address the coordinator appropriately and avoid slang. Start off with an umbrella sentence containing the author, the source and the topic.
Mention the following points:
Indicators for successful integration of Muslims:
- *Many similarities in terms of customs and behaviour between Muslims and mainstream population (waste separation, social media consumption, time spent watching television)*
- *Overall happiness with new life in the US*
- *Negative statistics also similar to mainstream behaviour (obesity, sedentary lifestyle, crime rates)*

Reasons why integration is more effective in the US:
- *More immigration of highly qualified people who come to study and stay*
- *Immigrants come from many different countries with different beliefs*
- *Religious freedom and diversity in the US lead to peaceful coexistence*

Dear Ms Bamford,

With this email I would like to contribute to the student project on the integration of Muslims in different societies. According to an article from 2016 by Josef Joffe in *Die Zeit,* President Trump is wrong when he insists that immigrants from Islamic countries do not assimilate into American society. Joffe measures the degree of assimilation by comparing the customs of the immigrants to those of the mainstream population and points out that they share many aspects of everyday life. The majority separate waste, spend as much time watching TV and use social media even more than the rest of the population. The negative statistics similarly function as indicators of successful integration. Becoming an American also means becoming fatter, doing less sport and being at a greater risk of being incarcerated. Despite that, Muslims are more content with their lives in the US than the rest of the population.
By contrast, most Muslims in Europe feel excluded from society. The rate of those who apply for citizenship is also much lower than in the US. Joffe explains that firstly, those who immigrate to the USA are more highly qualified on average and come over to acquire professional training and to stay there. Secondly, national diversity plays an essential role. America's Muslims come from about 80 different countries, whereas with Muslims in the EU, one country of origin is usually dominant, leading to isolation and parallel societies. Thirdly, religious freedom in the US leads to a great diversity of religious sects, which makes it necessary to get along with each other peacefully.

I hope that the results of Joffe's publication contribute to the success of the project.

Kind regards,
Sibel Berger *(283 words)*

Prüfungsteil 2 (Schreiben) – Vorschlag B 1: *Modelling the future*

Teaching module referred to:
The task refers to the teaching module Modelling the Future *(Q 3.2), especially to the topics* science and technology, *and* possibilities and responsibilities.

1. *Read the text carefully and highlight the information given on the two possible scenarios featuring driverless cars in the future. Give only the main features, omitting minor details. Start off with an umbrella sentence including the author, the title, the source, the date of publication and the topic.*
   You should mention the following aspects:
   - ***Scenario 1 (mainly positive aspects of driverless cars):***
     - *Faster and safer travel, as the cars react faster than human drivers could*
     - *Life improvements: Passengers can use their free time in the car and people who usually have problems getting around will discover new opportunities*
     - *Space opening up: Former space used for parking can be put to various positive uses*
     - *More people will move to city centres and no longer need a car*
   - ***Scenario 2 (mainly negative aspects of driverless cars):***
     - *Urban sprawl: there is the possibility of more people moving into the outskirts, thus spreading out the cities even further*
     - *More vehicles: if driverless cars are cheaper and faster, there might be an increase in these cars on the street*

   In the text "Happy, healthy and hands free", written by Joel Budd and published in *The Economist* in June/July 2016, the author speculates on two basic scenarios that might result from driverless vehicles in the future.
   In his first scenario, Budd envisages possible advantages of smart driverless transportation. Autonomous cars operate safely and quickly, dealing better with emergency situations. Moreover, passengers can read while travelling. The lives of the elderly, the disabled and of young people in particular will improve with the help of smart transportation. People will also no longer have to drive around to look for parking spaces, as they will simply send their car home and call when they need it. Therefore, the amount of traffic will decrease. Previous parking spaces might be turned into green areas, cafés, galleries or attractive living spaces. More people will be able to live in the city centres and might no longer need a car of their own.
   Yet, the author also considers a completely different future development. Budd refers to a traffic scientist who found out that Americans use the time they save through faster transport to travel even farther. Thus, more people might move to suburbs or villages

further away, which could lead to even greater urban sprawl. Since driverless cars travel faster and more cheaply, commuters might choose them over expensive public transport, which might lead to a considerable increase in the number of vehicles.

(237 words)

2. *Re-read the text and focus on how the author conveys his opinion. Start off by analysing the author's attitude to driverless cars. Then consider the way the author uses language, the way he structures his text and the illustration that was chosen to accompany it.*
   You should mention the following aspects:
   - ***Language:***
     - *Negative choice of words when it comes to describing conventional forms of transport, use of positive language regarding driverless cars*
     - *Directly addressing the reader*
     - *Use of (rhetorical) questions*
     - *Use of poetic devices, such as alliteration*
   - ***Structure:***
     - *Focus on advantages of driverless cars, creating very positive scenarios*
     - *Arguments against driverless cars are introduced and immediately dismissed*
     - *Citing of expert opinion and statistics to gain authority on the subject*
   - ***Illustration:***
     - *Positive illustration teeming with happy people and promoting a relaxed lifestyle*
     - *Encourages the reader to have a positive attitude towards the topic*

From the introduction on the subject, it becomes clear that the author welcomes the idea of autonomous transportation, since he starts off by addressing the reader directly when he emphasises the advantages that driverless cars will bring about in the future. Budd promises his readers that they will not have to do anything except wait until the phone rings to tell them that their car is ready. Moreover, he underlines the fact that everybody will be able to travel to work much faster and more safely with enough time to focus on things like reading. Budd's position also becomes clear from his choice of words: traditional cars are referred to as "old-fashioned" (l. 6). and their drivers are called "mugginses" (l. 7), a derogatory term.

In the following paragraph, the new technology is presented as a reliable and inevitable development. At the same time, Budd admits that there are a few obstacles, such as snowfall or unclear liability, that are yet to be overcome. Yet, these obstacles are completely minimised. In the following passages, the author employs language with positive connotations, for instance when he claims that lives will "improve" (l. 12), as travelling will become "easier" (l. 12) and "safer" (l. 14). Moreover, he quotes an expert (cf. ll. 12/13) and cites statistics (cf. ll. 22/23), which makes his text more authoritative. In lines 17 to 19, he asks questions ("What kind of city will flash by during your commute in the future?" l. 17), which gives him the opportunity to answer them and to make it clear that the advantages outweigh the possible disadvantages. In addition, Budd appeals to the reader to picture sunny cities like San Jose, Rome or San

Francisco from above and to imagine how beautiful they would be without the multitude of parking spaces. He accentuates that the quality of life would greatly improve, since everybody would save the time now wasted in the scramble for parking spaces. City centres would also be enhanced because former parking spaces would be turned into cafés or outdoor art galleries. This idea is described as "lovely" (l. 27). Besides this, there would simply be less traffic. He gives the example of San Francisco's "pavement to parks programme" (l. 28), an alliteration with very positive connotations. Budd also addresses the arguments of a sceptical Israeli traffic scientist (cf. ll. 33–39). These arguments are taken seriously and presented in a neutral way. Yet, in the end Budd bridges the gap between the two contradictory scenarios by developing a synthesis which is linguistically highlighted with the help of comparative forms with positive connotations. Cities will become "nicer, denser" places (l. 49). At the same time it will become "easier" (l. 49) to live farther out. Both urban and rural life will eventually become "more appealing" (l. 50).

Considering the article as a whole, it becomes clear that the author also emphasises his position by structuring his text accordingly. Roughly three quarters of the text cover the advantages of driverless cars, whereas possible negative consequences are played down in two paragraphs. The fact that Budd ends his text with a positive synthesis has a lasting effect on the reader.

Additionally, Budd has chosen an illustration by Mark Oliver to make it clear that he welcomes driverless cars. In this picture, city life of the future is presented in an idyllic and utopian way. You can see a green city with lawns, shrubs, trees and numerous flower pots, where pedestrians, cyclists and the passengers of the driverless cars are safe, content and carefree. Not even the dog running across the road after its ball is in danger. Due to the advantages of the smart vehicles that automatically keep distance from each other as well as from any other obstacle, everybody seems to be relaxed without having to worry about the traffic. The passengers have time to read. This illustration attracts the reader's attention and reflects the title of the article "Healthy, happy and hands free", another alliteration which is employed to underline Joel Budd's affirmative and optimistic view of driverless transportation in the future. *(685 words)*

3.1 *Look at the cartoon closely, describe the two parts and come up with an answer to the question of which of the developments is more beneficial in the future. Consider that a comment requires you to state your opinion clearly and to give reasons. You could structure your text like this:*

Description of cartoons:

- ***Panel 1:***
  - *A single car "by Google" with a lot of technology and without a driver, a single passenger riding in the back. The caption reads "Driverless Cars".*
- ***Panel 2:***
  - *A bus with "Efficient Public Transport" written on it, carrying many passengers at once. The caption reads "Car-less Drivers".*

- ***Driverless cars:***
    - *Some benefits: more comfortable, more free time for passengers, traffic jams can be avoided*
    - *But also lots of drawbacks: safety risk, expensive, investments needed in infrastructure, leads to job losses*
- ***Public transport:***
    - *Less comfortable*
    - *But: affordable for a larger number of people, more environmentally friendly*
- ***Conclusion:***
    - *Introduction of driverless cars would be expensive and only benefit a few people*
    - *Investing in public transport is more sustainable and would benefit more people*
    - *Public transport is the more forward-thinking solution*

The cartoon with the caption "What's more forward thinking?" consists of two panels. At the top you can see a smart driverless vehicle sponsored by Google with one single passenger in the back seat. This image is entitled "driverless cars". The lower image with the title "car-less drivers" shows an overcrowded bus with the label "efficient public transport" on it. Both scenarios point to a future in which people no longer drive themselves. The question which arises is whether driverless smart transportation or traditional public transport will be more beneficial to people and the planet in the future.

At first sight, the single passenger in the driverless car seems to be more comfortable and more relaxed than the people who are sitting in cramped conditions on the public bus. From the texts we dealt with in class, we learned that major automobile companies are aiming at increasing the production of driverless cars that enable passengers to sit back at ease and spend time working on their computers or sleeping. Some traffic scientists also point out that traffic can be coordinated more easily so that traffic jams can be prevented during rush hours.

Nevertheless, critics of this future technology highlight possible disadvantages of driverless vehicles. They point out that these vehicles will most likely be too expensive and unaffordable for most people. The fact that there is only one passenger in the car could be interpreted that way. Furthermore, there are potential risks that cannot be fathomed. The technology in question is currently far from perfect. There are problems with autonomous cars operating in severe weather conditions because rain or snow can interfere with the laser sensors in these cars, and driverless cars have already caused serious accidents and even deaths in the USA. In addition to that, nobody knows what might happen in the case of a computer malfunction or power failure. What will happen if a hacker gets into the software of such a vehicle? Furthermore, one will have to consider the financial aspects. Large investments will be necessary to create the infrastructure. Road signs, traffic lights and road systems will have to be adapted to meet the needs of smart traffic.

If we also consider that thousands of bus drivers and taxi drivers will lose their jobs for the benefit of only a few well-to-do passengers who can afford a driverless car, I would certainly favour larger investments in traditional public transport, even if it is less comfortable. I consider it more efficient because it is affordable for more people and it contributes more to the fight against environmental problems by decreasing individual transportation on a larger scale. All in all, public transport is the more forward-thinking solution. *(450 words)*

3.2 *Consider what you have dealt with in class concerning robots and robotics and make notes. You are writing an article: remember to use appropriate language and give your article a headline. Keep in mind that you are supposed to discuss the advantages and disadvantages of robots and come to a justified conclusion.*
Some points you might consider are the following:
- ***Robots as "friends":***
  - *Robots do not get tired, and work at a very fast pace, taking over monotonous jobs*
  - *Robots can take over dangerous tasks without endangering humans*
  - *Small robots can access places that humans might not be able to get to*
  - *Robots can work with more precision than humans*
- ***Robots as "foes":***
  - *Robots are very expensive to buy and maintain*
  - *There might be job losses if robots take over labour more cheaply and efficiently*
  - *Robots need electricity to work and might be useless without it or without a connection to a server*
  - *The software robots run on might be hacked*

Robots: Friend or Foe?

Robots are currently being used in many areas of everyday life. They are used in the exploration of outer space, in manufacturing, in the military field or, for example, in healthcare. In addition, they are used in households to work as butlers or to do the cleaning. They even work as jockeys in camel races in the Arabian deserts. Generally speaking, they come in all different kinds of shapes, forms and colours and they do not necessarily have to be so-called humanoids who resemble human beings. What they all should have in common is that they are technical devices or machines programmed and operated by human beings to benefit mankind. As robots are ever more present in our lives, the question poses itself – will robots improve our lives or does all of this sound too good to be true?
On the face of it, there seem to be many advantages of welcoming robotics into our lives. In the workplace, they work continuously at high speed and they generally operate effectively at what they are programmed to do, until they break down. They do require high investments and maintenance, yet they are often to be found in manufacturing, where it is difficult for human beings to ensure a consistent level of quality, for example regarding monotonous work on assembly lines in car manufacturing plants. Another advantage is that they can do dangerous tasks and access inaccessible places, for instance in the medical field within the human body, sweeping minefields or in bomb disposal units. Here, they greatly contribute to the safety of human beings.

Nevertheless, robots might also impact human lives in a negative way if they lead to job cuts and unemployment. This could be the case if they are installed to replace people in the workforce. Another risk that has to be considered is that robots are dependent on power and that systems can break down during a power failure. Depending on what the robot is programmed to do, this could have fatal consequences. A robotic lawnmower will simply stop operating, whereas a robot used in heart surgery might cause a death in this situation. Moreover, the software on which many robots run might be prone to hacking, therefore making them a security risk.
Scientists are also very concerned about the use of armed robots (drones) and the development of autonomous killing machines that cannot differentiate between combatants and innocent people. A further technological development that is currently causing alarm is that of AI, i. e. artificial intelligence. In this field, research scientists are attempting to create systems which are able to make logical deductions and to interact with people. In class we dealt with Tay, an artificial intelligence chatterbot released by Microsoft in 2016. Tay, who was named after the acronym "thinking about you", was able to interact with human users of Twitter by copying and imitating what they told it. Very quickly Tay began tweeting politically incorrect phrases and releasing racist and sexually charged messages. Amongst other things, Tay was manipulated to deny the Holocaust. After 16 hours Tay had to be taken offline and Microsoft released an apology on its official blog.
Generally, research on robotics and AI aims at making our lives easier. Whether or not this new technology should be considered a friend or foe depends on whether or not it helps advance human commitments and values. In this sense, Tay was certainly not a friend. Yet, human beings are the ones who design the algorithms and programme the robots. To come to a conclusion, I would like to refer to the famous science fiction author Isaac Asimov, who published some crucial laws of robotics. First, he emphasised that robots must never harm human beings. His second law was that robots must follow the instructions from humans without violating the first law. That is why I am firmly convinced that human beings have to act intelligently in regard to this matter and agree on ethical guidelines to govern the use of robots in such a way that they are beneficial to mankind. *(682 words)*

Prüfungsteil 2 (Schreiben) – Vorschlag B 2: *Growing up in South Africa*

Teaching modules referred to:
The task refers to the teaching module The English-speaking world *(Q 2.3), especially to the topics* living together *and* country of reference South Africa, *and to the novel* Mother to Mother *by Sindiwe Magona.*

1. *Read the text carefully and highlight the information given on the author's upbringing. Start off with an umbrella sentence including the author, the type of text, the title and the date of publication. Keep in mind that you are required to describe the way the author was brought up, i. e. to give a detailed account.*
You should mention the following facts:
- *Trevor Noah grew up in a black ghetto in South Africa during apartheid*
- *His mother introduced him to the world outside the ghetto by taking him on day trips (despite negative comments from her own community)*
- *By experiencing the world outside, Noah realised that he as a mixed-race child was worth no less than a white child*
- *His success is down to his realisation that he has just as many opportunities*

In the extract from Trevor Noah's autobiography *Born a Crime,* published in 2016, the author describes how he was brought up near Johannesburg during apartheid.
The reader is informed that Noah grew up in rather modest surroundings in a black ghetto, without ever feeling poor, since his mother gave him the chance to gain a lot of experience by taking him out and letting him do activities that were normally off limits for black people. Together they toured all-white residential areas to admire the luxury white people lived in. Additionally, she took him to a skating rink and to a movie theatre, since she refused to accept that these places were reserved for white people. Noah explains that he was raised like white children in the sense that he felt like a self-confident individual whose opinion mattered and who believed in unlimited opportunities.
The author is astonished that his mother acted so independently and purposefully when showing him the outside world. At that time nobody could foresee that apartheid would soon come to an end. Nevertheless, his mother prepared him for a life in freedom without the restrictions of apartheid. Neighbours and relatives would shake their heads over this because his mother did things that only white people did. They did not comprehend why she taught a black boy who would probably never leave the ghetto to see the world outside. She simply shrugged this scepticism off, since it was her aim to teach her son that there was more to the world than only the ghetto. *(257 words)*

2. *Consider your findings from task 1 and make notes on the relationship between Mxolisi and Mandisa in* Mother to Mother *by Sindiwe Magona. Then structure your notes, e. g. in categories such as family background, economic situation as well as the mutual relationships and the further development of the characters. You can either start off with the similarities and then focus on the differences, or you can compare the texts directly with regard to certain aspects.*
Mention at least some of the following points:
- ***Similarities:***
  - *Both Trevor and Mxolisi grow up as people of colour in South African ghettos during apartheid*
  - *Both only have their mothers to care for them while growing up*

– ***Differences:***
- *Trevor grows up in a more stable, loving environment; Mxolisi's childhood is unstable, difficult and loveless, and he ends up in prison for the murder of a white girl*
- *Trevor's mother encourages him to reach for the stars and not be held back by his background or the colour of his skin*
- *Mxolisi is the result of an unwanted pregnancy which brings shame upon his mother; he experiences neglect and severely traumatic situations growing up, which are never properly addressed*

The relationship between Trevor and his mother in the excerpt at hand lends itself to a comparison with that of Mxolisi and his mother, Mandisa, in the novel *Mother to Mother* by Sindiwe Magona.
At first sight both boys have several aspects in common. Both Trevor and Mxolisi are the sons of black mothers who grow up without their fathers in South African ghettos in the apartheid era. Both Trevor's and Mxolisi's mothers go to work to make a living and to enable their sons to have a better life in the future. Another feature which the young boys share is that they consider their mothers the most important people in their lives.
Nevertheless, the similarities end there, since Trevor grew up in a stable environment, although his father, a Swiss-German, probably left his wife and his son. From the text we discover that Trevor comes from a modest background, yet he never felt poor. His mother, Patricia, who worked as a secretary, is presented as a self-confident and optimistic person who considers her son her "project" (l. 30). She actually invests in Trevor's future life by showing him the world outside the township and by inspiring him. Trevor is amazed at his mother's willpower. In fact, he appreciates her open-mindedness and future orientation which transcended material goals although their financial means were limited. As a result, Trevor will probably have developed into a relatively carefree individual with dreams and aspirations and certainly also with a promising future.
This stands in stark contrast to Mxolisi, who is a victim of unfortunate circumstances from his birth onwards and who ends up in a prison cell as a convicted murderer. The conditions in which he is brought up are marked by extreme financial, social and emotional instability.
Quite unlike Trevor's case, Mxolisi is by no means a "project", but the unwanted child of a 15-year-old girl who was raised in fear of becoming pregnant. Mandisa is sure that her son has destroyed her life, since she would have preferred to continue to go to school. When Mxolisi is two years old, his father disappears from home, and the boy and his mother move out. Left completely by himself while his mother works long hours, Mxolisi increasingly spends time with boys from the neighbourhood, although he is in desperate need of love and care. After his release from a children's hospital without a real diagnosis for his bed-wetting and his temporary muteness – really the result of psychological trauma – Mandisa sees a traditional witch doctor with him. This doctor knows what is wrong with Mxolisi when she says that the boy needs love and care.

Mandisa is unable to provide the emotional stability Mxolisi needs. In the meantime, she has remarried twice and has two more children. Her second husband leaves the family to join the Freedom Fighters and her third husband does not earn enough to feed the family. Forced to eke out a living for all of them, she loses control of the situation at home and knows that her children are hanging out in the streets. Another source of disruption is to be found in Mxolisi's school career, although he is a very talented pupil. Unlike Trevor in the given text, Mxolisi feels that he is poor, since he experiences corporal punishment in school because his mother cannot pay the tuition. Mandisa desperately tries to persuade him to continue school because she wants to prevent him from becoming one of the aimless black youths roaming the streets of the ghettos.

Nevertheless, he quits school, hangs out in the streets and becomes lazy and sloppy. At the age of twenty he is at the level of a sixth grader. Although he loves his mother, he has developed a role of his own as a civil rights activist in the student revolts of the seventies. He has grown accustomed to life in the streets of all-black areas where people are killed daily and where girls are in constant danger of being raped.

Finally, Mandisa is not surprised that her son is involved in the murder of an American student, since she views him as a monster and a tyrant. At the same time, she grieves the fact that she has failed as a role model, but she focuses on the past and blames society for her son's failure. She considers him a victim of three hundred years of resentment. This is quite different from Trevor Noah's mother, who offers her son a better chance for the future, because she transcends the obstacles of the past and of their modest situation in the present by inspiring her son to look at the future in an optimistic way. *(783 words)*

3.1 *Consider material dealt with in class concerning the influence of parents on their children upon assimilating into society. Note that "society" is used as an open concept in this task. It can imply the assimilation of a child or teenager into the new society of a host culture or simply to the mainstream world outside the family within the home country of a real person or a literary figure. Develop an argument, back it up with references to literary or factual material dealt with in class, and come to a conclusion. You could, for example, elaborate on the following aspects:*

- *Parents have a great influence on their children (through parenting style, values, religion, education, etc.)*
- *The younger the children, the greater the influence*
- *Parents can be role models or deterrent examples*
- *When growing up in a different culture from the mainstream, problems might intensify*

You could, for example, use one of these literary texts to back up your argument:

- *Harper Lee:* To Kill a Mockingbird
- *Bali Rai:* (Un)arranged Marriage
- *Hanif Kureishi: "My Son the Fanatic"*

To start off, I would like to point out that parents have an enormous influence on the way their children will relate to society later. This is especially the case with younger children since they are dependent on their parents. When they grow older, the parents' influence decreases and teenagers often undergo a process of distancing themselves from their parents while they develop an identity of their own. Whether or not the parents remain significant role models most probably depends on the intensity of the relationship with their children and on their style of parenting.

The protagonist in Harper Lee's novel *To Kill a Mockingbird*, Atticus Finch, certainly has a lasting impact on how his children, especially his daughter Scout, will relate to society later. In this novel, which is set in the extremely racist environment of the Deep South during the era of segregation, Atticus Finch is by no means an ordinary father. He is a single parent who raises his children in the best way he can. He does not accept the prejudices of mainstream rural Alabama in the 1930s but insists on educating his children to respect others regardless of the colour of their skin. He is very outspoken against racist attitudes and makes it clear to his children that he considers racism sickening.

Atticus takes a lot of time to answer all the questions that his six-year-old daughter has about what she hears or experiences at school, for instance that he is a "negro-lover". He answers patiently in an authentic way without patronising her. As a result, Scout and Atticus have an intensive relationship based on mutual respect, love and understanding. Within the course of the plot, Scout develops into a nine-year-old girl who sees the world from different perspectives. In addition, she is equipped with a set of democratic values and a sense of justice, which sets her apart from the racist society that does not believe in equal rights and which is marked by the clear divide between black and white. She would probably not have developed this view of the world had it not been for her father.

This relationship differs fundamentally from that of Parvez and Ali in "My Son the Fanatic" by Hanif Kureishi. This story is set against the completely different backdrop of the UK in the 1990s. Parvez, who is an immigrant from the Punjab, has worked as a taxi-driver in England for over twenty years. He appreciates the liberties of the Western way of life and is fully assimilated to Western culture. His son Ali, who is much older and more independent than Scout, seems to have complied with his father's views when he was younger. The reader finds out that Ali plays the guitar and that his friends and his girlfriend are English. Parvez is proud that his son has entered upon a successful career as an accountant, as he worked hard to support his son financially and to buy him everything he needed. Unfortunately, he failed to communicate with him and therefore does not know much about him. Upon noticing that his son is retreating from him even more and discarding all of his possessions, Parvez decides to spy on him and search his room instead of speaking to him. He prefers to discuss the issue with his colleagues and his friend Bettina, who is a prostitute. They assume that Ali has become addicted to drugs. Unlike the relationship between Scout and Atticus, this relationship is based on suspicion and non-communication. When Parvez and Ali finally try to speak to each other, it is too late. Their night out turns into a catastrophe when Ali reproaches his father for drinking alcohol. Parvez loses his temper and the ensuing dispute shows that Ali hates his father and completely rejects the idea of

assimilating into Western society. Obviously, he has found role models other than his father. Perhaps hate preachers have influenced him to become a radical proponent of a clash of cultures and to view Western society as a sink of hypocrites, drug addicts and prostitutes. In the end, it is the father who can control neither his son nor himself. He beats Ali up and most probably destroys the ties to his son forever.
In conclusion, I am convinced that parents can shape the way children assimilate into society if they manage to bring them up in an emotionally stable environment and to teach them to think for themselves. In Parvez' case this did not really happen because he only supported his son in a material way without communication and without love and care. *(772 words)*

3.2 *Consider the factual texts on post-apartheid South Africa that you have dealt with in class. Make a list of opportunities for young people and make notes on current problems. Keep in mind that you are supposed to be writing an article for a youth magazine. Articles consist of a headline, an introduction, a main body and a conclusion. Youth magazines can contain informal language.*
Your arguments might include the following:

- ***Opportunities:***
  - *The economy has stabilised itself since the times of apartheid*
  - *After the resignation of Zuma, many opportunities for political involvement have opened up*
  - *The increase in opportunities for the generations born after apartheid means improved social standards and a safer living environment*
  - *The generation of Born Frees share a more cosmopolitan and future-oriented outlook on life*
- ***Current problems:***
  - *South Africa has a very high unemployment rate, especially for young people; only few benefit from the progress*
  - *Education for black people is still not on par with the education that white people have*
  - *Discrimination and inequalities still exist*

South Africa – A Land of Unlimited Dreams and Opportunities?

The purpose of this article is to find out more about the opportunities that the Rainbow Nation has to offer to young people.
First of all, there is plenty to explore in your free time. Apart from enjoying breathtaking landscapes, sunny beaches or unique wildlife, you will certainly be impressed by the mild climate all year round!
South Africa's economy is one of the largest and most industrialised with the best infrastructure on the continent. Recently many multinational companies have opened up a South African branch, e. g. McDonalds's, PepsiCo or BMW. What is more, South Africa is a world leader in mining and mineral processing. It is the African powerhouse of manufacturing, agriculture, IT and banking as well. That is why the demand for qualified employees is so high. It also has one of the fastest growing tourism sectors

in the world, with Cape Town as the No. 1 travel destination. All in all, the gross domestic product and annual growth rates have substantially increased since apartheid came to an end in 1994. The strong and stable economy provides job opportunities for young people in many fields. If you are looking for a job or a successful career, South Africa might just be the right place for you!

The Rainbow Nation also offers a unique and young multicultural population. Due to affirmative action programmes like Black Economic Empowerment (BEE) and numerous student grants, tensions between blacks and whites and other ethnic groups have decreased. The generation of Born Frees that grew up after the transition to democracy makes up about 40 % of the population. Younger people of different colours increasingly move to mixed neighbourhoods where they share the same hopes for the future. They aim at a good education, professional training and a high standard of living. They are open-minded people with a cosmopolitan view of the world. Most of them consider apartheid to be history and prefer to move on and look to the future. This is quite similar to Trevor Noah's mother, who lifted up her son so that he could see the world beyond the high walls and develop a constructive and carefree attitude to life. The current optimism has also recently been fuelled by the fact that Jacob Zuma was forced to step down from office after allegations of fraud and corruption. Polls reveal that the majority of South Africans are confident that the wounds of apartheid are healing.

Unfortunately, all of this is only one side of the coin. Despite the abundance of opportunities for young people, only a few South Africans have managed to benefit from them, and South Africa was named the "most unequal country in the world" in 2018. The clear majority of black people still live in poor townships with high unemployment rates. In economic and educational terms, the white majority still run the country. As a result, South African society has been nicknamed the "cappuccino society", which means that the white cream and a few chocolate sprinkles are still on top. The education system still does not provide the same levels of education for black and white students. Despite grants and the fact that the spending per pupil is the same for everyone, a black student is more likely to attend school in a shack with no equipment and with less qualified teachers. The currently high drop-out rates among black students entail bleaker opportunities in the future and contribute to the extremely high poverty and unemployment rates among black people. In this connection it should be mentioned that South Africa has one of the highest crime rates in the world.

All in all, to give an honest answer to the question of whether South Africa can be considered a land of unlimited dreams and opportunities or not, I am firmly convinced that a privileged elite would agree, whereas the vast majority would definitely disagree. South Africa still has a long way to go to overcome the injustices and to open up more opportunities for all its people. *(678 words)*

Abiturprüfung 2019 Englisch (Hessen)
Leistungskurs

Prüfungsteil 1 (Sprachmittlung) – Vorschlag A: *Surveillance*

Material: Titus Arnu: Big Mother is watching you (2016)

Auch Dreijährige haben wichtige Termine. 7.15 Uhr: Aufstehen. 7.20 Uhr: Frühstücken. 7.40 Uhr: Jacke anziehen, versuchen, die Klettverschlüsse an den Schuhen zu schließen. 7.43 Uhr: Rituelles Weinen und Auf-den-Boden-Werfen aus Protest gegen den Kindergarten. 8.30 Uhr Stuhlkreis. 9 Uhr Spielen. So geht das den ganzen Tag weiter.

Damit viel beschäftigte Kinder auch keinen solcher Termine verpassen, können sie sich von einer Baby-Smartwatch an ihre Pflichten erinnern lassen. Die „Octopus Joy", erhältlich in Pink, Hellblau, Gelb, Rot und Grau, soll Drei- bis Achtjährigen „bei ihren vielfältigen Alltagsaufgaben helfen", wie es auf der Website des Unternehmens heißt. [...]

94 Prozent der deutschen Zwölf- bis 19-Jährigen besitzen ein Handy mit Internetzugang. Auf denen können Eltern Programme installieren, die automatisch den Standort der Kinder an ihre Handys oder Tablets senden. [...] Spezielle digitale Spione mit Namen wie Pocket Nanny, iNanny, Family Tracker oder Footprints können mehr. Installiert auf den Kinderhandys und denen ihrer Eltern funktionieren sie wie elektronische Fußfesseln. Wenn das Kind nicht rechtzeitig in der Schule oder beim Fußballtraining erscheint oder sich aus seinem gewohnten Umfeld entfernt, schlägt die App Alarm. Die Anbieter solcher Programme, die monatlich bis zu 9,99 Euro kosten, appellieren an die Urängste vieler Eltern. „Die Familie zu beschützen war nie leichter", wirbt etwa die App Mama Bear. Die Bewertungen von Käufern im Netz sind überwiegend positiv: „Gute App, um die Kinder im Auge zu behalten", lautet einer der Fünf-Sterne-Kommentare.

Die Kommentare von Psychologen, Pädagogen und Datenschützern sind weniger euphorisch. „Wir würden solche Apps nie empfehlen, weil das Werkzeuge sind, mit denen man Kinder komplett überwachen kann", sagt Marc Urlen, Medienwissenschaftler am Deutschen Jugendinstitut (DJI) in München. Urlen hält die Tracking-Apps für „höchst problematisch und nicht akzeptabel".

Auch der Deutsche Kinderschutzbund warnt vor solchen digitalen Kontrollmöglichkeiten. „Wir können die Angst der Eltern zwar verstehen", sagt Cordula Lasner-Tietze, Geschäftsführerin des Deutschen Kinderschutzbundes, „Apps zur Überwachung von Kindern tragen aus unserer Sicht allerdings eher zur Verunsicherung bei – und das sowohl bei Kindern als auch bei Eltern." Datenschützer weisen darauf hin, dass auch die Privatsphäre von Minderjährigen zu schützen sei.

Wahrscheinlich ist die Motivation der meisten Eltern, ihre Kinder per App, Mobiltelefon oder […] Smartwatch zu kontrollieren, erst einmal eine positive: Man macht sich Sorgen um sie und möchte sie vor allem Übel der Welt schützen. Dass diese elementare Sorge bis zu einem gewissen Grad natürlich ist, dürfte jedem klar sein, der Kinder hat.

Aber ebenso klar ist: Hundertprozentiger Schutz ist ebenso unmöglich wie flächendeckende Kontrolle. Und was noch problematischer ist in pädagogischer Hinsicht: Die Kontrolle bewirkt oft das Gegenteil von dem, was die Eltern bezwecken.

Das Gefühl, von den Eltern gegängelt zu werden, kann Jugendlichen in ihrer Entwicklung schaden. „Solche Apps erzeugen eine Atmosphäre der Angst und vermitteln so den Eindruck, dass ständige Kontrolle unabdingbar ist. Um ein starkes Selbstbewusstsein zu entwickeln, brauchen Kinder jedoch Freiräume", sagt Cordula Lasner-Tietze vom Kinderschutzbund. [...]

Lebens- und Freiheitsentzug, genau dieses Mittel setzen einige der Überwachungstechnologien als Druckmittel ein. Mithilfe von Programmen wie „Net Nanny" oder „My Mobile Watchdog" können Eltern SMS und Anrufe kontrollieren, Facebook-Aktivitäten mitlesen und den Browser-Verlauf nach verdächtigen Internetseiten durchforsten. Und falls das Kind auf die mahnenden Textnachrichten und Anrufe der Eltern nicht reagiert, lässt sich der Internetzugang auf dem Handy der Kinder per Fernsteuerung sperren – das kommt heute einem Freiheitsentzug gleich.

Bei Demenzkranken und Autisten mag eine GPS-Ortung für Notfälle sinnvoll sein. Aber bei Kindern und Jugendlichen kann sie tatsächlich mehr Schaden anrichten als nutzen, wie Erziehungsexperten warnen. Die Meinung in der Pädagogik sei eindeutig, sagt der Münchner Medienwissenschaftler Urlen: „Wer solche Apps einsetzt, zeigt vor allem, dass er dem Kind misstraut." Und das kann kaum förderlich sein für die Stärkung des Selbstvertrauens und der Medienkompetenz. Aus psychologischer Sicht ist das Prinzip „Big Mother is watching you" nicht empfehlenswert: Wenn Eltern stets als Beschützer über den Kindern schweben, wenn sie versprechen, alle Gefahren fernzuhalten, fehlt ihnen irgendwann die Fähigkeit, ohne den Schutzschirm stark durchs Leben zu gehen.

Titus Arnu: Big Mother is watching you, in: Süddeutsche Zeitung, *18. 12. 2016, URL: http://www.sueddeutsche.de/leben/2.220/familie-big-mother-is-watching-you-1.3295130*

Aufgabe

Your Irish friend is writing a term paper on "The Impact of Electronic Devices on Children". She has asked you to provide information on the situation in Germany.

Write her an email outlining the information on technological possibilities and drawbacks of monitoring children given in the article. (Material) (100 BE)

Prüfungsteil 2 (Schreiben) – Vorschlag B 1: *Prejudices*

Wählen Sie Vorschlag B 1 oder B 2 zur Bearbeitung aus.

Material 1: Michael Gerson: In our times of division, 'To Kill a Mockingbird' offers lessons in empathy (2016)

At a time when politics has veered toward division and exclusion, it is somehow fitting that Harper Lee, the apostle of empathy, made her exit[1].

After the success of her first novel, "To Kill a Mockingbird," Lee chose to live a quiet life in a quiet South Alabama town, involved in the local Methodist Church, doing laundry at the XL Laundromat, occasionally going to Atlantic City to play the slots. But in all the years since the book's publication in 1960, people (like me) have found reading it a momentous event in their lives. From her tranquil hometown, Lee must have known that her novel – required in English class, found tattered in a used bookstore, reclaimed from a box in the basement – was causing lightning, and earthquakes, and pealing church bells.

Abraham Lincoln called Harriet Beecher Stowe, the author of "Uncle Tom's Cabin,"[2] the "little woman who wrote the book that started this great war." While not responsible for starting it, Lee was the little woman who made the values of the civil rights movement – particularly a feeling for the god-awful unfairness of segregation – real for millions.

"To Kill a Mockingbird" is occasionally mischaracterized as children's literature. It is an adult story – dealing with pathetic loneliness, an accusation of rape, the strangely sexual content of bigotry, a complete failure of justice – told from the perspective of a child. [...] Lee wanted her readers to see injustice as if they were seeing it for the first time, before rationalizations and hardness form.

Lee was too good a novelist – possessing a keen eye for hypocrisy and cruelty – to have a rosy view of humanity. The Cunninghams are dirty and lice-ridden. The Ewells are bigoted, welfare-dependent and fully capable of child murder. You get the sense that Lee is not nearly as naive as Atticus Finch, who does, in one large case, see good where there is only evil.

But it is Lee's point that human beings often improve on closer, more sympathetic inspection. Scout finds that the family cook, Calpurnia, is not really "tyrannical," and that Raymond is not actually a drunkard, and that Aunt Alexandra has loyalty and steadiness beneath her "boarding school manners" and that Boo Radley is not a "malevolent phantom" but a guardian angel. The nasty old racist Mrs. Dubose – facing death without the crutch of morphine – is, to Atticus, the "bravest person I ever knew." ["]Real courage["], he says, "is when you know you are licked before you begin but you begin anyway and you see it through no matter what." *(423 words)*

Michael Gerson: In our times of division 'To Kill a Mockingbird' offers lessons in empathy, in: The Washington Post, *22. 02. 2016, URL: www.washingtonpost.com/opinions/in-our-times-of-division-to-kill-a-mockingbird-offers-lessons-in-empathy/2016/02/22/ebec380a-d997-11e5-81ae-7491b9b9e7df_story.html?noredirect=on&utm_term=.f677335d07ba. From* The Washington Post.

1 Harper Lee died in 2016.
2 "Uncle Tom's Cabin" – novel about the plight of slaves in the 1840s that profoundly affected the attitudes towards African Americans and slavery in the US; is said to have helped lay the groundwork for the Civil War

Material 2: Richard King: *Mockingbird* hits false note (2010)

While *To Kill a Mockingbird* is a popular book, it has received surprisingly little critical attention. Indeed, there is something about the novel that seems to deflect deep critical engagement. Even some of the early reviews were equivocal about its worth as literature. The reviewer for *The Atlantic Monthly* called it "sugar water served with humour", implying that, despite its themes, the book was not morally exacting enough to be thought of as a great work of literary fiction. Flannery O'Connor damned the book with praise so faint it was practically nonexistent: "I think for a child's book it does all right," she wrote. "It's interesting that all the folks that are buying it don't know they're reading a child's book."

Though this was rather snootily put, and possibly even meanly intended, O'Connor had the beginnings of a point. For however much one loves Lee's novel – however much one thrills to its warmth, its native wit, its moral centredness, to its folksy-decorous, naive but knowing and at times unconvincing narrative voice – one can't escape the sense that these effects are bought at the cost of a far more horrible reality than the one that intrudes on the lives of its protagonists. […]

Sentimentality and over-simplification are the two accusations levelled at the novel and neither is entirely without justification. […]

Nor does Lee make up for this by sentimentalising the Negro community. On the contrary, she compounds the error. Of course, to have included complex black characters would not have made artistic sense, as the book is written from Scout's point of view and Scout's interaction with Negroes is minimal (the one exception is Calpurnia, the family cook).

But by sentimentalising the black community, she condemns it to another kind of invisibility: it becomes a sort of fantasy, a picturesque backdrop against which the action is allowed to take place undisturbed. *To Kill a Mockingbird* ends happily for the Finches, but on the Negro settlement little changes.

To compare *To Kill a Mockingbird* with the novels of great Afro-American writers such as Ralph Ellison, Richard Wright and James Baldwin is to leave it looking rather thin. Nevertheless, there are different ways in which a novel can enter history, and *To Kill a Mockingbird* entered history with a force that is rare for a work of fiction.

For while Lee had no direct involvement in the civil rights movement of the 60s, her novel is thoroughly mapped into its progress. The civil rights movement, to be successful, had to convince whites of the rightness of its cause and *To Kill a Mockingbird*, for all its flaws, helped it do precisely that. *(446 words)*

Richard King: Mockingbird *hits false note, in:* The Australian, *26. 06. 2010, URL: https://www.theaustralian.com.au/arts/mockingbird-hits-false-note/news-story/63960fef7c612d960ede9c0e281ae1fb*

Aufgaben

1. Summarize the texts. (Material 1 + 2) (30 BE)
2. Compare both authors' opinions and their critical approach concerning Harper Lee's novel "To Kill a Mockingbird". (30 BE)
3. "Prejudices, it is well known, are most difficult to eradicate from the heart whose soil has never been loosened or fertilised by education: they grow there, firm as weeds among stones."

   Comment on this quote, taking the novel "To Kill a Mockingbird" and material dealt with in class into account. (40 BE)

Prüfungsteil 2 (Schreiben) – Vorschlag B 2: *The Asian-American Dream*

Material: David Mura: Fictive Fragments of a Father and Son (excerpt from the short story, 1991)

In this short story, the Japanese-American narrator presents and tries to imagine possible aspects of his father's life in the United States after the Second World War.

When I was in college, I once asked my father what it was like in the camps[1].

"Well, before the war, when I got home from school, I had to work in my father's nursery," he said. "In the camps, after school, I could just go out and play baseball."

It's amazing to me how many years I accepted this precis. Or my father's homily, "If you look for prejudice, you'll find it." Or his insistence that his Horatio Alger[2] rise to upper middle class in the years after the war had been without incidents or insults, without discrimination. All he had to do was work his ass off. (A lesson I never quite seemed to learn.)

And then, after I visited Hiroshima last year, during a year long visit to Japan, I started to think of where my father was on the day the war ended. And something changed. There was this story there that hadn't been told. Or many stories. Stories my father would call fictions. Completely untrue.

By the last year of the war, my father had been released from the internment camp in Jerome, Arkansas, for more than a year and was going to Western Michigan University in Kalamazoo, living with the family of a professor.

Probably my father is both pleased and anxious about this precarious new freedom. Perhaps he has looked through the pages of *Life* or *Time*[3], has seen the cartoons depicting the Japanese: they are lice, vermin, tiny thoraxes with huge heads attached, a buck tooth smile and squinty eyes behind thick glasses; they are small, slant-eyed rats squirming under a huge boot of a GI[4] giant smashing down with unfathomable power. Perhaps he has seen the way some of his classmates look at him, casting glances sideways in history or English, as he passes in the halls. Perhaps they whisper loud enough for him to hear. Perhaps not. […]

It is the year the war has ended, the summer between his freshman and sophomore year. August, a few days after Hiroshima and Nagasaki[5]. A holiday has been declared, […] firecrackers, streamers, confetti, all the trappings[6] of a carnival, whirl through intersections and squares throughout the country. People sport the smiles and laughter of peace, as if the muscles, clenched like a fist for so long, have moved on to another task, all brightness, promise and plenty.

On August 11, 1945[7], my father is sitting on the steps of a house in Kalamazoo, Michigan. He hears the swooping sirens of the firetrucks from the center of town, the high school band blaring "Stars and Stripes Forever", the tooting of horns, loudspeakers filling with speeches. He sees in his mind the street filled with banners and flags, the men with faces bright and beet-red from joy and drink, the women yanking their children at the wrist, dabbing their eyes with handkerchiefs. A squirrel comes chittering across the lawn, rears up on its haunches, begging as usual for a handout. My father picks up a stone from the dirt, pulls back his arm, and then drops the stone to his feet. A voice rises inside him, insistent and restless, a twitch in his muscles, an urge to move, go somewhere, do something. "It won't always be like this," he remembers his teacher in the camps saying. "After the war you will be free again and back in American society. But for your own sakes try and be not one, but two hundred percent American …."

I am American he says to himself. I am glad we won. The light through the leaves is bright, blinding. The heat immense, oppressive. The sounds all over town joyous. He repeats his mantra over and over. He learns to believe it.

[…]

Two years later, he's in college, away from the camps, entering the Episcopalian church[8] with Professor Bigelow and his family. […] It is his first time inside this church.

Had my grandfather been a fervent Buddhist, things might have turned out differently. But my grandfather was too much a man of this world. Sharing with most Japanese a passive attitude towards religions, he had grown away from Buddha and the Shinto[9] gods during this time in America. My father is an empty vessel, waiting to be filled.

As he ambles along with the Bigelows, he's a little stiff, a bit nervous, not knowing what to do. […]

He sees notices in front of the benches, a little platform that swings down, cushioned green leather. Just as the children enter the pew, they suddenly kneel down, facing straight ahead towards the altar; Mrs. Bigelow and the professor do the same. My father wonders what he should do. Self-conscious, he does the best he can with a half-way gesture […].

"This is the body and blood which is shed for you and the New Testament. Take this and drink. Do this often in rememberance of me."[10]

Thank God, he thinks, I understand the words. And in all of this there is a music that takes over my father, something beyond sense, beyond God or Christ. What attracts him is a sense of belonging, of crossing some line, a way out of the Buddhist temples and streets of L.A., something he first felt in the radios and comic books, the very language that poured from his mouth, in the games of mumblety-peg[11], marbles and baseball, in the pledge he recited in school each morning. Something that wasn't foreign, that did not keep him out.

He will convert, he will take up the cross[12], he will bring us to Church all through my childhood, up until the time we move from our middle class home in Morton Grove to our upper class one in Northbrook, a time when he is finally a vice-president [of a company], when religion is no longer needed. By then I will be estranged from the Church, an atheist, wondering what brought him to think a white man must be God. *(994 words)*

David Mura: Fictive Fragments of a Father and Son, in: Jessica Hagedorn: Charlie Chan is Dead. An Anthology of Contemporary Asian American Fiction, *Penguin: New York 1993, S. 350–357.*

Hinweis: David Mura (born in 1952) is a third-generation Japanese-American author.

1 Japanese internment camps were established in the USA during World War II (WWII). Between 110,000 and 120,000 people of Japanese ancestry, often US citizens, were forcibly relocated to and incarcerated in these camps.

2 Horatio Alger – American writer (1832–1899), best known for his novels about impoverished boys and their rise to the middle-class through hard work

3 *Life, Time* – weekly US news magazines

4 GI – a member of the US armed forces

5 Hiroshima and Nagasaki – Japanese cities upon which the atomic bomb was dropped by the USA ending WWII.
6 trappings – decorations
7 August 11, 1945 – On this day, the US demanded unconditional surrender from Japan in WWII.
8 Episcopalian church – in Protestant/Anglican tradition; one of the oldest churches in the USA
9 Shinto – traditional religion of Japan
10 quote from the Bible promising redemption, spoken in Christian services to represent Christ's sacrifice and the ensuing reconciliation of God and mankind
11 mumblety-peg – a game with a pocket knife
12 take up the cross – here: to become a Christian

Aufgaben

1. Describe the life of the narrator's father. (Material) (30 BE)
2. Relate the assumed struggles of the narrator's father to those of other immigrants, focusing on immigrants to the UK. (40 BE)
3. "My father is an empty vessel, waiting to be filled." (Material)
   Discuss whether being "an empty vessel" is a necessary condition when it comes to integration into the US. (30 BE)

Lösungsvorschlag

Prüfungsteil 1 (Sprachmittlung) – Vorschlag A: *Surveillance*

When writing to your Irish friend, consider the fact that you are writing an email, so begin with an appropriate salutation and do not forget to finish your email with a complimentary close. As you are writing to a friend, your email does not have to be very formal but do not be too informal either as you are conveying important information for a project. Refer to the project and give the article's source and author in your introductory paragraph. Stick to the main statements only, omitting unnecessary details and examples. Your text should not exceed one third of the original text.
Your text should contain the following information:

- ***Technological possibilities:***
  - *More and more smartphones/smartwatches: teenagers, children and toddlers can be surveilled by parents*
  - *Parents know whereabouts of their children: can protect them better*
  - *Parents can read communication and switch off internet access*
- ***Drawbacks:***
  - *Violation of children's privacy and personal freedom*
  - *Hinderance of children's development as they do not learn how to achieve things by themselves*

Dear Iris,

How are you? How are you getting on with your technology project? I've found an interesting newspaper item about the possibilities of checking on children via digital devices. Since you were wondering about the situation in Germany, I'm going to give you the gist of this article called "Big Mother is Watching you" by Titus Arnu which appeared in the *Süddeutsche Zeitung* (18/12/2016).
Arnu argues that smartwatches, phones and apps for toddlers and young children provide the technological possibilities for parents to monitor their children's every move and daily routines. A great majority of German adolescents own smartphones, on which parents can install programmes to check on their children's locations at any time. They work like electronic shackles and provide ways to monitor communication and even switch off internet access. At the same time, apps are supposed to help parents protect their offspring. Among the drawbacks of this technology, the article mentions the violation of children's privacy by permanent surveillance, the excessive concern of parents for their child's well-being and the insecurity of the children, who will constantly feel monitored. Thus, their development might be endangered. They won't learn to protect themselves and become independent. People using these devices don't trust their children who would in turn feel spied upon. As a result, children will be robbed of their personal freedom and hindered to develop media competence for their future, without their parents' control and protection.
Hope that helped.

See you soon!
Wibke Schmidt *(248 words)*

Prüfungsteil 2 (Schreiben) – Vorschlag B 1: *Prejudices*

Teaching modules referred to:
The assignment relates to the teaching module The USA – the formation of a nation *(Q 1.1), especially to the topic* landmarks of American history *and the novel* Harper Lee: To Kill a Mockingbird. *The cross-curricular reference is established by part one of the examination (Prüfungsteil 1).*

1. *This task requires you to summarise the key points of both texts. You can either do this in one text or in two separate ones. Read both texts carefully and look for the main statements. Focus on relevant information only and omit unnecessary detail and examples. Your summary or summaries should be introduced by an umbrella sentence stating author, title, genre (source), year of publication and the particular topic emerging respectively.*
   You need to use your own words and stick to the general rules of a summary: present tense, no direct speech, no quotations and comments. You should avoid close dependence on the texts and accommodate references to location, time and characters, with your version not exceeding one third of the originals.
   Your text should contain the following main points:
   - ***Gerson on* To Kill a Mockingbird *(Material 1):***
     - *Huge impact of the novel vs. Lee's quiet life*
     - *Important work for the civil rights movement (postulated values such as tolerance and equality)*
     - *Narrative perspective of a child, but not a children's novel*
     - *Depiction of morally complex characters, which teaches the reader not to pass hasty judgements*
   - ***King on* To Kill a Mockingbird *(Material 2):***
     - *Little critical attention*
     - *Children's book, not a literary work of great importance*
     - *Simplified portrayal of black community (does not show the reality of their everyday lives)*
     - *Important role in convincing white people of the justness of the civil rights movement*

   In the article "In our times of division, 'To Kill a Mockingbird' offers lessons in empathy" by Michael Gerson, published in the *Washington Post* on February 22, 2016, the author emphasises the status of Harper Lee's novel and refers to the tenets it holds for the reader. Lee chose a quiet life, well aware of the importance of her book for its readers. Their thinking was greatly influenced by her work that received considerable attention and, far from being a children's book, made the values of the civil rights movement more tangible. According to Gerson, Lee tried to awaken her readers' empathy by making them see the bigotry and cruelty of society with the untarnished view of a child. She did not hesitate to present some of her characters in a malicious way, some others, however, later often show positive traits upon closer scrutiny, which warns us not to pass careless judgement. *(152 words)*

The article "*Mockingbird* hits false note" by Richard King, published in *The Australian* on June 26, 2010, criticises Harper Lee's novel, which allegedly offers a simplified view of social problems. The author argues that, despite its popularity, the book received only little critical attention as it was not morally demanding enough for an important work of literary fiction. It would rather have to be considered as a children's book in sentimentalising the black community instead of showing their horrible reality. But apparently, people enjoyed the book's warm and at times witty tone, not paying much attention to the unconvincing narrative perspective of a child. Accordingly, the novel contains a happy ending for the white protagonists whereas little changes for the black characters. Compared to works of Afro-American writers, Lee's book provides little historical depth; its impact, however, on the civil rights movement by convincing whites of its justified moral cause is undebatable. *(152 words)*

2. *You have already established the main arguments of both texts in task 1. Task 2 requires you to highlight the similarities and differences between both authors' positions in a comprehensive text and to provide evidence from the text by means of quotes. Before writing, it would make sense to read both texts again and list the relevant aspects on a separate piece of paper.*
Your text should contain the following aspects:
   - ***Similarities:***
     - To Kill a Mockingbird: *popular with an important role for the civil rights movement*
     - *Literary work with great impact (discussed in school classes to date)*
   - ***Differences:***
     - *Is it a children's book? Gerson says no, King says yes.*
     - *Is social injustice depicted in an adequate way? Gerson says yes (characters from all walks of life as an advertisement of tolerance and understanding). King says no (black community's struggles were not depicted in-depth).*
     - *Different style of argumentation:*
       Gerson: just lists the positive aspects; draws on examples from the novel and personal experience
       King: considers both negative and positive arguments; refers to other reviewers of the novel

As far as common features of and similarities between the materials 1 and 2 are concerned, both authors point at the impact of the novel (cf. M 1/l. 3 and M 2/l. 1) underlining its success and the fact that *To Kill a Mockingbird* is a popular book. In both articles, its influence on the civil rights movement in the USA is highlighted. Although Harper Lee did not start the movement, and neither was she directly involved in the events of the 1960s, it was her book that made people aware of many of the movement's concerns and its plights, for example the unfairness of segregation (cf.

M 1/ ll. 12/13). *To Kill a Mockingbird* was instrumental for its progress by convincing whites of the justification of its cause (cf. M 2/ ll. 31–34).

In both articles, the novel is regarded as an important piece in literary history. It was and still is on the set reading list for English literature classes, attracted great attention and served as a wake-up call ("pealing church bells" M 1/ l. 9). Its "worth as literature" (M 2/ l. 3) was established in some early reviews, although this was not unanimously agreed upon. But despite falling short in comparison to the works of great Afro-American writers, this book "entered history with a force that is rare for a work of fiction" (M 2/ l. 30).

Yet, both authors disagree on the question as to whether the novel is a children's book or rather to be regarded as adult literature. According to Michael Gerson, *To Kill a Mockingbird* is mistakenly considered as written for young people only as it is told from the perspective of a child – but it really is an adult story (cf. M 1/ll. 14/15). Richard King argues, however, that critics maintained that the story was watered down with a humorous touch. According to him, the hardly perceptible praise in early reviews characterised the work as doing all right for a child's book (cf. M 2/ll. 4, 6/7). Michael Gerson on the other hand argues that content-wise, the story clearly deals with adult topics like loneliness, rape, sexual bigotry and the failure of justice, but allows for the narrative to be "told from the perspective of a child" (cf. M 1/l. 16). Richard King nonetheless argues that the book does qualify as a children's novel as it does not reach a more sophisticated level. He maintains the readers "don't know they are reading a child's book" (M 2/ll. 8/9).

Another point that Gerson and King disagree on is their evaluation of the book's depiction of the social injustice at the time. Gerson draws attention to Lee's approach to include a diversity of characters in that she would refrain from showing "a rosy view of humanity" (M 1/l. 20) and present the bigotry and cruelty of society. At the same time, she would include characters in the narrative who turn out to be positive upon closer inspection. Gerson again backs up his opinion by drawing on precise examples from the novel, such as boorish or bigoted characters, capable of child murder, as well as positive characters with loyal, law-abiding and heroic traits (cf. M 1/ll. 20–23, 25–29). Additionally, he mentions that reading the novel was an important event in his life (cf. M 1/ll. 6/7).

In contrast to this, King criticises the novel as being sentimental and naïve with the black community becoming almost invisible as "a picturesque backdrop" (M 2/l. 24). He quotes a number of critics to manifest his reasoning, including reviews pointing at what they metaphorically refer to as baby food ("sugar water") in the novel, meaning the novel's humour and its native wit, being naïve but knowing (cf. M 2/l. 4).

Another difference between the two viewpoints can be seen in their style of argumentation. Gerson's approach is to only show the brilliance of the novel in pointing at the historical importance it holds for the readers. For example, he draws upon it being a dramatic wakening call, it being loaded with values and presenting human beings who improve upon close inspection (cf. M 1/ll. 9, 12, 24/25). King, however, considers both positive and negative aspects. He names positive aspects, such as its value as literature, its "warmth" and "moral centredness" (M 2/l. 12), entering history and convincing whites (cf. M 2/ll. 3, 12, 29, 33). Other than Gerson, he does not omit the negatives of the novel, namely it being of little critical potential, morally shallow, avoiding a horrible reality and the accusation of sentimentality and oversimplification (cf. M 2/ll. 2/3, 5, 14, 16). But in King's case the negative aspects prevail in his overall evaluation. *(824 words)*

3. *First of all, you will have to explain the meaning of the given quote in your own words. Using examples from your course work, you are then required to comment on this statement by referring to the novel* To Kill a Mockingbird *and other issues, such as the influence of the British right-wing political party Ukip. You should finish with a convincing conclusion.*
   Possible aspects to comment on could be:
   - ***Explanation of quote:***
     - *It is nearly impossible to eradicate prejudices from the minds of uneducated people.*
   - ***Aspects from* To Kill a Mockingbird*:***
     - *Prejudice against black people in Maycomb still not overcome in the end*
     - *Tom Robinson is falsely convicted despite Atticus' meticulous counsel*
     - *Scout had prejudices: only changed because of her father's exemplary role*
     - *Children lived in a world of legends and prejudice until Atticus taught them empathy*
   - ***Rise of xenophobic prejudices in the UK:***
     - *More racist incidents since Brexit referendum (2016)*
     - *Rightwing party Ukip benefitted from voters' ignorance and prejudices*
     - *People from underprivileged and less educated backgrounds can be more easily influenced by populist propaganda*
     - *At schools: children should be educated as early as possible on prejudices and democracy*

The quotation at hand points at the fact that uneducated people are hardly able to get over prejudices as they are not open-minded enough to take in and value the disparity of a society. Their closed-mindedness is compared to a stony ground, and prejudices grow on this ground like weeds, rendering them hard to remove. Education can loosen the heart's "soil" in order to make people more aware of their surroundings and create empathy and awareness; secondly, it "fertilises" this soil, the inner beliefs of a person, by teaching and learning about reasons and consequences of issues that trouble people. If education is not grounded or does not work effectively, the convictions of people, the "soil", remain impenetrable to reason.
In Maycomb, the setting of *To Kill a Mockingbird*, prejudices play a major role, especially within the white uneducated community, and they are primarily directed against the black population. The Jim Crow laws, which legalised racial discrimination in the American society, seem unsurmountable. Even a lawyer's reasoning in front of a jury does not have any effects and thus Scout's father Atticus Finch, the legal counsel of Tom Robinson, cannot convince the court of his client's innocence, a young black man wrongly accused of rape. Even Scout, the novel's child-narrator, is prejudiced as, at the beginning of the story, she refers to Tom Robinson as being "just a Negro". Her

attitudes only change through the example of her father, who lives his positive outlook and anti-racist convictions, strongly marked by tolerance, empathy, politeness and respect, in front of his children.
Like many other community members, Scout's brother Jem and Dill, the siblings' summer neighbour and friend, initially live in a world of prejudice and legends. To them, the Radley house is a dangerous abode of spirits, scary and fascinating at the same time, and it takes Atticus to teach them the principle to first put oneself into people's positions before judging them and emancipate themselves from the belief in ghosts persistent in Maycomb. This change of perception manifests itself in the children's changing attitude towards Boo Radley, an intelligent boy emotionally damaged by his father. Boo dominates their imagination, because he never leaves his house and to them appears like a ghost. But more and more frequently he hides presents for the children in a secret place and later in the novel even saves their lives. His character demonstrates how having prejudices against someone can be very wrong and unjust, and how only getting to know someone will really reveal their true colours.
When it comes to the impact of prejudice and hostility, the situation in Great Britain after the Brexit referendum is a case in point. After the 2016 decision to leave the European Union, the number of racist attacks has risen sharply in the UK, especially against Muslims and people from Eastern Europe. Before the referendum, Ukip, a racist, right-wing political party founded more than 25 years ago as a hard Eurosceptic movement, took advantage of the lack of knowledge, if not ignorance, of a greater part of the population, and the prejudices connected with that. In particular, older and less well-educated people with low qualifications are prone to the influences of racial prejudices and xenophobia, just like the weeds which grow firmly amongst stones, as implied in the quotation. Therefore, many schools are nowadays already trying to sensitise children in early education programmes to prejudices and to foster democratic competencies.
The political activists on the far-right, like the British Ukip, exploit ignorance and prejudices, mainly found with the older, working-class white Britons (their voting base), who are often less educated and thus more prone to falling victim to populist political propaganda. The recent events related to Brexit demonstrate the disaster that is created by false expectations, lack of knowledge and using foreigners as scapegoats for problems unrelated to them. Only by living tolerance, empathy and respect, as shown by Atticus Finch in Harper Lee's novel, will there be a chance to overcome prejudices and hatred. These poisonous weeds cannot flourish in educated contexts where people are able to put themselves in somebody else's position and learn, like the siblings and their friend, more about the real reasons for people's problems and their plights.

(706 words)

Prüfungsteil 2 (Schreiben) – Vorschlag B 2: *The Asian-American Dream*

Teaching modules referred to:
The assignment relates to the teaching module Living in the American society *(Q 1.2), with the topic* migration and the American Dream *and the focus on* Asian Immigrants. *The cross-curricular reference is established by the thematic domain* Ethnic diversity *(Q 2.2), especially considering the topic* Great Britain as a multicultural society.

1. *You are required to describe the life of the narrator's father and his experiences in the USA after the Second World War. Before writing, collect the main information from the excerpt of this short story and keep in mind that these are only reconstructed events from the narrator's point of view.*
   In your outline you should use your own words and keep to the story's sequence of events as closely as possible. In your introduction you are asked to mention, in an umbrella sentence, the author, text genre (source), the year of publication and the topic involved. Don't exceed a word limit of one third of the original text.
   You should mention:
   - *The father's positive recollection of his time in the camp and at university*
   - *His (possible) experiences of discrimination by fellow students and in the media*
   - *His determination to fully adapt to American culture*
   - *His conversion to the Christian faith and social rise*

   In the excerpt from the short story "Fictive Fragments of a Father and Son" by David Mura, published in 1993, the narrator traces (possible) experiences of his father in the USA during and after the Second World War. Like other Americans of Japanese origin, his father was interned in a camp. Apparently, he did not find much hardship there and the only difference lay in the choice of his afternoon activities, which were even better in camp. After his release from the camp in the last year of the war, he attended a university in Michigan, living with a professor and his family.
   The son assumes that his father experienced further and indirect discrimination from his fellow students and, in particular, in the depiction of Japanese in the media, where they were compared to pests, ridiculed or simply shown as ugly. During the American celebrations of their victory over Japan, his father is reminded of one of his camp teacher's encouragement to be even more American than the real Americans when he will be free again after the war and adopts this as his personal mantra. As a college student two years on, he visits a Protestant church with the professor and his family and is initially insecure how to behave and move in a strange unknown culture. But, in the narrator's imagination, the church conveys to his father a feeling of belonging and he later converts to Christianity. Finally, he manages to move up professionally and becomes vice-president of a company and thus a member of the upper class.

   (260 words)

2. *You are asked to relate what you deduct to be the true integration process of the narrator's father to the struggles that immigrants face today, especially those in the UK. Bearing this in mind, read the text again and highlight the relevant passages or take notes while reading.*
Depending on what you covered in class, you can choose different thematic priorities drawing on literary as well as non-literary sources and materials. Literary examples that could be chosen for comparison are, for example, Zadie Smith's White Teeth, *Monica Ali's* Brick Lane, *or Hanif Kureishi's* The Buddha of Suburbia.
There are two ways of executing this task: You can either follow a line of key aspects and compare both texts directly regarding each aspect. Alternatively, analyse the key points in both texts separately, one after the other, and compare your findings in your conclusion.
You should mention the following struggles:
- *The general discrimination and prejudices that immigrants have to face*
- *Having to somehow belong to two cultures which might be in conflict, and the urge of having to pick sides, a feeling of belonging to neither culture entirely*
- *The question of if and to what degree to adapt to the new culture*

Facing problems of integration is a common experience shared by most immigrants in a new country. The following paragraphs aim to relate the struggles of the narrator's father from David Mura's short story "Fictive Fragments of a Father and Son" to those experienced by immigrants to the UK.

The narrator's father is convinced that his later success and social rise is due to his working hard for it (cf. l. 7). In his memory, he did not recall any discrimination, he even finds positive aspects of his life in the internment camp (cf. ll. 4/5). But the narrator assumes that behind all this there were experiences of a different kind: "There was this story there that hadn't been told" (ll. 10/11). Part of this was the general discrimination against all Japanese in public, visible in newspapers of the time where they were compared to unpleasant creatures with US soldiers destroying them: "slant-eyed rats squirming under a huge boot of a GI" (ll. 19/20). Furthermore, and during the last years of the war, there were probably the sideway glances of his classmates at university and their whispering about him (cf. ll. 21/22).

Other than these outer signs, the father had trouble in compensating his inner strife with his own situation and his uneasiness about the American victory over Japan. His reaction seems to be his initially forced attempt to redesign his identity as a fully-fledged American by repeating his mantra: "I am American" (l. 42). He was keen on adapting himself fully to the American culture and, among other things, to embrace the Protestant religion. He easily gave up Buddhism and converted to Christianity, which gives him a feeling of belonging and not being excluded any longer (cf. ll. 61/62). In this context, the narrator describes his father as "an empty vessel, waiting to be filled" (l. 51), expressing that he was determined to leave his cultural heritage behind and take on board as much of the All-American lifestyle as possible.

In relation to other immigrants to anglophone countries, the situation of the Japanese or their descendants during and after the Second World War was special in the USA.

When America went to war with Japan, they were interned in camps as inimical foreigners and bereft of their freedom of movement. Although the condition of immigrants in the UK today is of a different nature, some of their troubles and strifes can be compared to those of the narrator's father.

Very often they are subject to general discrimination and degradation in public and personally suffer from distrust and lack of respect, which is the presumed incentive for the narrator's father to almost over-assimilate himself to his host culture. They tend to be torn between their own and their host culture, which also raises issues of loyalty. They have to adapt to different circumstances including cultural and religious domains and frequently must abandon the cultural traditions of their forebears. On the other hand, there is the hope of success and a better life which may encourage their integration.

All of these elements can be seen in related literary examples from the UK.

Zadie Smith's novel *White Teeth* for example is about the instances of a cultural clash. The Bengali Muslim Samad Iqbal struggles to fit into British society and is troubled by the challenges of a multicultural society. Samad works as a waiter in a West End curry house but has developed a somewhat downtrodden attitude towards life. Similar to the Japanese father in the excerpt, he clearly feels the discrepancies between his home culture and his host culture to which he strives to belong. Instead of choosing to assimilate almost completely to his host culture like the Japanese father does, Samad chooses a different path, trying to balance both his Muslim heritage and his everyday life in Britain. Part of Samad's troubles is his difficulty to maintain his devotion to Islam in an English lifestyle and he is tormented by cultural conflicts. He tries to preserve his traditional beliefs by providing for his twin boys to grow up under the teachings of Islam, being ultimately disappointed by both of them as one turns his back on religion to become a scientist and the other one joins a fanatic Islamist organisation. Religion plays a fundamental role in both stories and seems to be a key factor for integration. While the Japanese father finds his sense of belonging to the American society in his conversion to the Christian faith, having not been particularly religious himself prior to this step, it is the deep roots of his Muslim heritage that conflict Samad to the point where he can feel neither fully at home in British culture nor fully bound by traditional beliefs.

This all shows how diverse immigrants' experiences can be despite commonly shared troubles and how difficult but successful in some cases their attempts are to either integrate into or assimilate to a new culture. The underlying tensions, however, prove to be similar for all immigrant situations, i.e. the question of belonging and loyalty, being divided between tradition and integration, the experience of being treated as an outsider by the host nation, or even experiences with direct forms of racism. The narrator's father believes in his success by adapting to his country of choice, whereas Samad, after having lived in Britain for decades, still struggles to find his new identity – and might never find it. *(908 words)*

3. *As you are required to discuss the given quote, establish first what is meant by it. Then refer to the issues and wishes that immigrants have to deal with when they come to the US: the adaption to different cultural and especially religious circumstances and the wish of belonging.*
   Make sure you mention the following points:
   - *Explanation of the quote:*
     The narrator's father tried to free himself from his Japanese heritage, thus becoming an "empty vessel", ready to take in every bit of the American culture.
   - *The different theories of immigration to the US:*
     ***salad bowl theory** (different cultures live side by side in one country) versus **melting pot theory** (different cultures come to the US, leaving behind their heritage culture and adapting to a new common all-American culture)*
   - *How both theories relate to the quote:*
     the salad bowl theory allows migrants to keep their own culture (not empty vessels); the melting pot theory asks them to leave their heritage behind to a degree (almost empty vessels)
   - *Conclusion/ Give your own opinion: Is being an "empty vessel" a necessary condition to accomplish integration in the USA?*

The narrator's perception of his father as "an empty vessel, waiting to be filled" (l. 51) points at the problems of integration into a host society where immigrants are confronted with a number of expectations from their new community. They are supposed to adapt themselves to different and mostly unknown cultural and especially religious traditions and, at the same time, develop a strong wish of belonging. In order to perfectly assimilate to the host culture, being an "empty vessel", i.e. adopting the new culture without maintaining principles of one's home culture, seems paramount. But is it really a necessary condition when it comes to integration in the US?

First of all, in reality immigrants are subject to their own beliefs and customs of their countries of origin. In other words they are by no means empty vessels, only waiting to be filled. In the given short story, the narrator's father is able to develop his own American identity only by constituting himself as an empty vessel, which is fuelled by his intricate overwhelming desire to become a "real" American. To internalise these attitudes and values, these need to be lived on a daily basis. This does not necessarily mean to abandon or even lose one's own language and traditions. In the case of the father, this can only happen because he is not a convinced Buddhist and thus ready to embrace the Christian religion.

To be able to judge whether this behaviour is necessary to successfully integrate in the American society, two concepts of American society need to be further explored: the melting pot theory and the salad bowl theory. Distancing yourself from your own culture, religion and language seems to be a condition of successful integration if you follow the ideas of the melting pot, where the traditional cultural upbringing is sacrificed in favour of new orientations. This concept thus creates a so-called American mixture, also expressed in the motto *e pluribus unum*, represented on the Great American Seal. The salad bowl theory, on the other hand, describes the concept that a co-existence of different groups and ethnicities and the foundation of a pluralistic society is feasible. Both concepts have their pros and cons and need to be considered in some detail.

The American motto *e pluribus unum* seems to indicate that ethnic variety might stand in the way of national unity, and thus expresses the theory of the melting pot. It describes the idea that immigrants have to give up their culture of origin in order to become American, therefore it is expected of them to act as "empty vessels", so they can fully immerse themselves in a merged all-American culture. Since the 1960s, when immigration to the US became more and more diverse, however, it became clear that not all immigrants were ready to leave their traditional customs and beliefs behind, which becomes visible, for example, in the development of China Towns, Little Italies or a Latin subculture in certain parts of the US.

Today, many people support the competing concept of a salad bowl, where cultural diversity is regarded as a positive value and immigrants are encouraged to maintain their traditions and their native language. This model of racial and ethnic integration, rather than assimilation, aims at people living together peacefully and being in harmony like the lettuce, tomatoes and carrots in a salad. It acknowledges the fact that immigrants can never be "empty vessels". Even if they are prepared to fully immerse themselves in their host culture, they will always keep some of their traditions, language, culture and ways of thinking – but can nevertheless be considered part of the overall society.

However, in recent years, events such as September 11 have shown that the US with its cultural diversity is also prone to suffer the downsides of not having one prevalent national identity as mistrust and fear among the different groups are instilled. In the aftermath of the attack, especially the Muslim community, which seemed to be well-integrated in the US, suffered from generalisations and suspicions growing in a free country which was worrying about its security. Therefore, it is paramount that immigrants to the US do not interpret the salad bowl concept in a way that allows them to not become part of the American society. An overarching cultural orientation is key for this concept to work.

In conclusion, the issue of being an "empty vessel" as a condition for integration can easily be misunderstood. What is required for a successful adaptation to one's new community depends on both a welcoming and accepting host society and a proactive role of immigrants, and whether they regard their new country as a melting pot or a salad bowl. The latter concept seems to be much more expedient, especially when you remember the lines on the Statue of Liberty "give me your tired, your poor…". This does not sound like a demand to forget about your own country and succumb to a melting pot but rather an unconditional promise for all those who seek freedom – and this freedom would include the chance to preserve one's own history and identity, in other words the perspective and opportunities created by the image of a salad bowl. This does not require immigrants to be "empty vessels" but neither should they be vessels that are "full to the brim" without the willingness to take in the American way of life. *(900 words)*

Abiturprüfung 2020 Englisch (Hessen)
Grundkurs

Prüfungsteil 1 (Sprachmittlung) – Vorschlag A: *Robotization*

Material: Daniel Eckert: Diese Jobs sind besonders von Robotern bedroht (2018)

Seit Alexa, Siri und andere digitale Assistenten Deutschlands Wohn- und Schlafzimmer erobern, schwant vielen, welche enormen Fortschritte die künstliche Intelligenz (KI) macht. Doch die computergesteuerten Helferlein mit der mehr oder weniger sonoren Stimme sind nur die eine Seite der KI, die wir als Verbraucher in unserem Privatleben zu nutzen wissen. Auch im Arbeitsleben schreitet die Technik schnell voran: Computer übernehmen mit wachsendem Tempo menschliche Aufgaben.

Arbeitnehmer tun sehr gut daran, sich darauf einzustellen, dass Kollege Computer ihnen im Job bald ebenso sehr zur Seite stehen wird wie zu Hause. Wobei „zur Seite stehen" durchaus auch Konkurrenz bedeuten kann.

Das Institut für Arbeitsmarkt- und Berufsforschung (IAB), das der Bundesagentur für Arbeit angegliedert ist, hat sich in einer aktuellen Studie der Frage angenommen, wie sehr menschliche Arbeit durch Maschinenintelligenz ersetzbar (substituierbar) ist. Die Forscher vermeiden jeden Alarmismus, wovon schon der zurückhaltende Titel der Studie „Substituierbarkeitspotenziale von Berufen" Zeugnis ablegt, und doch lassen sie keinen Zweifel daran, dass große und rasante Veränderungen im Berufsalltag auf die Arbeitnehmer in Deutschland zukommen.

„Seit unserer letzten Studie im Jahr 2013 sind viele neue Technologien marktreif geworden", erklärt Britta Matthes, Arbeitsmarktforscherin am IAB. Für die Forscherin ist es ein Gebot der Stunde, jetzt neu zu beurteilen, in welchem Maß Jobs durch Computer oder computergesteuerte Maschinen ersetzt werden können.

Die Antwort: schon jetzt in überraschend hohem Maße und mit klar steigender Tendenz. „Der Anteil der sozialversicherungspflichtig Beschäftigten, die in einem Beruf mit hohem Substituierbarkeitspotenzial arbeiten, ist von 15 Prozent im Jahr 2013 auf 25 Prozent im Jahr 2016 gestiegen", heißt es in der Untersuchung, die Matthes zusammen mit ihrer Kollegin Katharina Dengler verfasst hat.

In einem Viertel aller Jobs könnte Kollege Computer also bald das Kommando führen und den Takt angeben. Damit sind theoretisch mehr als acht Millionen Menschen in Deutschland direkt betroffen. […] Am stärksten hat die Ersetzbarkeit in den Helferberufen zugenommen, am wenigsten in den Expertenberufen, zum Beispiel von naturwissenschaftlich-technischen Spezialisten und Entwicklern. Die Qualifikation und Spezialisierung eines Arbeitnehmers spielt also eine große Rolle. „Helferberufe, für die typischerweise keine Berufsausbildung benötigt wird, weisen mit 58 Prozent das höchste Substituierbarkeitspotenzial auf", heißt es in der Studie. Bei Berufen, für die ein vierjähriges Hochschulstudium erforderlich ist, liegt das Substituierbarkeitspotenzial dagegen nur bei einem Viertel (24 Prozent).

Dengler und Matthes betonen zugleich, dass nicht nur Tätigkeiten wegfallen, sondern auch neue entstehen. Einen groß angelegten Beschäftigungsabbau in Folge der Digitalisierung sehen sie in Deutschland nicht.

Zugleich wird es in den Berufen massive Umbrüche geben, die Gewinner und Verlierer kennen. „Entscheidend wird es sein, die Ausbildungen so zu gestalten, dass alle Auszubildenden mit den neuesten technologischen Innovationen in ihrem Beruf vertraut gemacht werden", sagt Matthes. Dazu müssten die Möglichkeiten zur Weiterbildung, Höherqualifizierung und Umschulung ausgebaut werden.

Aus- und Weiterbildung sollten darüber hinaus nicht nur auf digitale Inhalte, sondern auch auf den Erwerb sozialer und fachübergreifender Kompetenzen gerichtet sein. Mit der Digitalisierung verändere sich die Art und Weise, wie gearbeitet wird. So gewinne die Arbeit in virtuellen Teams an Bedeutung, KI wird zum Teil des Teams.

Daniel Eckert: Diese Jobs sind besonders von Robotern bedroht, *in: Die Welt, 16. 02. 2018, URL: https://www.welt.de/wirtschaft/article173642209/Jobverlust-Diese-Jobs-werden-als-erstes-durch-Roboter-ersetzt.html (abgerufen am 27. 11. 2018).*

Aufgabe

Your English class is taking part in an international project on jobs in the digital age. You have found Daniel Eckert's article and want to share the content with your international partners.

Write them an email, outlining the information about changes in the world of work in Germany. (Material) (100 BE)

Prüfungsteil 2 (Schreiben) – Vorschlag B 1: *All men are created equal*

Wählen Sie Vorschlag B 1 oder B 2 zur Bearbeitung aus.

Material: Erskine Caldwell: Saturday Afternoon (excerpt from the short story, 1931)

Tom was snoozing away when Jim ran in the back door and grabbed him by the shoulders. A big handful of flies had gone to sleep on Tom's mouth. Jim shooed them off.

"Hey, Tom, Tom!" Jim shouted breathlessly. "Wake up, Tom! Wake up quick!"

[…] "What the hell!" he [Tom] sputtered, looking up and seeing Jim standing there beside him. "What you want?"

"Come on, Tom! Git[1] your gun! We're going after a nigger down the creek a ways[2]."

"God Almighty, Jim!" Tom shouted, now fully awake. He clutched Jim's arm and begged: "You going to git a nigger, sure enough?"

"You're damn right, Tom. You know that gingerbread[3] nigger that used to work on the railroad a long time back? Him's the nigger we're going to git. And we're going to git him good and proper, the yellow-face coon[4]. He said something to Fred Jackson's oldest gal[5] down the road yonder[6] about an hour ago. Fred told us all about it over at the barbershop. Come on, Tom. We got to hurry. I expect we'll jerk him up[7] pretty soon now."

[…] Tom climbed into an automobile with some other men. Jim jumped on the running board[8] of another car just as it was leaving. There were thirty or forty cars headed for the creek bottom already and more getting ready to start.

They had a place already picked out at the creek. There was a clearing in the woods by the road and there was just enough room to do the job like it should be done. Plenty of dry brushwood nearby and a good-sized sweet-gum tree[9] in the middle of the clearing. The automobiles stopped and the men jumped out in a hurry. Some others had gone for Will Maxie. Will was the gingerbread Negro. They would probably find him at home laying his cotton by[10]. Will could grow good cotton. He cut out all the grass first, and then he banked his rows with earth. Everybody else laid his cotton by without going to the trouble of taking out the grass. But Will was a pretty smart Negro. And he could raise a lot of corn too, to the acre. He always cut out the grass before he laid his corn by. But nobody liked Will. He made too much money by taking out the grass before laying by his cotton and corn. He made more money than Tom and Jim made in the butcher shop selling people meat.

[…] Will Maxie was coming up the big road in a hurry. A couple of dozen men were behind him poking him with sticks. Will was getting old. He had a wife and three grown daughters, all married and settled. Will was a pretty good Negro too, minding his own business, stepping out of the road when he met a white man, and otherwise behaving himself. But nobody liked Will. He made too much money by taking the grass out of his cotton before it was laid by.

Will came running up the road and the men steered him into the clearing. It was all fixed. There was a big pile of brushwood and a trace chain[11] for his neck and one for his feet. That would hold him. There were two or three cans of gasoline, too.

[At the lynching, a local boy is selling cooled Coca-Cola from a bathtub.]

Will Maxie did not drink Coca-Cola. Will never spent his money on anything like that. That was what was wrong with him. He was too damn good for a Negro. He did not drink corn whisky, nor make it; he did not carry a knife, nor a razor; he bared his head when he met a white man, and he lived with his own wife. But they had him now! God damn his gingerbread hide[12] to hell! They had him where he could not take any more grass out of his cotton before laying it by. They had him tied to a sweet-gum tree in the clearing at the creek with a trace chain around his neck and another around his knees. Yes, sir, they had Will Maxie now, the yellow-face coon! He would not take any more grass out of his cotton before laying it by! […]

Will Maxie was going up in smoke. When he was just about gone they gave him the lead[13]. Tom stood back and took good aim and fired away at Will with his shotgun as fast as he could breech[14] it and put in a new load. About forty or more of the other men had shotguns too. They filled him so full of lead that his body sagged from his neck where the trace chain held him up. *(776 words)*

Erskine Caldwell: Saturday Afternoon *(1931), in: The Stories of Erskine Caldwell, University of Georgia Press 1996, S. 28–34*

Hinweis: Erskine Caldwell (1903–1987) was an American author. He mainly wrote about the rural American South.

1 git – slang; correct spelling: get
2 a ways – a (long) distance away
3 gingerbread – *der Lebkuchen;* reference to the character's skin color
4 yellow-face coon – reference to the character's skin color; coon: *der Waschbär*
5 gal – girl
6 yonder – over there
7 to jerk somebody up – *here:* to lynch somebody by pulling him up
8 running board – *das Trittbrett*
9 sweet-gum tree – *ein amerikanischer Laubbaum*
10 laying his cotton by – *hier: ein Baumwollfeld bestellen*
11 trace chain – a long strong chain
12 hide – skin, usually in reference to animal skin
13 gave him the lead – shot him (with lead bullets)
14 breech – *hier: Laden einer Waffe mit Hinterlader* (breech-loading gun)

Aufgaben

1. Summarize the text. (Material) (30 BE)

2. Compare the treatment of Will Maxie (Material) with that of Tom Robinson in "To Kill a Mockingbird". (40 BE)

3. Choose **one** of the following tasks: (30 BE)

3.1 Commenting on one of Erskine Caldwell's short stories, the South African artist Peter Clarke said that it "could just as well be a story about South Africans".

Assess to which extent racial segregation in the USA and the apartheid system in South Africa share similarities.

or

3.2 "The Civil Rights Movement did not suddenly make everything all right. You cannot discriminate against a race for centuries and then, even if you suddenly stopped, say that everything is all right now. Effects of that racism are still with us." *(Richard Davis, US journalist, 2016*)*

Write a letter to the editor of the newspaper in which Richard Davis' article was published, commenting on this statement.

* *Richard Davis, https://www.deseret.com/2016/7/13/20591874/richard-davis-the-effects-of-past-racial-discrimination-still-influence-americans-today*

Prüfungsteil 2 (Schreiben) – Vorschlag B 2: *South Africa today*

Material 1: Megan Palin: Shanty town life: 'They will beat their mothers with a brick' (2018)

The caving roof [of the shack] is so low that its residents – a family of four – have to crawl to get in and out. The sun is shining but when it rains, water pours through the gaps and turns the hut into a mud pool. Groups of barefooted children loiter[1] on almost every unsealed, dusty street and corner in the neighbourhood.

"The more children you see on the streets the poorer the area," one local says.

The shack is one of thousands of homes like it in the South African township of Knysna, about 485 kms east of Cape Town, and one of millions nationwide.

Known as 'the Motherland', South Africa is a country where stunning landscapes, pristine[2] coastlines, waterfront mansions, and world class facilities exist alongside ubiquitous[3] slums and severely disadvantaged people. It's the ultimate juxtaposition but it's extreme poverty and unfavourable conditions in which most South Africans live.

Vast shanty towns, which appear from a distance as seas of glistening tin roofs, stretch as far as the eye can see – in the depths of valleys, across open plains, on the fringes of cities and over mountain tops. When one ends, another soon begins. They're riddled with crime[4], violence and drugs but underpinned by the everyday families whose tales of survival, struggle, resilience and hardship exist on a far more overwhelming scale. Few of the township houses are equipped with running water or electricity.

The wait for government housing surpasses a decade in many cases. Access to healthcare and education is limited and employment is almost impossible to come by. They're not the kinds of places that attract visitors.

Local tour guide Ian Pletzer tells news.com.au that "most South Africans and tourists don't come to the townships". "They're scared," he says.

But for the residents who occupy the townships – known locally as "informal settlements" because they're set up on government land – there's little choice but to stay put.

[…] Vandra Simmers, 40, ties up her pitbull dog as we make our way on foot up a steep, grassy hill to her home on top. Vandra, a sweet lady with a gentle nature, lives in the modest house – which boasts one bedroom and a dining area – with her three children.

Money is extremely tight but Vandra is one of the luckier ones in the Knysna township. She inherited her home and has a full-time job importing and exporting African goods – although she is on leave to look after her five-day-old baby, Joylene, when news.com.au visits.

"Life is tough but we're getting there," Vandra says.

"Normally it depends on yourself. For me, I'm a single parent but I have a good job so I can afford to cope with my three children." Vandra tells news.com.au that life in the community is what residents make it but that she holds concerns for her children's futures as the drug "tik" – crystal methamphetamine or ice – sweeps the townships.

"Alcohol and tik is very cheap and everybody can steal a watch or a cell phone and get the drugs," she says.

"Some children come out of schools while their parents are still working and one of them introduces them to tik, it's cheap and they start doing it.["]

"And by the time the parents realise there's a problem and they're starting to steal out of the houses, it's too late.["]

"They are violent. They will beat their mothers with a brick."

She's witnessed young drug users commit serious crimes on many occasions.

"You can't send your children maybe after 7 pm to the shop close by because then they will rob the children and stab them, fighting with them," Vandra says.

"They'll even take your clothing off, everything that is expensive just to see how to get that kind of money." *(653 words)*

Megan Palin: Shanty town life: 'They will beat their mothers with a brick' *18. 04. 2018, URL: https://www.news.com.au/travel/world-travel/africa/shanty-town-life-they-will-beat-their-mothers-with-a-brick/news-story/e3f1d26dadf11daafc93c33629758fe8*

1 loiter – to remain in an area for no obvious reason
2 pristine – not spoiled or polluted
3 ubiquitous – everywhere
4 to be riddled with crime – to have a high crime rate

Material 2:

Come and make memories with us […]. On the face of it, townships seem to be sprawling, chaotic zones, overflowing with South Africa's most disadvantaged citizens. This is true to some extent, but come on our Emzini Township Tour and you will delve deeper and recognise that townships are also places of great strength, courage, song, dance, survival, love and yes, happiness.

(70 words)

Penny Mainwairing, https://www.exploreknysna.com/activity/emzini-tours/

Aufgaben

1. Outline the social realities in South Africa today as presented in the text. (Material 1) (30 BE)

2. Relate the descriptions of the living conditions in the text to suitable parts of *Mother to Mother.* (45 BE)

3. Choose **one** of the following tasks: (25 BE)

3.1 "Our daily deeds as ordinary South Africans must produce an actual South African reality that will reinforce humanity's belief in justice, strengthen its confidence in the nobility of the human soul and sustain all our hopes for a glorious life for all."
Nelson Mandela in his inauguration speech as President, 10 May 1994

You work for a non-profit organisation that offers programmes to develop and empower South African youth. Taking the quote as a starting point, write a speech addressed to young South Africans about what can be done to improve the situation in South Africa.

or

3.2 Emzini Tours offer township tours in Knysna (Material 2), the place described in the article. Taking both the article and the advertisement into account (Material 1 + 2), discuss whether tourists should tour such areas.

Lösungsvorschlag

Prüfungsteil 1 (Sprachmittlung) – Vorschlag A: *Robotization*

Teaching module referred to:
The task refers to the teaching module Modelling the future *(Q 3.2), in particular the aspect* science and technology: […] artificial intelligence.

In order to write an informative email, read the text carefully and highlight the information given on the changes in the world of work in Germany. Address your email for example to a project coordinator, start off with an umbrella sentence about the source and use formal language. Keep in mind that you are supposed to give an outline, so omit examples and statistics.

Dear Project Coordinator,

Our class would like to share what Daniel Eckert wrote about the development of artificial intelligence in Germany. In his article, which was published in *Die Welt* in 2018, Eckert points out that the enormous progress of AI has become visible by the high number of digital assistants in German homes. Yet, the convenience they offer to consumers is only one side of the coin since human beings are increasingly having to compete with computers in the world of work.
German research institutes have been focusing on the question as to which extent humans can be replaced by AI in the working world. Researchers do envisage far-reaching repercussions. In Germany the number of people working in jobs with a high risk of being replaced has risen to 8 million. Highly qualified experts such as university-trained STEM graduates are less likely to be replaced than unqualified workers. Various institutes emphasize that digitalization will not only lead to a loss of jobs but also to the development of new ones. Nevertheless, they stress that there will be winners and losers.
As a result, it will be necessary to provide more opportunities to acquire professional training and further education which will have to cover the latest technological innovations as well as social skills and interdisciplinary competences. This way students and workers will be prepared to work with AI as a member of the team.
We hope that this contribution provides insight into the situation in Germany.

Kind regards,
Laura Bayer *(250 words)*

Prüfungsteil 2 (Schreiben) – Vorschlag B 1: *All men are created equal*

Teaching module referred to:
The assignment relates to the teaching module The USA – the formation of a nation *(Q 1.1), especially to the topic* landmarks of American history *and the film* To Kill a Mockingbird *based on the novel by Harper Lee. The cross-curricular reference is established by part 1 of the examination (Prüfungsteil 1). Task 3.1 also relates to the module* The English-speaking World *(Q 2.3), especially to the topic* living together *and to the* country of reference South Africa.

1. *The task requires you to sum up the most important developments in the excerpt from the short story "Saturday Afternoon" by Erskine Caldwell.*
   The text was written in the early 1930s and contains the terms "nigger" and "Negro". Both terms are considered as racist today. While "Negro" can sometimes be found in positive contexts (it was for example used by Martin Luther King during the Civil Rights Movement) it is safer not to use either term in your essay. You can talk about "Black people" or "people of colour" instead. If you want to analyse the language used by the White murderers in the text, you can use the term "n-word". By doing so you avoid reproducing the racism which the term implies.
   Start off with an umbrella sentence, use your own words and keep in mind that your summary should not exceed one third of the original length.
   You should mention the following aspects:
   - *The news that the Black farmer Will Maxie is going to be lynched is spreading from door to door.*
   - *He has supposedly said something inappropriate to a White girl.*
   - *The White men are very excited and split up into two groups.*
   - *Some of them drive to a clearing in the woods where there is enough firewood and a tree.*
   - *Others pick on the elderly Will Maxie, poking him with sticks.*
   - *The farmer seems to be a very decent man who has a family, does not drink or waste money and has always respected White people.*
   - *The White men hate him because he is very successful in growing cotton and corn and makes more money than most of them.*
   - *At the clearing a large group of White men hang Will Maxie from a tree, set him on fire and ultimately shoot him.*
   - *Somebody sells coke at the scene of the murder.*

   The given text, an excerpt from Erskine Caldwell's short story "Saturday Afternoon" written in 1931, deals with the lynching of a Black farmer in the deep South during the segregation era.
   The reader gets to know that the rumour that Will Maxie spoke indecently to a White girl is being spread from door to door. With tensions running high the White men in town are excited and eager to organize a lynching party very quickly and efficiently. About thirty or forty cars head towards a clearing in the woods where there is enough

firewood and a suitable big tree. At the same time others set out to get hold of Will Maxie.

They hate their victim because he is intelligent and hard-working. They also envy him because he earns a lot of money by weeding his corn and cotton fields before the harvest. Will Maxie is also detested because he neither drinks nor wastes money like the others in town. Although the elderly married father of three daughters has always kept to himself and respected White people, several dozens of White men force him to run up the road towards the clearing. In the meantime, the stage is set for the lynching. Somebody sells coke, others have brought chains and gasoline.

The men tie Will Maxie to the tree, chain him by the hands and neck before they set the tree on fire. Finally, about forty White men shoot him dead before he burns to death.

(246 words)

2. *In order to compare how both victims are treated you should determine the similarities and differences and list them on a separate piece of paper.*

   Similarities:
   - *Both literary figures are Black outcasts in a White supremacist environment.*
   - *Both are confronted with racist stereotyping although they are hard-working people who comply with segregation laws.*
   - *Both fall victim to racism in the Deep South.*

   Differences:
   - *Will Maxie is envied because of his material success and because he does not fit in. He is "too good" for a Black man.*
   - *Maxie is lynched on the spot after rumours are spread in town that he spoke to a White girl indecently.*
   - *Tom Robinson is wrongly accused of raping and beating up Mayella Ewell.*
   - *Although he has an excellent lawyer who manages to prove that he is innocent, Robinson is found guilty because of his skin colour. He is shot to death by armed guards after trying to escape.*

Both Will Maxie and Tom Robinson are Black outcasts in a White supremacist environment during the era of segregation. In addition, both men are confronted with racial stereotyping especially concerning their interaction with White women and both have to face lynch mobs. Finally, both fall victim to the racial injustice in the rural Deep South of the 1930s. Yet, the circumstances under which this happens are somewhat different.

Will Maxie, a married elderly father of three, is an outcast in the town where he lives. The White townspeople envy him because of the money he makes through honest and hard work. Furthermore, he does not fit in the mainstream culture since he does not share the common habits of wasting time and money, drinking, bootlegging or womanizing. Although he and his family have kept to themselves and have shown respect to White people, Will Maxie is hated. Rumours based on the stereotyping of the Black male molesting a White girl cause a commotion in town. As a result he is brutally

murdered by a spontaneous lynch mob which just seems to have been waiting for the opportunity to get rid of him.
Quite similar to Will Maxie, Tom Robinson is presented as an honest and hard-working man. He attends church and comes from a clean-living family. The 25-year-old father of three children has a crippled left hand due to an accident that he had as a child. Nevertheless he regularly helps out and does chores for others without demanding payment. He feels particular empathy for Mayella Ewell, the eldest daughter of the poorest White family in Maycomb, because she has to care for so many younger siblings after her mother dies. Mayella also suffers from abuse by her father who is an alcoholic. As helpful as he always is, Tom Robinson assists her one day when she asks him to chop a wardrobe for firewood. He is so shocked and taken by surprise when she grabs his knees and attempts to kiss him that he runs away as fast as he can.
Mayella's father who has witnessed the scene beats her up causing injuries to her head and face. He also calls his daughter "a whore".
A short time later Tom Robinson is accused of raping and injuring the girl since that is what Black men are stereotypically blamed for. Unlike Will Maxie, Tom Robinson is sent to jail to await his trial. He is lucky to have a defense attorney, Atticus Finch, who firmly believes in racial equality while most of the people in Maycomb do not. Finch helps Robinson when a lynch mob make an attempt on the Black culprit's life while he is in his prison cell. In court Tom Robinson is confronted with a tense atmosphere but one that brings to mind a festival. The fact that people bring their children, their meals and their cokes to witness the sensation closely resembles the gathering of the lynching party in "Saturday Afternoon".
Neither victim has a real chance to survive as both men are doomed from the start because of their skin colour. While Will Maxie is perceived as the "n-word" who does not belong there because he is too good, Tom Robinson has to face an all-White court that views him as a wicked "Black beast" that raped and beat a White woman. In court he is addressed as a "Black buck" and is forced to apologize when he contradicts the prosecutor. Although Finch actually proves that he is innocent – only a left-hander could have caused Mayella's injuries – Robinson is found guilty because he made the mistake of testifying that he had felt sorry for the White girl. Because he is Black and she is White, this is considered as "uppity" on his part. In the end Tom Robinson makes a run for a fence under the surveillance of armed guards and is shot to death. Will Maxie is shot by about forty White men after being chained and tied to a tree that was set on fire. *(672 words)*

3.1 *In order to assess the extent of segregation in the USA and South African apartheid you actually have to compare the systems. Before writing it is helpful to list the similarities and differences on a separate sheet of paper. Start off with an introduction containing the purpose of apartheid and segregation.*

Similarities:

- *Both the USA and South Africa devised hundreds of laws to exclude people of colour from playing an important role or gaining power in the country.*
- *The decisive criterion was the colour of a person's skin.*

- *Both systems aimed at separating White people from people of colour to keep the latter in subjection.*
- *Apartheid and the so-called Jim Crow Laws strongly resembled each other, especially when it came to intermarriage or joint public facilities.*
- *In both countries people of colour were confronted with arbitrary violence.*

Differences:

- *In the USA a majority of roughly 80 % White people suppressed a minority of African Americans between 1865 until the Civil Rights Movement in the 1960s.*
- *US Segregation was mainly based on informal laws that varied from state to state, especially in the former slave states in the South. The official maxim was "separate, but equal".*
- *In South Africa a minority of about 12 % White people suppressed a majority of people of colour.*
- *Apartheid was a national policy in South Africa that was set up after the Second World War. It was an element of the constitution that aimed at subduing different ethnic groups including "Native", "Coloured" as well as "Indian or Asian" communities. The policy was "separate and unequal".*

The following example elaborates on various aspects (relationships between White people and people of colour, schools, infrastructure, legal repression) that you could refer to in your solution. You do not have to mention all of these aspects and your solution in the Abitur *will probably be much shorter.*

When assessing to which extent Black and White citizens were segregated in the USA and in South Africa the greatest similarities obviously can be found between the Jim Crow era and the time of apartheid in South Africa.

In both countries hundreds of laws were passed to ensure the supremacy of White people and to subdue the rest of the population. In the time after the Civil War in the USA Jim Crow laws were set up as informal laws that varied from state to state especially in the former slave states in the South. These state laws actually violated the federal principle "separate, but equal" that applied to the Black minority since they provided the framework for discrimination and unequal treatment along the lines of skin colour. Apartheid, however, was established as a national policy of racism and segregation after World War II and it was an element of the South African constitution designed to preserve the power and the privileges of the White minority. Apartheid differentiated between different ethnic groups. The Population Registration Act (1950) classified all South African citizens either as "White", "Coloured", "Native" or "Indian and Asian". The decisive criterion was the colour of a person's skin and the principle that was applied was actually "separate and unequal".

Despite these differences both Jim Crow America and apartheid South Africa aimed at the open discrimination against large parts of its population and the exclusion of people of colour from the happenings of the country. Both systems were based on racial segregation and on the creation of first and second class citizens. That is why both Jim Crow Laws and apartheid explicitly focused on laws that forbade sexual relationships and marriages between White people and people of colour. In both countries White men who had a relationship with a woman of colour were usually acquitted for the offense.

Furthermore, laws were passed to ensure the segregation of all public facilities. Jim Crow Laws and apartheid erected strict racial barriers e. g. in schools, public transport, restaurants or even hospitals and cemeteries.
In the United States, schools in all-Black districts were usually poorly equipped and the standards were lower than in all-White schools. Yet, officially segregated schools followed the principle of "separate, but equal". In South Africa the Bantu Education Act of 1953 explicitly aimed at limiting the education of native children with the help of a restricted curriculum. Black children were not supposed to rise above the ranks of the working class. Schools for these children were usually dilapidated buildings without teaching materials or school books. Their teachers often had no more than elementary school education. The funding and the student-teacher ratio were a lot better in schools for white children.
When comparing the extent of segregation in living quarters for Black and White people in both countries it becomes obvious that apartheid was more systematic and far-reaching. The Group Areas Act of 1950 enabled the government to mark off specific areas for residence and trade to each "race" nationwide. While most of the fertile land was allocated to White farmers, Black people were relocated to the so-called homelands in order to remove them from urban areas. People had no prospects in these remote and neglected homelands without infrastructure. The workers that were needed in the cities were forced to live in townships and they had to carry pass books with them that contained information such as details on their employment permits and racial classification. In the United States geographical mobility was not officially restricted. As a consequence many Black people moved to the north during the Great Migration to take up jobs in the newly established industries. Yet, they were not welcome outside of the ghettos in which many of them got caught up in a vicious circle of poverty, unemployment and crime. After the abolishment of slavery many Black people stayed in the south and continued to be subdued by former slave owners or local chapters of the Ku Klux Klan. Prior to the Civil Rights Movement White supremacists suppressed Black voters who officially had the right to vote. Special literacy tests were invented to keep the Black voters away. In South Africa Black people were generally deprived of South African citizenship and of the right to vote.
In both the USA and South Africa Black people faced arbitrary violence. In the Solid South thousands of Black men were lynched until the 1940s and justice turned a blind eye to this brutality. In South Africa it was the security police that applied torture which often resulted in death. Many Black people feared the nightly pass raids that entailed maltreatment or banning if you did not carry the required documents. Every police officer was allowed to detain people without a warrant on the grounds of suspicion for several months during which the suspect did not have access to a lawyer.
All in all, the methods that were employed to institutionalize racism and segregation closely resemble each other. The depth and the intensity do vary and a Black man accused of raping a White woman would probably not have had access to a White lawyer in South Africa. In the end, one has to admit that both systems of racial segregation have led to serious harm done to the victims. This harm has yet to be overcome. That is why Peter Clarke may be right when he claims that Erskine Caldwell's short story might as well be about South Africa. *(911 words)*

3.2 *Start off by addressing your comment to an editor and by paraphrasing the given quotation in your own words. Using your background knowledge, you should comment on what was achieved by the Civil Rights Movement and on the problems that remain to be solved. Your comment should conclude with a personal statement on whether or not you agree with the quotation.*
You could refer to the following aspects:
- *Politics: Civil Rights Act, Voting Rights Act (1964 and 1965)*
- *Education: higher school attendance among Black pupils than in the past and more Black university graduates vs. poorly equipped schools in districts with large numbers of Black students*
- *Culture and media: many successful Black superstars*
- *Economy: unemployment higher among Black population; income lower on average*
- *Health: lack of health care and lower life-expectancy among Black population*
- *Legal system: higher incarceration rates among Black population, more severe sentences; police violence*

Dear Sir/Madam,

I would like to comment on the article by Richard Davis, published in 2016. Richard Davis claims that the effects of racism on American society can still be felt because the Civil Rights Movement did not manage to right all of the wrongs that were caused during centuries of discrimination.

At first sight this position seems somewhat pessimistic since the Civil Rights Act of 1964 officially put an end to discrimination by declaring it illegal and by providing the basis for affirmative action. The Voting Rights Act of 1965 opened the political system to African Americans by abolishing the measures designed to curtail their voting rights. Since then there has been significant progress concerning turnout, growing numbers of African-American state governors or members of the Supreme Court. Another field in which communities of colour have been catching up is education. Regular school attendance of White children and people of colour is practically equal today and the number of African-American university graduates has increased substantially. Furthermore, African Americans have become successful in sports and entertainment. Some of them have become superstars and millionaires like Denzel Washington, Halle Berry, Beyoncé and Jay Z and Michael Jordan.

Yet, the achievements of the happy few are only one side of the coin. African Americans are still more likely to attend schools in economically weak ethnic neighbourhoods. Since American schools are funded by local taxes these schools are often poorly equipped and the drop-out rates are higher than in schools in affluent White neighbourhoods. The proportion of African Americans without health insurance is still higher than that of White people – despite ObamaCare. That is why Black children are more likely to suffer from illnesses such as diabetes. The life expectancy of White children exceeds that of children of colour by six years. The unemployment rate is also a lot higher among African Americans not only because of a lack of qualifications, but also because many employers prefer White candidates. The medium income of Whites is also higher.

Those who suffer the most from socio-economic disparities are those African Americans who still live in inner-city ghettos without prospects and a good education. This

is especially the case with male teenagers and young men who are more likely to end up in a vicious circle of poverty, unemployment and perhaps drugs, crime and gang wars. Although it has been proven that they do not consume or deal with drugs more than White people do, they still run the higher risk of being arrested, found guilty and incarcerated. The number of inmates on death row who are not White amounts to 40 % and raises serious questions concerning equal treatment in law enforcement. Another field in which African Americans are still confronted with racism is police violence. The shooting of the teenager Trayvon Martin in Florida in particular caused an uproar and led to the "Black Lives Matter" movement. Racial profiling is another example of racism since it specifically targets people of colour in poor neighbourhoods found suspect purely on the basis of stereotypical criteria.
To come to a conclusion, I would like to emphasize that I basically agree with Richard Davis. The inner-city African-American population in particular is greatly affected by racial stereotyping which is still prevalent in the United States. Racism has become more complex and diversified and since it goes hand in hand with implicit socio-economic injustice it is sometimes harder to detect. The legacy of Martin Luther King – the overcoming of racial discrimination and the achievement of equal opportunity – remains something that has to be tackled in the future.

Sincerely,
Emma Taylor *(601 words)*

Prüfungsteil 2 (Schreiben) – Vorschlag B 2: *South Africa today*

Teaching modules referred to:
The texts at hand refer to the teaching module The English-speaking world *(Q 2.3), focussing in particular on the* country of reference: South Africa. *It explores its development:* past and present (Apartheid bis heute) *and how people are* living together (z. B. Sozialstruktur der Gesellschaft).

1. ***Step 1**: Read Material 1 carefully and highlight parts of the text that describe "social realities" in South Africa. Think of aspects like access to education, healthcare, employment, housing, drugs and violence, prospects for future generations.*
   ***Step 2**: Start with an introductory sentence that mentions the text type, the title of the article, the author, the source, the year of publication and the topic.*
   ***Step 3**: Give the main features of the social realities in South Africa as presented in the article. An outline does not have to be extremely detailed.*
   You should mention the following aspects:
   - *Housing situation: small huts, usually no running water or electricity*
   - *No healthcare*
   - *Limited access to education*
   - *Unemployment*
   - *Crime: violence, drug abuse (methamphetamine and alcohol)*

The newspaper article "Shanty town life: 'They will beat their mothers with a brick'" by Megan Palin, published online on https://news.com.au in April 2018 depicts the social reality inside the townships in South Africa.
The first aspect that is mentioned is the actual housing situation. There are millions of huts in townships. Extremely poor people live in shacks that are very small and not waterproof and they usually do not have running water or electricity. The families do not have access to healthcare and the children have limited access to education while their parents usually cannot find employment or a place in a government housing programme. Tourists are afraid to visit townships because of the crime rate there. The future of the next generation is at stake as the townships are flooded with cheap alcohol and tik, which is crystal meth. Children are introduced to it, get addicted and then commit serious crimes – even within the family – to get money to buy more drugs.

(165 words)

2. ***Step 1***: *Think of parts in the novel* Mother to Mother, *which describe the living conditions in the township. Think of the actual housing situation but also about social aspects like poverty, employment, education and violence.*
   Step 2: *"To relate" means to take an aspect of the text at hand (e. g. "children living in the streets") and establish a meaningful connection to that aspect in the novel* Mother to Mother. *Describe whether the situation is the same as that in the novel or in which way it is different from the novel.*
   You could refer to the following aspects:
   Similarities:
   - *Both the article and the novel describe how far the townships stretch.*
   - *In both areas children roam freely and unsupervised by their parents, most of whom have to work to make a living.*

   Differences:
   - *While Guguletu is a resettlement area with brick houses built by the government in the 1960s, Knysa is an informal settlement on government ground with self-built huts.*
   - *In the article the children turn violent because they get addicted to crystal meth. The violence described in the novel is a result of the hatred for the White government and White people in general who had oppressed the Black population for centuries. Combined with the missing prospects, it led to a hunger for blood and sensation in South Africa's youth.*

   Conclusion:
   - *The article and the novel describe life in the townships in a similar way. While the article is merely a description of the situation, the novel gives further insight into the political situation that has led to these living conditions.*

First of all, I am going to compare the housing situation in the novel with the information in the newspaper article. Then I am going to show that both the novel and the newspaper article make the same point that the given living conditions offer the children no prospects for a better future but lead to crime and addiction. Finally, I am going to show that the novel holds the political past of South Africa and the government responsible for the desperate situation of South Africa's youth.

The first-person narrator of the novel and mother of Mxolisi, Mandisa, compares the township Guguletu to a tin of sardines as well as to a forest of houses. On the one hand it is vast and stretches as far as the eye can see but on the other hand it is full of tiny houses huddled close together with narrow streets. Megan Palin sees the townships as "seas of glistening tin roofs [which] stretch as far as the eye can see" (ll. 12/13) but she also mentions that the "roof is so low that its residents [...] have to crawl to get in and out" (ll. 1/2). While the article describes an informal settlement with self-built huts, the novel is set in a resettlement area with brick houses and glass windows that were brand-new, when Mandisa and her family were forced to move there in the 1960s. Still, Megan Palin and the narrator of *Mother to Mother* both emphasise the vastness of the township as a whole and the tiny space available for each family.

Another aspect that is worth mentioning when we talk about the housing situation are the sanitary conditions. Megan Palin as well as the narrator of *Mother to Mother* regard the township as a dirty place where poorly dressed and neglected children run around. Megan Palin mentions that when it rains, "water [...] turns the hut into a mud pool" (ll. 2/3). The narrator of *Mother to Mother* also explains that there is no sewerage system in the townships. She recounts that poorly dressed children play in these pools all day long instead of going to school or to a playground. Megan Palin also notices the "groups of barefooted children" (l. 3) who are everywhere.

While the children play in the mud, most parents are at work. Mandisa, the narrator of the novel, is a working mum. She has to leave the house in the morning before the children go to school and she comes back when it is already dark. She works for a White woman six days a week. Because of this, she has no actual control over what the children do during the day. Megan Palin also quotes a mother who says that the "children come out of schools while their parents are still working and one of them introduces them to tik" (ll. 39/40). Mandisa explains this dilemma in the novel: either she works to earn some money for her family but then she cannot take care of the children properly or she does not work and does not have any money to get by. Megan Palin as well as the narrator of the novel feel that the living conditions in the townships that force parents to neglect their children in order to have an income to survive are the reason behind the problems the children have.

In her article Megan Palin points out that the townships do not offer children and young people any prospect for a better future: instead they live on the streets and are in danger of getting addicted to drugs and as a consequence become criminals. While the children in the article become violent as a result of being addicted, the violence in *Mother to Mother* has another root. It derives from a hunger for blood and sensation. The children were fed with hate and anger against their White oppressors from the day they were born. This hate has erased their moral compass and they now turn against anyone who comes in their way – whether it is a White university student or a Black man whom they accuse of allying with the White government.

The author Sindiwe Magona questions the political responsibility for the violence. The hatred against the White oppressors has grown ever since they claimed the land in the 17th century – and the White government still neglects the Black population in the townships. In the first chapter the narrator accuses the government of not doing anything to offer her son a better life before it was too late and he killed a White girl. For her it is ironic that the government is willing to pay for a waterproof roof for him in prison but did not take any steps to invest any money to improve the living conditions in the township. At the end of the novel she notes with bitter regret that the little children are still in the streets of the township Guguletu all day long and she foresees that the future for them will be as dark as it was for her son. She calls her son's generation a "lost generation" because there have never been any positive prospects for a better life to come.

All in all, we can say that the novel and the article both describe life in the townships in a similar way. But in contrast to the article, which is merely a description of the deprived living conditions, the novel asks that political responsibility be taken for the children living there as the people in the townships have no chance to implement any changes themselves. *(936 words)*

3.1 ***Step 1****: Think of what can be done to improve the situation of young people in South Africa.*
Step 2*: Structure your speech to open with the given quote, a main part which explains what your non-profit-organisation intends to do and end the speech on a positive note.*
Step 3*: Think of stylistic devices that are characteristic of speeches. Important are for example anaphora, direct address of the audience, rhetorical questions, contrast, metaphors, repetitions, rule of three, personal anecdotes and irony. Try to make use of some of them in your text.*
You could refer to the following aspects:
- *Housing*
- *Education*
- *Employment*
- *Drug and alcohol prevention*

"Our daily deeds as ordinary South Africans must produce an actual South African reality that will reinforce humanity's belief in justice, strengthen its confidence in the nobility of the human soul and sustain all our hopes for a glorious life for all."

Nelson Mandela said this in his inauguration speech as president in 1994 and it is still as true as it was 26 years ago. I am glad to be here today to talk to you, the South African youth, on behalf of the non-profit-organisation that I work for about the current situation here in South Africa and what we can do together to shape a promising future for your generation.

If I were to ask any one of you what, what is destroying the future of your generation, you would all give me the same reply: it's the drugs. We have to get rid of tik, we have to reduce alcohol abuse and we have to stop kids from sniffing glue. Our organisation works with young vulnerable children because they are enticed to take these drugs. They need to know about their dangers. So that's the first thing. We need to get children informed about the dangers and consequences of getting addicted to drugs.

But information is only one part of it. Did the young drug addicts not know about the dangers of drugs? Of course they knew. Everybody knows. They tried drugs anyway.

Why? Everyone knows that too. Because they lived on the street and because life didn't offer them anything else. There was no real alternative path to be chosen.
That's where our organisation comes in again. We provide educational programs that keep kids in schools. The children need to get an education because only an education is a ticket for a better future.
The third column of our organisation's work is healthcare. Almost one third of all school girls in South Africa are HIV-positive. In our organisation we have a lot of nurses, doctors and other health workers who come to the townships to help children, teenagers and especially girls with health issues.
But it doesn't help to just provide access to healthcare institutions for all the young girls that are HIV-positive. We must get to the root of the problem. Everybody knows what this is too. These girls are HIV-positive because elder men infected them with the disease. We have to get our girls out of these abusive situations. We need to provide shelter for women and girls to help them escape from this hell.
Is all of this sufficient? If we fight the drugs, provide better access to education and healthcare, a better housing situation for all the people living in the townships, will South Africa's problems be solved then?
I think we also need a vision, a deeply-rooted belief that South Africa can make it. We need to believe in South Africa's strength and ability to transform. We need to do it again. Remember how South Africa transformed in 1990 from an Apartheid state into a democratic country? We need to make it again. We need to turn hopelessness into prospects for a better future, we need to turn unemployment into innovation and creativity and we need to put the greatest good that South Africa has at use: it's you, you are its youth and its future. *(555 words)*

3.2 ***Step 1***: *In the given task you are asked to "discuss" the topic. This means you need to provide arguments for and against township tours with a conclusion at the end.*
Step 2: *Make notes with arguments for and against it. Think about which arguments you consider more important and profound and make a decision about your conclusion.*
Step 3: *Present your arguments in a logical order.*
You could refer to the following aspects:
Arguments in favour of tourism:
- *If you want to understand South Africa and its problems, you have to see the townships.*
- *You can learn a lot about South African culture there.*

Arguments against tourism:
- *It is dangerous to visit the townships (violence, crime).*
- *Tours designed for tourists do not offer a realistic impression of life in the townships. What they show us instead, is a cliché of what we think life in the townships might look like.*
- *Tourists often do not show the necessary respect for the people (e.g. they take pictures of scenes without asking permission).*

When you travel to South Africa you have to make a decision: do you only travel there because of its beautiful nature and national parks or do you want to get a comprehensive picture of the whole country and its society?
The great majority of people might say that they would love to see the townships but it is just too dangerous to visit them. Most tourists don't go there because they are scared – rightly scared. In her article Megan Palin describes the townships as a place where violence occurs on a daily basis.
If you are more politically aware, you might say: I also need to visit the townships to gain a full understanding of South Africa's society. That sounds noble. The problem is that "Emzini Tours" do not offer a realistic tour which leaves room for varied reactions: that would mean that you could also feel shocked about the living conditions and the housing there, you could feel empathy, you could be disgusted by all the young drug addicts or you could admire people's strength to survive and live under any conditions. The problem with "Emzini Tours" is that they already tell you what you are supposed to feel at the end. You will "recognise that townships are also places of great strength, courage, song, dance, survival, love and yes, happiness" (ll. 6/7).
In my opinion under these circumstances it is impossible to gain a real understanding of the situation there. What a tour like this probably promotes is a cliché that's similar to the noble savage in western movies. That is the general problem with the rich European perspective on culture. If we do not go there because we say these people are violent, poor drug dealers in the townships, we get it wrong. If we look down on them, on Native Americans, on Aboriginal people or other cultures, we are narrow-minded. But if we want to take a more leftist and more politically correct position and if we say, it's all great, their culture is unique and just look at their strength and courage, we look up to them, then we are also getting it wrong but just in a different way. Then we are ignoring the fact that they did not decide to live in the townships and that there is nothing beautiful and enriching about a roof that is not waterproof.
What is the solution for the European tourist then? If we ignore the townships and just visit the national parks, we are blind and ignorant. If we go there on a guided tour to admire their "happiness", we are maybe even more ignorant. In my opinion there is a third path that can be chosen. We can try to open our eyes and really look without any preconceptions. We can read about the situation in the townships and we can get well-informed. Then it is not necessary to actually go there in person as a sensation-seeking tourist, but while we will still visit national parks, we can at the same time watch documentaries and read literature that comes from the townships and in the end, we might actually gain some understanding of life in townships or at least accept that we have a limited understanding, that we are partly blind. *(547 words)*

Abiturprüfung 2020 Englisch (Hessen)
Leistungskurs

Prüfungsteil 1 (Sprachmittlung) – Vorschlag A: *Alternative lifestyles*

Material: Gabriele Riedle: Twin Oaks in den USA. Die älteste Hippiekommune der Welt (2017)

Es ist Sommer im Herzen Virginias, auf dem Gelände einer alten Tabaksfarm und in den dazugehörigen Wäldern der Landkommune Twin Oaks, 100 Meilen südwestlich von Washington D.C. Überall Sonnenflecken im Blätterwerk, Überfluss von Licht und Schatten und in den Lüften der Soundtrack der Vögel. Beim Mittag- und zum Abendessen Kommunarden[1] an Tischen aus grobem, verwittertem Holz unter den Bäumen. Danach Großabwasch im Kollektiv. […]

Tatsächlich gibt es in Amerika nach wie vor Hunderte so genannter Intentional Communities, Gemeinschaften, die mehr sind als bloße Zweckbündnisse zum Wohnen, sondern die eine bestimmte Idee des Zusammenlebens verfolgen. Twin Oaks ist jedoch die älteste, noch existierende Hippiekommune der Vereinigten Staaten. Gegründet wurde sie 1967, im legendären „Summer of Love", als in Amerika plötzlich alles möglich schien. Jetzt feiert Twin Oaks 50-jähriges Jubiläum. Inzwischen leben 91 Erwachsene hier, die Jüngsten Anfang 20, die Ältesten hoch in den 70ern, dazu 15 Kinder. In den acht Gemeinschaftshäusern unter Bäumen hat jeder nur ein winziges Zimmer. Einige Bewohner sind erst seit kurzem hier, andere schon seit 20, 30 und einer sogar seit 49 Jahren. Die Kommunarden leben hauptsächlich von der eigenen Landwirtschaft samt Milchkühen und Hühnern sowie vom Verkauf von Hängematten und Tofu, selbst produziert mit geradezu protestantischer Arbeitsdisziplin in 42 Pflichtstunden pro Woche.

Twin Oaks ist auch die älteste der so genannten egalitären Kommunen, in denen das Einkommen miteinander geteilt wird, und keiner mehr haben soll als der andere. Es gibt auch kein Führungspersonal und keine Hierarchien. Dies ist die radikalste Form des gemeinschaftlichen Lebens. […]

Es findet sich hier in Twin Oaks jetzt ein Querschnitt der amerikanischen Mittelklasse auf engstem Raum. Frauen und Männer, Weiße und Schwarze, Junge und Alte, Wissenschaftler und Schulabbrecherinnen, Buchhalterinnen und Sozialarbeiter, viele hatten gleich mehrere Berufe. Wie aufgeschmissen man als Einzelner sein kann, bei Arbeitslosigkeit, bei Krankheit, im Alter, oder auch nur, wenn man den Kindern eine gute Bildung ermöglichen will!

Utopie, das war früher Verheißung und Zukunft. Inzwischen jedoch scheint oftmals selbst das Mittelklasseleben fast utopisch geworden zu ein. So ist die Kommune für viele nicht zuletzt ein Zufluchtsort, der ihnen Sicherheit bietet, vor dem, was in Amerika unerträglich geworden ist. Oder schlicht vor dem Kapitalismus. Der wird hier in diesem Paralleluniversum im Wald ganz einfach außer Kraft gesetzt.

Wie alle anderen hier hat auch Keenan, 58 Jahre alt, sämtliche Aufstiegschancen in den Wind geschlagen, als er kurz nach seinem Studium der Betriebswirtschaft nach Twin Oaks kam. Statt, wie geplant, Unternehmer zu werden und viel Geld zu verdienen, entschied er sich doch für das ganz andere Leben. Jetzt läuft er meistens mit einem Werkzeug in der Hand über das Gelände, denn er kümmert sich hauptsächlich um alles, was mit dem Bau und der Instandhaltung von Gebäuden zu tun hat.

„Wer nach Twin Oaks kommt, kann niemals reich werden. Das schockiert viele Amerikaner. Reich zu werden ist für die meisten eines der wichtigsten Ziele überhaupt. Selbst sehr arme Menschen glauben, dass sie eines Tages reich werden können. Aber wenn du Mitglied von Twin Oaks wirst, versprechen wir dir, auf gar keinen Fall reich zu werden. Auf der anderen Seite wirst du in Twin Oaks niemals arm sein. Du wirst immer eine Krankenversorgung und eine Arbeit haben. Deine Kinder werden gesund sein und du kannst sie gut erziehen. Twin Oaks wird mit einem Handstreich chronische gesellschaftliche Probleme los. Es gibt hier keine Arbeitslosigkeit, keine Kriminalität, keine Armut. Es gibt keine verwahrlosten oder missbrauchten Kinder. Vielmehr folgen wir dem Gedanken der Gleichheit und dass sich um jeden gekümmert wird.“[2]

Gabriele Riedle: Twin Oaks in den USA. Die älteste Hippiekommune der Welt, *in: Deutschlandfunk Kultur, 29. 08. 2017, URL: http://deutschlandfunkkultur.de/twin-oaks-in-den-usa-die-aelteste-hippiekommune-der-welt.979.de.print?dram:article_id=394320*

1 *Kommunarden* – members of a commune
2 *Die Aussage ist dem zuvor beschriebenen Bewohner Keenan zuzuordnen*

Aufgabe

You are participating in an internet project on alternative lifestyles with other European students and have found a suitable article.

Write an e-mail to your project coordinator (a teacher) outlining life at Twin Oaks and the philosophy behind the commune. (Material) (100 BE)

Prüfungsteil 2 (Schreiben) – Vorschlag B 1: *Men and women in love*

Wählen Sie Vorschlag B 1 oder B 2 zur Bearbeitung aus.

Material 1: William Shakespeare: A Midsummer Night's Dream (excerpt from the play, 1595/96)

In Act 1 Scene 1, Egeus is filing a complaint to Theseus, the Duke of Athens. Therefore, he presents his daughter, Hermia, and the two men, Lysander and Demetrius, who wish to marry her.

Egeus Full of vexation come I, with complaint
Against my child, my daughter Hermia.
Stand forth[1], Demetrius! – My noble lord,
This man hath my consent to marry her.
Stand forth, Lysander! – And my gracious Duke,
This man hath bewitched the bosom of my child.
Thou, thou, Lysander, thou hast given her rhymes,
And interchanged love-tokens with my child.
Thou hast by moonlight at her window sung
With feigning voice verses of feigning love,
And stolen the impression of her fantasy,
With bracelets of thy hair, rings, gauds, conceits,
Knacks, trifles, nosegays, sweetmeats[2] – messengers
Of strong prevailment[3] in unhardened youth;
With cunning hast thou filched[4] my daughter's heart,
Turned her obedience, which is due to me,
To stubborn harshness. And, my gracious Duke,
Be it so she will not here, before your grace,
Consent to marry with Demetrius,
I beg the ancient privilege of Athens;
As she is mine, I may dispose of her;
Which shall be either to this gentleman
Or to her death, according to our law
Immediately provided in that case.

Theseus What say you, Hermia? Be advised, fair maid.
To you your father should be as a god,
One that composed your beauties; yea, and one
To whom you are but as a form in wax
By him imprinted, and within his power
To leave the figure, or disfigure it.
Demetrius is a worthy gentleman.

Hermia So is Lysander.

Theseus In himself he is;
But in this kind, wanting your father's voice[5],
The other must be held the worthier.

Hermia I would my father looked but with my eyes.

Theseus Rather your eyes must with his judgement look.

Hermia I do entreat your grace to pardon me.
I know not by what power I am made bold,
Nor how it may concern my modesty
In such a presence here to plead my thoughts;
But I beseech your grace that I may know
The worst that may befall me in this case,
If I refuse to wed Demetrius.

Theseus Either to die the death or to abjure
For ever the society of men.
Therefore, fair Hermia, question your desires,
Know of your youth, examine well your blood,
Whether, if you yield not to your father's choice,
You can endure the livery[6] of a nun,
For aye[7] to be in shady cloister mewed[8],
To live a barren sister[9] all your life,
Chanting faint hymns to the cold fruitless moon.
Thrice blessèd they that master so their blood
To undergo such maiden pilgrimage;
But earthlier happy is the rose distilled
Than that which, withering on the virgin thorn,
Grows, lives, and dies in single blessedness[10].

Hermia So will I grow, so live, so die, my lord,
Ere I will yield my virgin patent up
Unto his lordship, whose unwishèd yoke[11]
My soul consents not to give sovereignty.

Theseus Take time to pause, and by the next new moon, [...]
Upon that day either prepare to die
For disobedience to your father's will,
Or else to wed Demetrius, as he would,
Or on Diana's altar to protest
For aye austerity and single life[12].

Demetrius Relent, sweet Hermia; and, Lysander, yield
Thy crazèd title to my certain right[13].

Lysander You have her father's love, Demetrius;
Let me have Hermia's – do you marry him.

Egeus Scornful Lysander, true, he hath my love,
And what is mine my love shall render him;
And she is mine, and all my right of her
I do estate unto[14] Demetrius.

Lysander I am, my lord, as well-derived as he,
As well-possessed: my love is more than his,
My fortunes every way as fairly ranked,
If not with vantage[15], as Demetrius';
And, which is more than all these boasts can be,
I am beloved of beauteous Hermia.
Why should not I then prosecute my right?
Demetrius, I'll avouch it to his head,
Made love to Nedar's daughter, Helena,
And won her soul; and she, sweet lady, dotes,
Devoutly dotes, dotes in idolatry,
Upon this spotted and inconstant man.

Theseus I must confess that I have heard so much,
And with Demetrius thought to have spoke thereof;
But, being over-full of self-affairs,
My mind did lose it. […]
For you, fair Hermia, look you arm yourself
To fit your fancies to your father's will;
Or else the law of Athens yields you up
(Which by no means we may extenuate)
To death, or to a vow of single life.

[After discussing the obstacles put in their way, Hermia and Lysander decide to marry secretly nevertheless.] *(720 words)*

William Shakespeare: A Midsummer Night's Dream, *Cambridge 6. Aufl. 1997, S. 5–11*

1 stand forth – step forward
2 With bracelets of thy hair, rings, gauds, conceits, / Knacks, trifles, nosegays, sweetmeats – giving her locks of your hair, rings, toys, trinkets, knickknacks, little presents, flowers, candies
3 prevailment – pressure
4 filched – stolen
5 wanting your father's voice – as your father does not give consent
6 livery – clothes
7 for aye – forever
8 mewed – confined
9 barren sister – nun
10 But earthlier happy is the rose distilled / Than that which, withering on the virgin thorn, / Grows, lives, and dies in single blessedness. – A married woman is happier on earth, she is like a rose which is made into a perfume, while a nun just withers away on the stem.
11 yoke – constraint
12 Or on Diana's altar to protest / For aye austerity and single life – Or to take a vow to spend the rest of your life as a virgin priestess of the moon goddess.
13 yield / Thy crazèd title to my certain right – Stop acting like she is yours as I have every right to her.
14 to estate unto – to give to
15 vantage – advantage

Material 2:

Piktogramm: miceking 123rf.com

(64 words)

Aufgaben

1. Summarize the excerpt from Act 1 Scene 1 of Shakespeare's play. (Material 1) (30 BE)

2. Compare the situation (Material 1) to "Othello". (40 BE)

3. Choose **one** of the following tasks: (30 BE)

3.1 "How Shakespeare's women are perceived depends on contemporary attitudes." *(Jane O'Brien: "Shakespeare's evolving attitudes towards women" in: BBC News, 2015)*

Assess the influence of "contemporary attitudes" on the perception of Desdemona at the beginning and at the end of the play.

or

3.2 Taking the two pictures (Material 2) as a starting point and referring to material dealt with in class, write an article for a lifestyle magazine about love and marriage.

Prüfungsteil 2 (Schreiben) – Vorschlag B 2: *Class system*

Material: David Robson: How important is social class in Britain today? (2016)

Like it or loathe it, many see the class system as a quintessential element of British life, together with our obsession for tea and cake and talking about the weather.

"Class distinctions do not die; they merely learn new ways of expressing themselves," the British sociologist Richard Hoggart once wrote. "Each decade we shiftily declare we have buried class; each decade the coffin stays empty." A quick perusal of the foreign media would certainly paint a picture of a rigid class system, especially compared to places like the USA where ambition, talent and elbow grease[1] are thought to be the only limits.

But how well does this stereotype really hold up? Is the British class system still as entrenched as it ever was? Or are those old distinctions a thing of the past, best left behind with the corsets and top hats of our period dramas[2]? These questions have been difficult to answer with any certainty, but recent data has offered some surprising insights.

[…] Considering factors like education, salary, professions, and household ownership, the BBC's own Great British Class Survey discovered seven distinct classes in total, with an elite (representing roughly 6 % of the population) residing above a wide spectrum of working and middle classes.

Perhaps a more pertinent question, then, is not whether class distinctions exist, but whether it is possible to move out of one pigeonhole and into another. Just how much does your family's background influence how well you can expect to do in life? The general consensus would seem to be that social mobility has increased with improvements in education and social welfare, but is it really that clear-cut?

One fascinating case study comes from the Up series of documentaries by Michael Apted. Picking 14 children of various backgrounds, who were all aged seven in 1964, the producers filmed them on a trip to London Zoo before following their progress every seven years after.

A few of the children have managed to change their circumstances through hard work and discipline. One boy, Nick, who grew up on a farm, is now a successful physicist living and working in America; another, Lynn, grew up in the less salubrious areas of London's East End, but has forged a successful career as a university librarian. In general, however, the series has lacked any truly astonishing rags-to-riches tales. As the New Yorker[3] concluded in its review of the latest edition, 56 Up[4]: "The British class system has its protections at every level, but also – at least to American eyes – a built-in inertia. None of Apted's subjects have become alcoholic or drug-addicted, but the predictability of most of the individual fates – working-class kids rising slightly, rich kids staying rich – makes one impatient."

According to a 2010 report by the Organisation for Economic Cooperation and Development, Britain is indeed among the worst countries for certain measures of social mobility, with the parents' wealth strongly influencing the child's prospects of higher education and a good salary.

Even so, there had been a steady average rise in the population after World War Two, with each child expecting to be slightly better off than their parents. Unfortunately, the relative proportions of people moving up or down a class now seems to be reversing. "More men and women are experiencing downward mobility and fewer of them experience upward mobility than before," says Erzsebet Bukodi at the University of Oxford, who calls it "the dark side of the Golden Age of Mobility" – with more people at the top, more have the potential to fall.

The trouble is, the fabric of our society has so many strands, it can be difficult to disentangle all the potential factors that could influence your status. One potential issue is that most previous studies have only examined two generations – parents and children – whereas your class may depend on many more branches of the family tree. Tak Wing Chan at University College London, for instance, has found that a child is two-and-a-half times as likely to have a professional or managerial job, if their grandparents were of a higher class. It could be that the grandparents pay for education, help with child care, or offer a network of contacts that could boost their grandchild's work opportunities.

With these more distant ties, social class may be even less elastic than we thought – even if one generation pulls away, the next may be tugged backwards thanks to the broader connections of their family at large. "If you want to predict someone's outcome, you don't just look at their parents – but also their uncles and aunts, their grandparents and great-grandparents," says Gregory Clark at the University of California, Davis. "They are all predictive."

[…] In fact, he found long-term social mobility to be very slow indeed, calculating that it takes around 10 generations for someone at the highest or lowest levels of society to reach the middle classes. That's about the same rate of change you might expect from purely biological features, such as height. Most surprisingly of all, that rate of social mobility remained remarkably stable – even after the monumental changes of the Industrial Revolution and the introduction of universal education. *(858 words)*

David Robson: How important is social class in Britain today?, *07. 04. 2016, https://www.bbc.com/future/article/20160406-how-much-does-social-class-matter-in-britain-today*

1 elbow grease – figure of speech to show that hard work is needed
2 period drama – The term refers to a work set in the past, usually used in the context of film and television.
3 The New Yorker – an American magazine
4 56 Up – edition of the Up Series

Aufgaben

1. Outline Robson's findings on social class in Britain today. (Material) (30 BE)

2. Examine the intention of the text and the means the author uses to present the situation of social class in contemporary Britain. (Material) (40 BE)

3. Choose **one** of the following tasks: (30 BE)

3.1 "A quick perusal of the foreign media would certainly paint a picture of a rigid class system, especially compared to places like the USA where ambition, talent and elbow grease are thought to be the only limits." (Material)

Write a letter to the editor in which you comment on the quotation, also referring to the situation of Asian Americans.

or

3.2 According to the Centre for Social Investigation at Nuffield College, ethnic minorities are more likely to live in poverty and more likely to experience unemployment than white Britons.

Assess this statement, referring to the text and to material dealt with in class.

Lösungsvorschlag

Prüfungsteil 1 (Sprachmittlung) – Vorschlag A: *Alternative lifestyles*

Teaching modules referred to:
The task refers to the thematic focus Manifestations of individualism *(Q 1.3), in particular to the key term* concepts of life (Leben in der Stadt und auf dem Land, Ausstieg aus der Gesellschaft).

When writing to your project coordinator, you need to consider the conventions of a formal email, beginning with a suitable salutation and a complimentary close. Refer to the project and the article at hand as well as to the purpose of your mail.
Since you are dealing with a language mediation the formal aspects of this genre have to be observed: a reference to the addressee, the situation and the choice of a suitable linguistic register (cf. "Hinweise zur Lösung von Aufgabenstellungen – 1 Sprachmittlungsaufgabe"*). By using shortening strategies and omitting unnecessary details and examples, you can summarize the text.*
Your text should contain the following information:
- ***Character of the commune:***
  - *Oldest hippy settlement in the backwoods of Virginia*
  - *About 100 people from different walks of life, age and professional background*
- ***Regulations:***
  - *Sustainability, no hierarchies, equality, shared property*
  - *Communal activities, personal security, good education for the children, escape from capitalism*

Dear project leader,

As a participant of our internet project on alternative lifestyles I write to you today because I found a very commendable article about the oldest hippy commune in the United States. The article is about Twin Oaks and as it describes the character of this commune, its people and their rules, I reckon the American perspective might give our European project some background about the history and origins of so-called intentional communities. There are still hundreds of these communes in the States, but this community in the backwoods of Virginia was already founded in 1967, the legendary summer of love and it has about 100 members from all walks of life, of different ages and professional training. Some members have just moved in recently, while others have been living there for decades. People live in tiny rooms in a community house, have shared meals at lunch and dinner, have to work 42 hours every week and are either craftsmen, farm workers or they manufacture products. They are committed to sustainability, equality and dislike hierarchies with the result that everyone earns the same and no-one will get rich. But as an escape from capitalism they enjoy personal security, health insurance and are able to provide a good education for their children. I hope this information is useful.

Best wishes,
Inez *(222 words)*

Prüfungsteil 2 (Schreiben) – Vorschlag B 1: *Men and women in love*

Teaching modules referred to:
The assignment relates to the topic Human dilemmas in fiction and real life *(Q 3.1), especially to the reading of Shakespeare's play* Othello. *It also refers to the topic* Gender issues *(Q 3.3), in particular to the key concept* culture and gender – now and then. *The cross-curricular reference is established by part one of the examination* (Prüfungsteil 1).

1. *Your summary should be introduced by an umbrella sentence stating author, title, genre (source), year of publication and content – in this case of the opening of the play. The essence of the scene needs to be outlined in your own words and in a short and succinct way, omitting unnecessary detail and examples, also avoiding close dependence on the text. The general conventions of a summary must be observed: present tense, no direct speech, neither quotations nor comments and adjusting references to location, time and characters. Your version should not exceed one third of the original (about 240 words).*
   Your summary should contain the following main points:
   Egeus' complaints and demands:
   - *Accuses Lysander of having bewitched his daughter*
   - *As a consequence, she would refuse to marry Demetrius*
   - *Egeus insists on his privileges as a father*

   Theseus:
   - *As the Duke of Athens, he reminds Hermia of her filial duties*
   - *Confirms paternal rights in Athens*
   - *Gives Hermia three options: to obey her father, to be sentenced to death or to live as a nun*

   Hermia:
   - *Asks for Theseus' mercy but rejects his suggestion*

   Demetrius:
   - *Insists on Hermia obeying her father*

   Lysander:
   - *Tries to make Egeus change his mind*
   - *Claims that his rival loves another woman*

   The excerpt at hand is from Act 1, Scene 1 of Shakespeare's play *A Midsummer Night's Dream*, first published between 1595 and 1596. It deals with Egeus' attempt to claim his paternal right of enforcing his daughter's marriage with Demetrius in front of the Duke of Athens. Egeus accuses Lysander of having bewitched his daughter who as a result resisted his wish to marry Demetrius. He vehemently claims his right as a father and insists on her obedience, otherwise she would have to die. Theseus reminds Hermia of her duties as a daughter to obey her father and demands that she consider her case from her father's point of view. But Hermia just asks for Theseus' mercy because she is in love with Lysander and does not want to enter into this matrimony. She even points out that Lysander is as worthy a gentleman as Demetrius. Theseus, in his turn, offers her the choice between death and becoming a nun in case she keeps refusing to marry Demetrius. When Hermia continues to reject this suggestion, Theseus offers her respite for a few days to reconsider her attitude. Lysander tries to make Hermia's father change his mind and tells him that Demetrius loves another woman anyway. He also argues, in front of Egeus, that he is just as well off as Demetrius, if not in a more advantageous position. But Theseus emphasizes Egeus' paternal right to decide who his daughter is allowed to marry. *(243 words)*

2. *You have already established some main aspects of the situation in task 1; these have to be further explored with a focus on such examples that lend themselves to a comparison with characters from the play* Othello. *In* Midsummer Night's Dream *these entail: the paternal right to choose his daughter's marriage partner; love itself is not relevant for selecting your partner, instead ancestry, financial situation and future prospects are more important (as shown in ll. 77–80). On the other hand there is the daughter's decision to resist her father. You should also provide evidence from the text by means of quotes.*
Your argumentation would then refer to similarities and differences in the play Othello.
Similarities:
- *Both fathers disagree with their daughters' choice of a marriage partner.*
- *Both appeal to a higher authority.*
- *Both reproach their daughters' partners with having used witchcraft.*
- *Both daughters resist their fathers' wishes in favour of supposedly true love and secretly marry.*

Differences:
- *Egeus visits the Duke on his own accord, Brabantio is incited by other people.*
- *Desdemona and Othello are already married, Egeus still hopes to prevent a marriage.*
- *Egeus is primarily interested in his paternal rights, whereas Brabantio wants to see Othello in prison and his daughter is dead to him.*
- *The Duke of Venice asks Brabantio to accept the marriage (that has already taken place), the Duke of Athens wants Hermia to fulfill her father's wishes.*
- *Brabantio is in a forgiving mood, Egeus seems unpersuadable.*
- *Lysander claims to be as worthy as his rival, Othello is held in high esteem in Venetian society but his skin colour, origin and age get in the way.*

The way Egeus presents himself in the given scene shows that he is not interested in his daughter Hermia's wishes and insists on his rights as a father: "I beg the ancient privilege of Athens; / As she is mine, I may dispose of her" (ll. 20/21). This shows that he simply regards his daughter as his object, overruling any feelings of the lovers, which he dismisses as unimportant or even as a result of witchcraft. In ancient Athens, love does not play any role in selecting your partner, whose choice rather depends on ancestry, financial status and future prospects. This principle is also referred to by Lysander when he uses it to support his case: "I am, my lord, as well-derived as he, /As well-possessed: my love is more than his; / My fortunes every way as fairly ranked, /

If not with vantage, as Demetrius'" (ll. 77–80). Hermia strongly resists her father's imposition and insists on having her own way. Instead of giving in to her father's demand to marry Demetrius, she wants to know from the Duke of Athens what the consequences would be for her: "But I beseech your grace that I may know / The worst that may befall me in this case / If I refuse to wed Demetrius" (ll. 42–44). Even threatened with her own death or having to become a nun as a result of disobedience she does not relent and is willing to accept her fate (cf. ll. 59–62).
Similarities between *A Midsummer Night's Dream* and *Othello* begin with the two fathers in the plays, Egeus and Brabantio who both disagree with their daughters' choice of a husband. Egeus complains, in front of the Duke of Athens, about his daughter's refusal to marry the man chosen by him: "Turned her obedience, which is due to me / To stubborn harshness" (ll. 16/17). Desdemona's father Brabantio strikes the same chord when he, in front of the Duke of Venice, deplores the loss of his daughter: "She is abused, stolen from me, and corrupted / By spells and medicines bought of mountebanks" (act 1, scene 3). And just like Hermia's father he appeals to a higher authority to get a ruling to his taste. Also, both fathers reproach their daughters' partners with having manipulated them by means of witchcraft. Egeus: "This man hath bewitched the bosom of my child" (l. 6), Brabantio: "Sans witchcraft could not" (act 1, scene 3). A further parallel can be found in the fact that both daughters defy their fathers' wishes in favour of true love and secretly do marry; Roderigo, Desdemona's unsuccessful suitor, confirms this to her father in their meeting right at the beginning of the play: "Brabantio: Are they married, think you? Roderigo: Truly I think they are" (act 1, scene 1). In Hermia's case this is established by stage directions (cf. ll. 98/99).
A number of distinct differences between the two plays are also obvious. Firstly, Egeus visits the Duke on his own accord and strongly demands an official decision concerning his paternal rights. Brabantio on the other hand, at first seems to be unaware of his daughter's secret marriage but is incited to act by Iago and Roderigo. Another difference is that Egeus still hopes to be able to obstruct his daughter's wedding (cf. ll. 17–19) but, as mentioned above, Brabantio has to realise that his daughter has already married Othello.
This leads to another difference in the plays' constellations. Egeus is primarily interested in enforcing his rights as a father and even willing to accept his daughter's death: "Or to her death, according to our law / Immediately provided in that case" (ll. 23/24). Brabantio, on the other hand, wants to see Othello in prison: "To prison, till fit time / Of law and course of direct session / Call thee to answer" (act 1, scene 2). Apart from the fathers' role there are also differences in the authorities' reactions. The Duke of Venice asks Brabantio to accept his daughter's marriage to Othello: "Good Brabantio, take up this mangled matter at the best" (act 1, scene 3) and rules: "Let me speak like yourself and lay a sentence / Which as a grise or step may help these lovers / Into your favour" (act 1, scene 3). As a consequence, Brabantio shows a forgiving attitude and is willing to pardon Desdemona if she can convince him that she acted on her own free will (cf. act 1, scene 3). With certain reservations he finally accepts Othello as her daughter's husband: "Come hither, Moor: / I here do give thee that with all my heart / Which, but thou hast already, with all my heart / I would keep from thee" (act 1, scene 3). In contrast to him, Egeus is in an unforgiving mood and insists on Hermia's

marriage to Demetrius (cf. ll. 73–76). Differences also extend to the situation of the two male lovers; Lysander argues that "my fortunes every way as fairly ranked, / If not with vantage, as Demetrius'" (ll. 79/80). Othello does not have this privilege; although he is well-esteemed in Venetian society, his skin colour, ancestry and age are in his way and speak against him. *(881 words)*

3.1 *As a starting point and based on the given quote, the character of Desdemona in the play* Othello *should be analysed in some detail, especially changes in her personality at the beginning and ending of the play. The way contemporary attitudes towards women influence this perception needs to be considered as well as the relationship between female role expectations of today and those in Shakespeare's time. Before writing you should have a closer look at the play's beginning and ending and collect appropriate quotations to show this development and support your arguments.*
The following aspects could be mentioned:
First impressions of Desdemona:
- *Defined by other characters even before entering the stage*
- *Iago's comparison with animals*
- *Brabantio's belief in her innocence and accusations against Othello*
- *Elizabethan views: the weaker sex, male protection, obedience required*
- *Today's perception: Elizabethan views are unacceptable, Desdemona as a puppet, immature, weak*
- *Othello's image of Desdemona: compatible with modern attitudes*
- *Desdemona's self-image: self-confident, purposeful, calm and restrained, respectful of her father*
- *Seems to know her place in society, but ready to stick to her belief*
- *Outrageous in Elizabethan times but from today's perspective courageous, independent, strong*

The reversal of Desdemona's image:
- *Desdemona turns into a submissive and reticent person when defending her fidelity*
- *Even takes responsibility for her own death*
- *Elizabethan world view: death corrected her attempt to turn gender expectations upside down*
- *Self-determination brought about her downfall*
- *Audience left dissatisfied from a contemporary perspective, Desdemona of act 1 would have been able to defend herself*

Even before Desdemona enters the stage, other characters in the play convey a number of different impressions about her personality. Talking to her father, Iago says of Desdemona: "an old black ram / Is tupping your white ewe" (act 1, scene 1) with the intention to incite Brabantio against Othello. But Brabantio does not believe this as he has a completely different image of his daughter: "A maiden never bold; / Of spirit so still and quiet that her motion / Blushed at herself" (act 1, scene 3) and defends her against all accusations: "a maid so tender, fair, and happy, / So opposite to marriage that she shunned / The wealthy curled darlings of our nation" (act 1, scene 2). He cannot imagine that she got married without his consent. This is why he calls Othello a thief who bewitched and stole his daughter from him and he considers this connection as unnatural. Brabantio's attitude is in accordance with Elizabethan views regarding women as the weaker sex in need of male support, who have to obey their fathers or other male family members and then marry the man selected by their father and who is befitting to their rank. From a modern perspective this is a gender perception that women cannot identify with in Western culture. In this context, Desdemona appears like a puppet, immature and weak.

Othello, on the other hand, conveys an impression of Desdemona which is compatible with our modern views. It is that of a woman with a thirst for knowledge and a passionate personality, who devoured his words: "with a greedy ear / Devour up my discourse" (act 1, scene 3) and who at the end of his tale confessed her love to him: "if I had a friend that loved her, / I should but teach him how to tell my story, / And that would woo her" (act 1, scene 3).

When Desdemona appears she expresses her wishes and emotions, her love of Othello and her intention to follow him to Cyprus, in a self-confident manner, without allowing any doubts to get in the way. But she remains calm and restraint even when her father threatens to disown her, showing respect and deference towards him: "My noble father, I do perceive here a divided duty: / To you I am bound for life and education, / My life and education both learn me / How to respect you. You are the lord of my duty" (act 1, scene 3). As a daughter she knows her place in society and yet is ready to carry her point. What will seem outrageous from an Elizabethan viewpoint is perceived today as courageous, independent and strong.

At the end of the play Desdemona's image is reversed. As bold and self-confident as she appeared in defending her love to Othello in front of her father she now turns into a submissive and reticent person when she has to answer for her alleged infidelity to Othello. Finally, she even takes full responsibility for the murder Othello committed when Emilia asks: "O, who hath done this deed?" she answers: "Nobody; I myself, farewell: / Commend me to my kind lord, O, farewell!" (act 5, scene 2). In the Elizabethan world view Desdemona's death corrected her attempts to turn traditional gender expectations upside down. Her self-determination seems to have brought about her downfall. From a contemporary viewpoint the audience is certainly left dissatisfied because a Desdemona of act 1 would have been able to defend her life as a self-confident and strong person rather than merely staving off her death with small gestures.

(603 words)

3.2 *The task requires writing an article for a lifestyle magazine on the topic of love and marriage, starting with the two given pictures. You should also refer to materials dealt with in class. You need to consider typical elements of such an article like a catchy headline, a motivating introduction and a formal language style.*

Possible aspects of your article could be:

Referring to the pictures:

- *Both photos stand for stereotypes of love and marriage*

- *T-shirt with 'game over' shows a fettered bridegroom*
- *Wedding magazine depicts a happy bride with perfect dresses for every season and the slogan "make your day magical"*
- *Wedding as the highlight of a woman's life*
- *Magic and romantic day often connected with high cost*
- *To many men less important, stag night starting the end of freedom*

Materials dealt with in class you could refer to:

- *Comparing attitudes towards love and marriage in Shakespeare's plays and his sonnet 116*
- *Arranged marriages in different cultures, women married much younger in former times, wife had to be submissive and obedient*
- *Reference to different attitudes in other cultures*
- *Dynastic marriage: gaining territory, securing privileges*

"Till death do us part?" – the changing faces of matrimony

With a divorce rate of currently 40 to 50 per cent (in the US) and slightly less in Germany (35 per cent in 2018) matrimony has ceased to be a recipe for success. Or is it? Over time customs and traditions may have changed but for many young people a wedding is still one of the most important events in their lives – if they can afford it.

Special magazines are aplenty, showing happy brides with perfect dresses for all seasons, propagating glamour on a budget and romantic beaches for a perfect honeymoon. Tips and tricks comprise ways to set up tables and recipes for menus, exciting veils and accessories and – if not most prominently – how to get the hair you want as a bride. The bridegroom is less of an object for the magic day.

A typical t-shirt designed for the stag night shows his side: with the caption 'game over' it shows a supposedly married couple with the male spouse wearing a human ankle or ball hobble.

Both images of contemporary marriages present certain stereotypes: that of a bride for whom matrimony is the highlight of her life, often being yearned for and prepared for for ages, bound to be unique, magical and the most beautiful day in her life – but frequently connected with high cost. For men, so the cliché goes, this day is of less importance than the preceding stag night marked as the end of freedom once they are getting married.

Things could not have been more different in Shakespeare's time. In the Elizabethan age marriages were rarely a matter of romance or mutual love but, depending on one's position in society, they took place for very different reasons. The bride's father selected the husband for economic, societal or cultural reasons, daughters had to obey and had no say in the choice of their husbands. Also, women often married at a much younger age than today and occasionally much older men, who, on the other hand, had to secure their wives' lifestyle.

There were, however, certain exceptions – as Desdemona's example in the play *Othello* shows. She was able to marry against all odds, without her father's permission and overcame prejudices of her time against skin colour, origin and social customs. The couple even did stay married "till death do us part", unfortunately Desdemona's husband ended her life because he was eaten up by jealousy and pushed into the murder by his malicious "friend" Iago.

Particularly in the higher echelons of society, namely the aristocracy, marriage also served a practical purpose, often to round up a territory or securing a clan's hereditary sequence. But Shakespeare also dealt with love and marriage on a much lighter note. His sonnets mostly conveyed a message that went against the culture of his time.

His sonnet 116 in particular shows an attitude towards love and marriage quite adverse to the Elizabethan world view. Here love is an unchanging ideal, in Shakespeare's metaphors and words it "looks on tempests and is never shaken, not time's fool" and "bears it out even to the edge of doom", in other words "till death do us part". This most quoted of his sonnets even goes one step further by referring to a "marriage of true minds" and love as a guiding star to lost ships.

However romantic or (again) modern these notions may sound, it took years for things to change, especially the role of women and their freedom of choice. In Europe in the 1960s, for example, married women were only allowed to work if their husbands gave their consent, they did not have their own bank account and were often financially dependent on their spouses. And even in the 21st century there are still cultures which subdue women, forbid divorces and perpetuate female dependency, the sharia and arranged marriages being a case in point.

So, however romantic or self-determined marriages would appear at least in Western cultures, the situation of women has taken a long time to generate independence and freedom and maybe this ideal marriage is in danger of being curbed again nowadays by the peer pressure of costly celebrations and pessimistic prospects as documented in the current divorce rates. Perhaps a little less glamour would put young people on a better footing as far as love and marriage are concerned. *(729 words)*

Prüfungsteil 2 (Schreiben) – Vorschlag B 2: *Class system*

Teaching modules referred to:
The assignment relates to the teaching module Great Britain – past and present: the character of a nation *(Q 2.1), especially the topic* Great Britain – tradition and change *(Q 2.1). A further reference is established by the teaching module* Manifestation of individualism *(Q 1.3), and in particular to the keyword the* American Dream as a manifestation of individualism, *and the module* Living in the American society *(Q 1.2), with a focus on the topic* the American way of life. *The cross-curricular reference is also established by part one of the examination* (Prüfungsteil 1).

1. *The task "outline" requires you to give the main features of the text without commenting on them and in a shortened version. You need to avoid direct quotations, close textual references and omit unnecessary details and examples. Use your own words and, in an umbrella sentence, mention the author, the title, the source, the date of publication and the topic.*
   Points you might consider are the following:
   - *Class system as a constituent element of British society*
   - *Only low social mobility*
   - *Education and professional success of children largely depend on their parents' wealth.*
   - *Grandparents' social status influences grandchildren's prospects.*
   - *Social rise or decline into the middle class takes generations.*

   The article "How important is social class in Britain today?" by David Robson, published at the BBC Website on April 7, 2016, describes what the class system in Great Britain of today looks like and how fast or slow social mobility occurs. The author refers to a BBC survey describing seven classes in total with a small elite and a high proportion of middle and working classes. The results of another study in which the lives of 14 Britons had been followed over several years showed that among the tested persons there were only few examples of social rise and that the class system as a whole was rather rigid. Nowadays, in many cases the likelihood of social rise would be lower than that of decline. Another report indicated that in terms of social mobility Great Britain was in a rather bad position and that the degree of education and the professional income of children were related to their parents' wealth. According to another study, the class affiliation of grandparents was important for the professional success of their grandchildren as well, since they supported their offspring with money for education or with child care. As a result, the impact of origin on social class is more complex than expected and differs from generation to generation. In order to predict one person's performance in economic and social terms the whole family background would have to be taken into account. Social mobility in Britain is very slow and it takes around ten generations to move from both the highest or lowest class to the middle class. *(264 words)*

2. *You are asked to analyse the author's intention in a first step. Rereading the article about social class in Britain, you had best gather relevant statements first and show his argumentation in a coherent way, backing your own text with appropriate quotations.*
These aspects will be relevant:
- *The author intends to give a broad survey of research about the present situation of the class system in Britain.*
- *He would like to show how slow and interminable social advancement is in Great Britain.*
- *He confronts optimism about social mobility with reality.*
- *His position is mainly conveyed by the way he presents sources, but he clarifies his regret about the current situation.*

The second assignment requires you to examine the means employed by the author to delineate the situation of the British class system. In this context the following should be considered:
- *Text structure: introduction, rhetorical questions, summarising different sources, studies and statistics*
- *Stylistic means: questioning existing perceptions and assumptions of the British public and the author himself*
- *Choice of words and metaphors: negatively connoted adjectives, death simile, immovability of the class system*
- *Reference to period dramas, indicating an antiquated social system*
- *Quoting sources to increase credibility and objectivity*

In his article, David Robson aims at giving a broad survey of research into the contemporary situation of the class system in Great Britain. He maintains that social advancement is still very difficult and tedious and he counters prevailing optimism about growing social mobility with a glance at reality and by quoting British sociologist Richard Hoggart, "Each decade we shiftily declare we have buried class; each decade the coffin stays empty." (ll. 4/5). In this way he intends to overcome beliefs referring to education and social provision: "The general consensus would seem to be that social mobility has increased with improvements in education and social welfare, but is it really that clear-cut?" (ll. 18–20). The author's opinion is mainly conveyed by the way he presents sources, but still he makes his conviction heard as well, "Unfortunately, the relative proportions of people moving up and down a class now seems to be reversing" (ll. 40/41).

In order to delineate the situation of the British class system and to get his opinion across the author structures his article in a specific way, uses a number of stylistic devices, a certain choice of words and relies on sources and selected information. As far as structuring the text is concerned, already in the introductory paragraph a recurrent hope in Great Britain is indicated, namely that the class system might be overcome, "Like it or loathe it, […] 'Class distinctions do not die'" (ll. 1–3). At the same time the author points out that this hope is in vain and that the class system is still a constituent part of British society. As a bridging passage rhetorical questions are used which serve to introduce the article's topic as to whether the class system is still alive and what the current data look like. These questions are answered in the main part of the text, which summarises different sources, surveys and statistics.

These sources are organized by the author to produce a distinct guiding thread: starting with the actually existing class structure, followed by sources about social mobility the argumentation leads to the manifold factors influencing a person's social status. The final conclusion once more shows that in Great Britain social mobility is slow. Rhetorical questions serve to query the reader's own perception as well as that of the author and the British public respectively. Examples are "is it really that clear cut?" (l. 20), or "Is the British class system still as entrenched as it ever was? Or are those old distinctions a thing of the past best left behind with the corsets and top hats of our period dramas?" (ll. 8–10).

The way words and metaphors are chosen indicate a rigidity of the class system for example by negatively connoted adjectives such as "rigid"(l. 6) or "entrenched" (l. 9). The following quote selected by the author is to show how immovable the class system actually is by using a death metaphor: "each decade the coffin stays empty" (l. 5). A reference to period dramas presenting an antiquated image of British life insinuates how outdated the British social system really is. Even connections to historical events are drawn upon: the rigidness and lack in flexibility of the class system would become obvious as even after historic milestones hardly any social mobility was able to take place. By quoting statistics, research results and selected data the argumentation gains higher credibility and objectivity. In this way, a broadly based picture of the current state of the British class system is generated. *(590 words)*

3.1 *In this task you are expected to compose a letter to the editor taking the given quote as a starting point that, in the USA, not class affiliation but rather ambition, talent and personal initiative are thought to guarantee success. As a comment on this statement your letter would contain a salutatory address, date, conventional greeting, formal language use and linguistic structures.*

Depending on material dealt with in class, the following points might be mentioned:

- *References to the foundations of the American Dream, contradicting a class system and focusing on initiative and willingness of the individual*
- *References to the frontier and connected can-do spirit*
- *References to individual success stories of immigrants and to Asians as model minority*
- *Contradictions to the quote: from the beginning ethnic groups were excluded from the American Dream and equal chances, e. g. Asian workers*
- *References to the US social structure: no aristocracy but a traditional elite, educational opportunities in dependence of income and to the so-called WASPs*

March 19, 2020

Dear Sir/Madam,

I am writing to you today in a response to an article on your BBC website about the British class system. My attention was particularly drawn to David Robson's opinion that in contrast to the situation in Great Britain the USA was a society not based on class affiliation; on the contrary, ambition, talent and personal initiative were supposed to enable success. Given his detailed data about the outdated British class system and his regret about the lack of social mobility the author's comparison or rather juxtaposition seems to work well at first glance.

After all, as early as in the Declaration of Independence the so-called American Dream saw its foundation in the promise that everyone would be able to enjoy equality and his individual pursuit of happiness. This dream did not only attract millions of immigrants following the Statue of Liberty's announcement: "Give me your tired, your poor, your huddled masses yearning to breathe free". It also fostered, at least some time ago and for a while, American values like the ideals of the self-made man, who can make it from rags-to-riches, and the can-do spirit, which still seems to prevail in the US. Historically all these notions were encapsulated in the frontier spirit of the 19th century and "Manifest Destiny", the American belief that the US were "destined" to expand across the continent.

But at this stage I would also like to draw your attention to the fact that "Manifest Destiny" did not work for everyone in the same and positive way. It was, for instance, used by Democrats and Republicans to justify the war against Mexico, it cost the lives of thousands of Native Americans who were forcefully removed from their traditional hunting grounds to make room for White settlers and it did not stop slavery in the US until after the Civil War – with repercussions not even entirely resolved during the Civil Rights Movement in the 1960s. As mixed as these historical connotations might seem in hindsight – many positive but with a lot of downsides – the same I find true for contemporary US society.

A case in point is the situation of the Asian communities in the States. I have first-hand experience of this from my exchange with my Asian host family in Wisconsin last year. On the one hand, many are able to live their Asian-American Dream by redesigning their Chinese or Japanese identity and embracing the American culture to feel included and enjoy their personal success stories in education or commerce. But it is also true that right after the end of the Obama administration right wing populists and even White supremacists increased in number and influence again and effectively poisoned public opinion against ethnic minorities and unwanted immigrants. My own host family is, from time to time, still subject to some forms of discrimination, admittedly more in a cultural sense when some of their traditional activities are frowned upon.

What makes things more complicated and sometimes worse is the resurging phenomenon of what used to be called WASPs in the last century. Although there is no aristocracy in the US this traditional elite group of White Anglo-Saxon Protestants can still be found in the leadership of political parties, the staff of certain universities and in the American establishment overall. They are typically wealthy and well-connected, and although the term WASPs has a negative connotation their children seem to do better in education and professional careers.

So, despite all the success stories during and after the Civil Rights Movement and affirmative action to increase the number of students from ethnic minorities there are growing parallels to the class-ridden British society and, at least from my point of view, David Robson's opinion can only be supported with some reservation. I hope that in the light of present issues and tribulations, the American Dream will not turn into an

American Nightmare. This would be a betrayal of the ideals of the Founding Fathers and their Declaration of Independence.

Yours faithfully,
Felix Sebastian *(670 words)*

3.2 *As you are required to assess a statement about poverty in Great Britain you first need to establish the issues and reasons involved and paraphrase them using your own words. In a second step, you should discuss its implications by referring to materials dealt with in class, either literary texts and/or newspaper articles about Islamophobia or immigrants from Eastern Europe and other discriminated against minorities. Short stories like "Loose Change" can be drawn upon to include experiences of members of ethnic minorities.*
You might want to include the following reasons:
- *Members of ethnic minorities often lack the wealthy background of other classes that would enable them to attend prestigious universities or schools other than through grants.*
- *Immigrant children are not able to profit from professional connections available to members from upper classes.*
- *Ethnic minorities face prejudices limiting careers and promotions.*
- *The difficulties to integrate into British society hamper professional advancement.*
- *Formation of ghettos in English cities create problems for children to learn the language or receive proper education.*

The issues raised in the given statement refer to disadvantages and financial setbacks ethnic minorities experience in Great Britain. The Centre for Social Investigation at Nuffield College found, in their research, that unemployment and a life in poverty are more likely to be found among members of such minorities. This is reflected in a number of sources from both literature and the media which show the experiences of members of ethnic minorities. Many of them are not only much more poorly off than people in mainstream society but are also subject to Islamophobia, prejudices and being discriminated against. Similarly, immigrants from Eastern Europe, members of different cultures and foreigners in Britain generally suffer from hostile public opinion, which also strongly influenced the recent Brexit. Reasons for these negative circumstances are manifold and need to be analysed in some detail.
A case in point is the presentation of the characters in the short story "Loose Change" by Andrea Levy, which describes the encounter of two women in London's National Portrait Gallery. The first-person narrator is the grandchild of post-war Caribbean immigrants and an established citizen of London. She is in need of some small change and approaches Laylor who has just arrived from Uzbekistan together with her brother. The two political refugees are homeless and live rough on the streets of London. Laylor is the only one in the gallery to help the narrator and the two women get into a conversation during which the narrator has half a mind to offer Laylor a place in her pleasant and cultivated London home. She remembers the stories of the negative experiences of her Caribbean grandmother who only survived in Great Britain with the help of a

stranger. But in a twist in the story she abruptly leaves Laylor taken aback by her unkempt appearance and abandons her original plan to offer her shelter. In the story the protagonist cannot resist her prejudice against immigrants from Eastern Europe and homeless people in spite of her family's background which shows some parallels.

Andrea Levy also published an essay with the title "How I learned To Stop Hating My Heritage" in which she gives an account of her experiences of discrimination and racism and how she was able to identify with her ancestry in spite of regular questions like how long she and her family intended to stay in Britain. Often less privileged Britons live in separate areas of the cities. When Levy went to art college it was the first time she got into contact with middle class people. She hid the fact that she lived on a council estate to avoid further discrimination. Levy's own experience shows how prevalent racism and social class discrimination still exists in England even if it comes disguised in seemingly "harmless" questions, so called microaggressions, which people of colour and other minorities have to face every day.

Racist stereotypes and cultural prejudices hold back members of ethnic minorities and lead to unemployment and poverty. Economic factors create unfortunate and even miserable conditions for them. Often they are immigrants or their descendants and do not have enough capital or financial help from their parents or grandparents to afford higher education. If they are not awarded a grant they cannot afford to attend expensive public schools or prestigious universities. Immigrant children cannot profit from professional connections available to better-off or privileged families. Members of ethnic minorities are hampered in their professional careers or not awarded promotions in jobs when they have to face prejudices or are discriminated against.

Finally, documentaries and newspaper reports about the formation of ghettos in Northern English cities like Bradford or Sheffield show that immigrant children are disadvantaged in their peer group because they lack opportunities to learn the English language or because of the poor school education in those areas.

All these examples indicate that despite some progress in terms of successful professional careers or cultural adaptation ethnic minorities still belong to the most disadvantaged members of British society. White Britons are, in most cases, in a much better position in terms of earning money, securing jobs for themselves and receiving a good education, a fact that directly leads to more cases of poverty and unemployment, unproportionally high for members of minority groups. *(708 words)*

Abiturprüfung 2021 Englisch (Hessen)
Grundkurs

Prüfungsteil 1 (Sprachmittlung) – Vorschlag A: *South Africa's struggling economy*

Material: Wolfgang Drechsler: Schwächelnde Wirtschaft am Kap: Merkel besucht das Land der Blackouts (2020)

Kapstadt. Pünktlich um 20 Uhr erlöschen an der Kapstädter Atlantikküste in vielen Restaurants und Wohnhäusern die Lichter. Wo kurz zuvor noch das Leben pulsierte, ist es plötzlich zappenduster. Die Küche im Steakhaus nebenan muss den Betrieb einstellen, weil der Rauchabzug ohne Strom nicht funktioniert und das Notstromaggregat wegen seines Lärms für die umliegenden Wohnungen nicht angeschaltet werden darf. Sechs Tage in Folge passiert dies nun schon. Stromabschaltungen sind in Südafrika zum Alltag geworden. [...]

Die Wirtschaft in Afrikas einzigem Industriestaat ist schwer angeschlagen. Und die fortgesetzten Stromabschaltungen könnten den Niedergang beschleunigen. Wieder einmal droht dem Land eine Rezession. Selbst wenn diese noch vermieden werden könnte, ist die Wachstumsrate am Kap mit derzeit kaum 0,5 Prozent für ein Schwellenland extrem niedrig. Weltbank und Internationaler Währungsfonds erwarten für das Gesamtjahr weniger als ein Prozent Wachstum.

Dabei bräuchte das Land zum Abbau seiner Armut und einer Arbeitslosenquote von rund 30 Prozent mindestens das Fünffache. „Südafrika ist in ein tiefes Loch gefallen und wird, um wieder herauszukommen, seine vielen Krisen viel offener als bisher angehen müssen", sagt Ann Bernstein vom Centre for Development and Enterprise in Johannesburg.

Die ständigen Blackouts sind für die Menschen am Kap vor allem deshalb so demoralisierend, weil ein Ende der Engpässe nicht in Sicht ist. Mindestens 18 Monate müsse das Land wegen der nun forcierten Instandhaltungsarbeiten mit noch häufigeren Stromabschaltungen rechnen, sagte gerade erst der zu Jahresbeginn neu ins Amt gekommene Eskom[1]-Chef Andre de Ruyter.

Dies könnte neben vielen Kleinunternehmen vor allem dem Goldbergbau den Todesstoß versetzen. Allein in diesem Sektor sind nach Aussagen der Bergbaukammer mehr als ein Drittel aller Arbeitsplätze gefährdet, wenn der Strom noch öfter ausfalle oder teurer werde. Nicht umsonst stellte Bergbauminister Gwede Mantashe am Montag zur Eröffnung einer Minenkonferenz in Kapstadt überraschend den Aufbau eines alternativen Stromerzeugers in den Raum, allerdings ohne Einzelheiten zu nennen. [...]

Die Kanzlerin will in Südafrika und [...] in Angola Reformansätze in den Ländern „stützen". Auch will sie die Wirtschaftsbeziehungen mit Südafrika neu ankurbeln, die in den vergangenen Jahren unter einer ausgesprochen wirtschaftsfeindlichen Politik des regierenden Afrikanischen Nationalkongresses (ANC) gelitten haben.

Der darauf folgende Quasi-Investitionsboykott weiter Teile der Geschäftswelt ist auch diplomatischen Kreisen nicht verborgen geblieben.

Die Botschafter fünf westlicher Staaten, darunter Deutschland, hatten vor anderthalb Jahren die Gründe für das trübe Investitionsklima in einem Schreiben an die Regierung aufgelistet: Regulierungswut[2], lange Visaverfahren[3], Sorgen wegen einer neuen Enteignungsklausel[4], aber auch der unzureichende Investitionsschutz. Südafrika hat vor sechs Jahren seine Investitionsschutzabkommen[5] mit vielen westlichen Staaten einseitig aufgekündigt – und diese nie durch gleichwertige Verträge ersetzt.

Statt die Vorschläge der Diplomaten zur Verbesserung des Investitionsklimas ernsthaft zu prüfen, wurden sie von weiten Kreisen im ANC sofort als inakzeptable „Einmischung" abgetan und als ein „Vorwand zur Rekolonisierung des Landes" verworfen. Seitdem verläuft die Initiative im Sand. Rund 600 deutsche Unternehmen sind in Südafrika tätig. Deutschland ist nach China der zweitgrößte Handelspartner des Landes.

Wolfgang Drechsler: Schwächelnde Wirtschaft am Kap: Merkel besucht das Land der Blackouts, in: Handelsblatt, 05. 02. 2020, URL: https://www.handelsblatt.com/suedafrika-schwaechelnde-wirtschaft-am-kap-merkel-besucht-das-land-der-blackouts-/25509854.html?ticket=ST-1945453-UmqN9qYIaj91XYvpgSjv-ap2

1 Eskom – South African electricity company/supplier
2 Regulierungswut – mania for regulations
3 Visaverfahren – visa procedures
4 Enteignungsklausel – expropriation clause
5 Investitionsschutzabkommen – investment protection agreement

Aufgabe

You are a member of a joint South African and German team preparing the visit of German politicians and economists to South Africa.

To inform the South African members in your team about the media coverage in Germany, write an email outlining the information that is given about South Africa's economy in the article. (100 BE)

Prüfungsteil 2 (Schreiben) – Vorschlag B 1: *Being different*

Wählen Sie Vorschlag B 1 oder B 2 zur Bearbeitung aus.

Material: Christina Thompson: On being an outsider (2019)

Before I had any children of my own, I spent a decade and a half living in places where I was an outsider. While I never lost the feeling of estrangement that comes from missing basic cultural cues, for me this was a period of great liberation. I loved the freedom that being a stranger gave me. I loved the fact that people were unable to "place" me and that I was also largely free of preconceptions about them.

This experience was only amplified when I met and married my husband. I had grown up in Boston in a white Anglo-Saxon Protestant family. He was a Maori[1] from New Zealand, and when we married we both became members of communities we knew little about. This, too, had its challenges, but we both experienced it primarily as an opportunity to learn – and be – something new.

When we began having children – three boys in seven years – I was excited by the idea that our kids were going to have a complex identity. It would begin simply with the way they looked. My husband is dark, I am fair, our children are a range of in-between. They all have dark eyes, dark hair, neither curly nor straight, and skin that is light in winter and goes brown quickly in the sun. Ethnically speaking, they are quite difficult to place; over the years they have been mistaken for Latino, Iranian, Turkish, Pakistani, half-Korean, half-Japanese.

I loved the idea that our children were ethnically ambiguous. I saw this as their passport to freedom and viewed our boys as citizens of the world. I wasn't sure how long it would take them to understand it, but I was confident that the rich complexity of their ancestry would become apparent to them in time. It never crossed my mind that it could be anything other than a bonus.

It helped that early in our married life we lived for a time in Honolulu. Hawaii is an unusual place, demographically speaking. The population is European, Japanese, Hawaiian, Filipino – there is no ethnic majority, and nearly a quarter of the people who live there identify as "hapa," meaning that they belong to two or more different groups. Hawaii was a comfortable place for us as a family. Our friends were Indonesian, half-Chinese, Pakeha[2] New Zealander; it seemed as though everyone we knew was either some kind of mixture or came from someplace else.

Our three sons are now grown, and it recently occurred to me to ask about their experience of being hapa. Some of what they told me came as a surprise.

One of my sons described his childhood in terms of being "culturally unmoored[3]." "We were like expats," he said, which, in fact, we were for much of his early life.

But it was a feeling that stuck, even after we moved back to live with my family in Boston. He always felt that we were different from the people around us, an experience he likened to being "not quite a native speaker."

He conceded that being different was in some ways an asset, in that people were interested in him, but also that "it makes the game harder." When you're different, he said, you stand out, regardless of whether you want to or not. "Not everyone is suited to it," he observed.

This was certainly the case for another of my sons. "From the first day of school," he told me, "I felt different from my classmates." He described this as a "slightly bad feeling" and said he'd been bullied, something he'd never told me before. For him, difference was not an advantage, it was a burden, and his looks, which are somewhat exotic, were "a card you could play but don't really want to." He, too, acknowledged that this exoticism could be an asset, but it was not one he had ever wanted and the price he'd had to pay for it was steep[4].

My third son had an entirely different take. By the time he was in middle school, he told me, he had recognized that being unusual gave him a social advantage. "I knew it was something that was cool," he said. He told me that he got a kick out of the fact that people couldn't pronounce his surname (something that caused his brother endless misery) and observed that the social cred[5] effect had only increased with age.

Despite having grown up in the same family and sharing almost everything in their lives, my sons had very different accounts of what growing up hapa had been like.

(765 words)

Christina Thompson: On being an outsider, 29. 03. 2019, in: The New York Times, 29. 03. 2019, URL: https://www.nytimes. com/2019/03/29/well/family/on-being-an-outsider.html. From The New York Times.

Hinweis: Christina Thompson is an author and editor of *Harvard Review* (literary magazine). She was born in Switzerland and is a dual citizen of the United States and Australia.

1 Maori – indigenous people from New Zealand
2 Pakeha – (in New Zealand) a person who is not of Maori ancestry, especially a white person
3 unmoored – nicht verankert
4 steep – drastic
5 cred – abbreviation of "credibility"

Aufgaben

1. Outline the attitude the author and her boys have towards being ethnically different. (30 BE)

2. Relate the text to other experiences of being different, also including the film version of "To Kill a Mockingbird". (45 BE)

3. Choose **one** of the following tasks: (25 BE)

3.1 "He, too, acknowledged that this exoticism could be an asset, but it was not one he had ever wanted and the price he'd had to pay for it was steep."

Taking the quotation as a starting point, comment on whether exoticism is rather an asset or a price you have to pay.

or

3.2 "If you believe you're a citizen of the world, you're a citizen of nowhere."
Theresa May, former prime minister of the UK, 2016

Taking the situation in the text as a starting point, discuss Theresa May's statement.

Prüfungsteil 2 (Schreiben) – Vorschlag B 2: *Fighting against discrimination*

Material: Martin Luther King, Jr.: *Why we can't wait* (1964)

The following text is taken from the introduction of a 1964 book by African American civil rights activist Martin Luther King, Jr. It deals with the nonviolent protests of 1963 during the heyday of the Civil Rights Movement.

It is the beginning of the year of our Lord 1963.

I see a young Negro[1] boy. He is sitting on a stoop in front of a vermin-infested apartment house in Harlem. The stench of garbage is in the halls. The drunks, the jobless, the junkies are shadow figures of his everyday world. The boy goes to a school attended mostly by Negro students with a scattering of Puerto Ricans. His father is one of the jobless. His mother is a sleep-in domestic, working for a family on Long Island.

I see a young Negro girl. She is sitting on the stoop of a rickety wooden one-family house in Birmingham[2]. Some visitors would call it a shack. It needs paint badly and the patched-up roof appears in danger of caving in. Half a dozen small children, in various stages of undress, are scampering about the house. The girl is forced to play the role of their mother. She can no longer attend the all-Negro school in her neighborhood [...]. The girl's father is a porter in a downtown department store. He will always be a porter, for there are no promotions for the Negro in this store, where every counter serves him except the one that sells hot dogs and orange juice.

This boy and this girl, separated by stretching miles, are wondering: Why does misery constantly haunt the Negro? In some distant past, had their forebears done some tragic injury to the nation, and was the curse of punishment upon the black race? Had they shirked in their duty as patriots, betrayed their country, denied their national birthright? Had they refused to defend their land against a foreign foe?

Not all of history is recorded in the books supplied to school children in Harlem or Birmingham. Yet this boy and girl know something of the part of history which has been censored by the white writers and purchasers of board-of-education books[3]. [...] The boy's Sunday-school teacher has told him that one of the team who designed the capital of their nation, Washington, D. C., was a Negro, Benjamin Banneker. Once the girl had heard a speaker, invited to her school during Negro History Week. This speaker told how, for two hundred years, without wages, black people, brought to this land in slave ships and in chains, had drained the swamps, built the homes, made cotton king and helped, on whiplashed backs, to lift this nation from colonial obscurity to commanding influence in domestic commerce and world trade.

Wherever there was hard work, dirty work, dangerous work – in the mines, on the docks, in the blistering foundries – Negroes had done more than their share.

The pale history books of Harlem and Birmingham told how the nation had fought a war over slavery. Abraham Lincoln had signed a document that would come to be known as the Emancipation Proclamation[4]. The war had been won but not a just peace. Equality had never arrived. Equality was a hundred years late.

The boy and the girl knew more than history. They knew something about current events. [...] They knew that Negroes living in the capital of their own nation were confined to ghettos and could not always get a job for which they were qualified. They knew that white supremacists[5] had defied the Supreme Court and that southern governors had attempted to interpose themselves between the people and the highest law of the land. They knew that, for years, their own lawyers had won great victories in the courts which were not being translated into reality.

They were seeing on television, hearing from the radio, reading in the newspapers that this was the one-hundredth birthday of their freedom.

But freedom had a dull ring, a mocking emptiness when, in their time – in the short life span of this boy and girl – buses had stopped rolling in Montgomery; sit-inners[6] were jailed and beaten; freedom riders[7] were brutalized and mobbed; dogs' fangs were bared in Birmingham; and in Brooklyn, New York, there were certain kinds of construction jobs for whites only.

It was the summer of 1963. Was emancipation a fact? Was freedom a force?

The boy in Harlem stood up. The girl in Birmingham arose. Separated by stretching miles, both of them squared their shoulders and lifted their eyes toward heaven. Across the miles they joined hands, and took a firm, forward step. It was a step that rocked the richest, most powerful nation to its foundations.

This is the story of that boy and that girl. This is the story of *Why We Can't Wait.*

(763 words)

Martin Luther King, Jr.: Why we can't wait, *New York 1964, pp. ix–xi.*

1 Negro – old-fashioned term for African American, nowadays generally considered politically incorrect
2 Birmingham – *here:* Birmingham, Alabama
3 board-of-education books – books provided by an education authority
4 Emancipation Proclamation – declaration changing the legal status of more than 3.5 million enslaved African Americans from slave to free after 1862
5 white supremacist – a person who believes that the white race is inherently superior to other races and should therefore be in control over others
6 sit-inners – people occupying an area as a form of protest
7 freedom riders – civil rights activists who violated segregation rules of public transport as a form of protest

Aufgaben

1. Outline the information on the life of African Americans in the 1960s as presented in the text. (30 BE)

2. Analyze the structure and language used to convey Martin Luther King's message. (40 BE)

3. Choose **one** of the following tasks: (30 BE)

3.1 "Across the miles they joined hands, and took a firm, forward step. It was a step that rocked the richest, most powerful nation to its foundations."

Assess what situations call for mass protest. Consider both the situation described in the text as well as more recent examples.

or

3.2 For the website of the European Youth Forum, a platform of non-governmental youth organisations, write a blog entry in which you evaluate the effectiveness of ways of fighting different forms of discrimination in western societies.

Lösungsvorschlag

Prüfungsteil 1 (Sprachmittlung) – Vorschlag A: *South Africa's struggling economy*

Keep in mind that your email has to contain an outline of the article at hand. This requires you to omit minor details. Mark the main statements in the article while reading and start off by addressing the members of the team, naming the topic and quoting your source.

Information on the South African economy in the article:

- *Blackouts in South Africa are leading further towards recession.*
- *According to the World Bank and the International Monetary Fund (IMF) the annual growth rate for 2020 was very low at less than one per cent.*
- *The blackouts are expected to continue for at least another 18 months due to the system's overhaul.*
- *This and the rising costs of energy will lead to several small companies going bankrupt and seriously damage the gold mining industry. It is expected that more than a third of all the jobs will be lost.*
- *The German chancellor wants to support reforms in South Africa and Angola and strengthen the economic ties between Germany and South Africa again.*
- *These had suffered under the politics of the leading party ANC in South Africa.*
- *The ambassadors of five western countries had previously described the reasons for the bad investment climate, which included a certain mania for regulations, long visa procedures and expropriation clauses.*
- *Large sections of the ANC rejected the criticism as an inacceptable attempt to get involved and "recolonise" the country.*

Dear members of the team in South Africa,

To prepare for the upcoming visit, I would like to inform you about the German media coverage of the economic situation in South Africa. In an article by Wolfgang Drechsler, which was published in *Handelsblatt* in 2020, the author starts off by describing how the regular daily power cuts are causing business to come to a standstill in Cape Town after 8 pm. The author predicts that these power cuts will contribute to the downfall of the economy and that South Africa will be facing a new recession, as the growth rate is extremely low. To reduce poverty and to curb the unemployment rate of 30 %, the country needs a growth rate that is five times higher.
As power cuts are expected to continue and to increase for at least 18 months due to maintenance and repair work, many small enterprises and the gold mining industry will be at risk. Over a third of the jobs in the mining sector are under threat due to power shortages and rising electricity prices.
The German chancellor is attempting to support reforms and to boost economic relations with South Africa which have deteriorated over the last few years due to the anti-business policy of the ANC. In a letter to the government, the ambassadors of five western countries described overregulation, complicated visa procedures, expropriation clauses and insufficient protection of investments as the reasons for the dismal investment climate.

The ANC's rejection of these suggestions as unacceptable interference and as a pretext for the "recolonisation" of the country caused the initiative to fail. About 600 German companies operate in South Africa and Germany is South Africa's second most important trading partner after China.
I hope this information will contribute to the preparation for the visit!

Many regards,
Silvia

(303 words)

Prüfungsteil 2 (Schreiben) – Vorschlag B 1: *Being different*

Teaching module referred to:
The assignment relates to the teaching module Human dilemmas in fiction and real life *(Q 3.1), especially to the topic* being different. *The cross-curricular reference is established by the thematic domain* Living in American society *(Q 1.2), particularly the topic* the American way of life *and the film* To Kill a Mockingbird by Harper Lee *(Q 1).*

1. ***How to approach the task:***
   - *Highlight the main attitudes to being ethnically different.*
   - *Omit minor details and concentrate on the main points.*

   The author's attitude:
   - *Feeling of being estranged*
   - *Sense of freedom as people cannot place her*
   - *Marrying someone from a Maori background offered her the opportunity to learn*
   - *Excitement as her children would be "citizens of the world"*

   Sons:
   - *First son: Mixed feelings, felt like an expat and different from the others; although it can be an advantage as people are interested in his background, it can also be harder*
   - *Second son: suffered from being different; was bullied*
   - *Third son: social advantage as it was "cool"*

   In her article "On being an outsider", which appeared in the *New York Times* in 2019, Christina Thompson points out that before she got married she lived in places where she was an outsider. She cherished the fact that she was different, as this gave her a sense of freedom because people could not place her and she was unbiased towards others herself. After she got married to a Maori from New Zealand she and her husband experienced being ethnically different as an opportunity to broaden their horizons and to acquire a more complex identity.
   The whole family, which now includes three sons, differs in the colour of their skin and people have constantly been mistaking their ethnic background. Thompson viewed this ethnic ambiguity as a source of cosmopolitan freedom. When she asked her grown-up sons about how they experienced their uniqueness, she was surprised to find out

that one son felt culturally deracinated. Although this son considered a mixed ethnic background an advantage, it was strenuous for him to stand out. Another son told her that he had actually suffered from being different and that he had been bullied for that reason. His exotic looks might have been an asset, but one that he had not wanted. The third son expressed that he enjoyed social privileges that arose from his being different and that he took pleasure from the fact that people could not pronounce his name. Besides that, he became more authentic the older he got. *(248 words)*

2. *As "being different" is a very common topic in films and literature, there are several stories you can choose from and you have probably come across some of them in class. The following solution uses* Born a Crime *as an example. The task requires you to write about the film version of* To Kill a Mockingbird *in your solution. Below, you can find two further examples you could use ("Saturday Afternoon" by Erskine Caldwell and* White Teeth *by Sadie Smith).*

***Being different in* To Kill a Mockingbird:**
- *For Tom Robinson, being different (Black* and an outsider) has deadly consequences. He is put on trial for a crime he did not commit and is shot when he tries to flee his unjust penalty.*
- *His legal attorney Atticus Finch is also different, as he is more open-minded and liberal than most of society. While some people criticise him, he sets a good example for his children, who will learn that it is right and appropriate to stand out and swim against the tide.*

Being different in* Born a Crime*:
- *Although being different was difficult and sometimes dangerous for Trevor Noah when he was a child, he has learned to use it as an asset in his comedy.*

Being different in "Saturday afternoon":
- *Will Maxie, the Black protagonist in "Saturday Afternoon" stands out from his small town environment because he works hard and prefers to keep to himself.*
- *He is married and the father of several children. Quite different from the rest of the townspeople, who tend to be lazy and drink a lot, Maxie is financially successful due to his hard work. For this reason he is eyed with suspicion and envy.*
- *When a rumour is spread about that he molested a White* girl, the village comes to life very quickly. The people in town set up a lynching mob. Will Maxie is dragged to a nearby wood, where he is brutally murdered by a violent mob.*
- *Being different from the rest leads to Will Maxie's brutal murder. White supremacists hate him not only for the colour of his skin, but for being successful and wealthy. Standing out from the crowd makes him a victim of racism.*

Being different in* White Teeth*:
- *In* White Teeth *by Sadie Smith a boy of Bangladeshi origin in Bradford in England in the 1990s suffers from traumatic experiences because he is different.*
- *His family had hoped for a multiethnic future among mixed ethnic families.*
- *The 15-year-old, Millat, is discriminated against as a "Paki" by a ticket controller because he speaks broken English and wears chunky gold jewelry.*

- *Millat belongs to a gang of youths who consider themselves cultural mongrels and who have acquired a hybrid identity consisting of Raggastani, Indian, Bengali, English and Jamaican elements, which they display aggressively with the help of their outfits.*
- *This multi-layered identity helps them to ward off the prejudice that they are confronted with in everyday life. This also helps them to vent their anger.*
- *In this case the acquisition of a multiracial and multicultural identity does not provide an amplified view of the world, as the boys end up skipping school and burning books with radical Muslims although they do not even know what the books are about.*

Being different can be both a positive and a negative experience. As described in Christina Thompson's article, it can be fun and perceived as "cool", but it can also be dangerous and even life-threatening as many people who are different fall victim to what are known as "hate crimes".

In *To Kill a Mockingbird* the viewer comes across several concepts of being different. Here, in the extremely racist environment of the South, a young African-American, Tom Robinson, is falsely accused of raping a White girl. He stands out not only because of his skin colour and his social status, but also because he is considerate and helpful to everyone. His legal counsel, Atticus Finch, is White and highly respected in Maycomb, where the film is set. However, Finch is mainly different from his social environment because of his liberal mindset and because of the fact that he is a single parent to two children. Finch utterly rejects unfairness and racism. Therefore, he defends Tom Robinson in spite of the fact that he knows that Robinson, who is innocent, will probably be convicted in court. In the end, the all-White jury convicts Robinson despite an overwhelming lack of evidence. Prison guards shoot him when he tries to escape over a fence. For Tom Robinson, being different is not only dangerous, but fatal.

Atticus Finch, his lawyer, is severely criticised for his open-mindedness and modern, liberal views. As a single father his style of parenting is unique since he educates his children to think of both sides of an argument in all situations. Most probably, his children will think for themselves and swim against the tide in the future. Being different has led to a broadening or augmentation of the world view of the protagonist and his children. Nevertheless, they do not have racial barriers to face.

Christina Thompson had hoped her children would also experience being different as something positive. She thought their "complex identity" (l. 12) was a "passport to freedom" (ll. 18/19) and would make their children "citizens of the world" (l. 19). Nevertheless, as a White woman from an Anglo-Saxon Protestant background, she probably underestimated the amount of racism that is still prevalent in American society. Being different was easier for her than for her children, at least for one of her sons, who had mixed feelings about standing out, and certainly for the son who was bullied because of his skin colour.

Only Thompson's third son sees his mixed ethnic background and identity as an asset. There is one outstanding TV personality with a similar attitude who comes to mind here. Trevor Noah was "Born a Crime" to a Black mother and a White German-Swiss father in apartheid South Africa and struggled with his mixed identity for most of his youth. In South Africa he felt like a "horrible bag of weed", as he was addressed as "mixed breed" and "half-caste". Trevor Noah now lives in the United States and has become a popular comedian who regularly emphasises that the concept of race is a social construct. Through his comedy he has turned his background into an asset. In one sketch he describes his desire to be considered "super Black" when he first came to America. He even practises an African-American accent, but when he arrives in the US he is immediately mistaken for a Mexican. Just like Christina Thompson's sons, Noah is "difficult to place" (l. 15). Through his art, Trevor Noah turns his multi-racial background into an asset by using it as an opportunity to speak to everyone, whatever the colour of their skin. *(599 words)*

3.1 ***How to approach the task:***
Take the quotation as a point of departure by paraphrasing it. Note that being different can be an ambivalent experience. Consider material that you have dealt with in class and make notes on arguments for and against. Comment on whether or not you agree with the quotation in your conclusion.
Positive aspects of exoticism:
- *Film stars, models and musicians can profit from an "exotic" look.*
- *People are interested in you and your heritage if you look different.*

Negative aspects of exoticism:
- *Microaggressions and "othering" can make you feel alienated and excluded.*
- *People of colour are more likely to become victims of violence and injustice (or racism in general).*

The quotation reflects the fact that exoticism, or being different, can have two sides. On the one hand, Christina Thompson's son profited from his racial and cultural background, yet he "paid a high price", which probably means that he encountered racism.
Of course, there are famous personalities for whom, it seems, a mixed racial and cultural background turned out to be an asset. Certain Hollywood actors, like Keanu Reeves and Halle Berry, have profited from their exotic looks. Models like Naomi Campbell have also gained worldwide recognition and have capitalised on the fact that they look different. Still, Naomi Campbell is incredibly beautiful and very ambitious and Keanu Reeves and Halle Berry are outstanding performers. The hashtag #OscarsSoWhite has proven that it is still difficult to be successful in Hollywood as a person of colour and that it is more likely for Black artists to succeed in spite of the colour of their skin rather than because of it.
As a member of a community of colour you are more likely to have mixed feelings about being different, as people often let you know that you do not belong.
If you have skin that is dark or not white, there is one question that you will hear repeatedly: "Where are you from?" This can be nice, as some people are genuinely interested in you and want to know more about you, but it can also become very annoying if people insist on hearing an answer that shows your "exotic" origin. They will

not be satisfied, if you tell them that you are from Cleveland or Frankfurt and they will continue to ask: "But where are you really from?" until you reveal a certain heritage that explains your looks. For children who have a certain need to be like others to form their identity, this form of "othering" can be especially annoying – a feeling that Christina Thompson's first two sons experienced a lot.

Of course, these forms of "microaggression" are harmless compared to the racism many people of colour have to endure every day. In the United States – although not only there – you are more likely to be victimised if you are multiracial. When the pictures of George Floyd's death in Minneapolis were broadcast around the world last year, protestors against police violence were fought back with tear gas, pepper spray and clubs. Donald Trump, who was president at that time, even threatened to send in the army to put down the protests.

To conclude, I would say that racism is still very prevalent on both the large and small scale. Success might be able to camouflage it for a while, but the tables can turn very quickly. Whether a person experiences multi-racialism as an asset or not highly depends on how others treat them. I am quite sure that large sections of society do not accept racial difference as an asset, unfortunately, which is why I agree with the quotation. *(490 words)*

3.2 *How to approach the task:*
Refer to the situation in the text at hand and paraphrase the statement by Theresa May. Consider material dealt with in class concerning the concepts of a leading culture and of multiculturalism. Discuss the concepts and take a standpoint.
Arguments that support May's statement:
- *Nationalism*
- *Immigrants should adapt to the culture and give up their own cultural heritage*

Arguments that disagree with May's statement:
- *Nationalism: feelings of cultural and racial superiority; international conflicts*
- *Global problems (e. g. economic injustice, environmental problems, pandemic) require global measures and therefore "global thinking"*
- *Most countries (including GB) have always been a mix of different cultures and therefore the concept of the "citizen of the world" is not something completely new.*

In the text, the author highlights the fact that being an outsider enabled her to develop an unbiased attitude towards different cultures. For Christina Thompson, living in different countries was an enriching experience which enabled her to broaden her outlook on the world and to learn. Additionally, she underlines that she viewed the ethnical ambiguity (cf. l. 15) of her children as a key to becoming citizens of the world.

Completely in contrast to this, Theresa May declares that citizens of the world are citizens of nowhere. Whatever the context was in which she made this statement – most probably the Brexit or refugee crisis – it sounds nationalistic and backward-orientated. May's statement seems to imply the idea that people have to adapt to one dominating mainstream culture and give up their cultural heritage. I consider this position to be dangerous as it promotes unilateral thinking and a certain one-sidedness that might pave the way for feelings of cultural and perhaps also racial superiority. The idea of a leading culture will not contribute to bridging the intercultural or interracial divide.

We should consider that nationalism is a social construct that developed during the French Revolution and the 19th century. Extreme nationalism turned out to be one of the main roots of many international conflicts and two world wars. May's quote raises the question of why she denies the value of being a citizen of the world. To my mind, being a citizen of the world implies the acceptance of basic universal values such as human rights, peace, tolerance or equality, as we all share one world. The quotation, which reminds me of Donald Trump's "America first" slogan, seems rather outdated, as we all face problems that have to be tackled globally. In the light of serious issues like economic injustice, environmental problems and the current pandemic, a globalised world has to take global measures.

If Theresa May had one English culture in mind when she made her statement, she did not recognise or acknowledge that British culture is a mix and blend of many cultures from all over the world. In his poem "The British", the famous poet of Caribbean descent, Benjamin Zephania, concocts a recipe of different cultures that England is made up of. In this poem, Zephania starts off with the Picts and Scots in the fourth century and continues with the Vikings all the way up to Nigerians, Indians and the Chinese – to name but a few. He comes to the conclusion that all ingredients are equally important and they should all enjoy justice and equality. An unequal spread of justice will harm people and cause pain. This can easily be related to the concept of being a citizen of the world in the way it is described in the text at hand.

Theresa May's position also stands in contrast to what Robin Cook, the former British foreign secretary, declared in his famous Chicken Tikka Massala speech in 2001. In this speech, Cook defined ethnic and cultural diversity as the cornerstones of British culture and he pointed out that British lifestyle and British cultural horizons have been enriched and broadened by multiculturalism and multiethnicity.

To conclude, I firmly believe that the views on culture as an enriching mix of different elements are more likely to promote peaceful relations at the national and international level. Even if this is a work in progress and many obstacles like injustice, racism or educational barriers still have to be overcome, I do not view pluralism as a burden. That is why I completely disagree with Theresa May's nationalistic attitude.

(596 words)

Prüfungsteil 2 (Schreiben) – Vorschlag B 2: *Fighting against discrimination*

Teaching modules referred to:
The text at hand refers to the teaching module The USA – the formation of a nation (Q 1.1) *focusing in particular on the topic* landmarks of American history: Civil Rights Movement.

1. ***Step 1****: Read Material 1 carefully and highlight parts of the text that give information on the life of African Americans in the 1960s.*
   Step 2*: Start with an introductory sentence that mentions the text type, the title, the author, the year of publication and the topic.*
   Step 3*: Present the main features of African American life in the 1960s as described by Martin Luther King, Jr. An outline doesn't have to be extremely detailed. Refer to*
   - *the housing situation: poor housing, "ghetto" neighbourhoods with many addicts;*
   - *children and their education: segregated schools, sometimes girls were not able to attend school as they had to take care of younger siblings;*
   - *working life: few jobs, low wages, long working hours, no careers possible;*
   - *success of activism in court versus political realities.*

   The introduction to the book *Why we can't wait* by Martin Luther King, Jr., published in New York in 1964 explains the ways in which Black people in the US were still disadvantaged in the 1960s and why so many protests were organised in the summer of 1963.
   Black people had to live in bad housing conditions and segregated ghettos, where many of them were unemployed and some were even addicted to alcohol or drugs. Black children had to attend segregated schools and were left on their own after school. Black girls often did not even have access to a school education at all because they had to care for younger siblings. Their mothers could not look after them because they worked as female servants who had to sleep at the places where they worked. Additionally, Black workers did not stand a chance of getting a promotion even if they were qualified for it. Some jobs were only available for White people.
   Even though slavery had been abolished one hundred years before, the Supreme Court had made racial segregation illegal and courts ruled in favour of Black activists, some states and politicians refused to follow suit and Black life was still overshadowed by racial discrimination. *(205 words)*

2. ***Step 1****: Read the extract from the book by Martin Luther King, Jr. again. Highlight rhetorical devices that you can find in the extract.*
   Look for
   - *anaphors,*
   - *the rule of three/enumerations,*
   - *metaphors and*
   - *rhetorical questions.*

Step 2: *Take a look at the structure of the extract. How does Martin Luther King, Jr. use the "Negro boy" and the "Negro girl" to make his point?*

- *Specific examples provide a frame for the text.*
- *"Negro boy" and "Negro girl" represent all Black people in the US.*

Step 3: *Explain how this structure and the rhetorical devices help Martin Luther King, Jr. to emphasise his message.*

- *Stylistic devices typical of a speech*
- *Purpose of the text is to rouse people to fight discrimination.*

Martin Luther King, Jr. uses the example of the life of a typical "Negro boy" from Brooklyn and a typical "Negro girl" from Birmingham as a frame for his introduction to illustrate the disadvantages that Black people still had to suffer in the 1960s. The cities of Birmingham and New York are not chosen randomly, as mass protests took place in these cities in 1963.

His text almost sounds like a speech. To make it more accessible, he often uses the rule of three by giving three examples. To portray life in the ghettos, for instance, he mentions the "drunks, the jobless, the junkies" (ll. 3/4). He describes the kind of work that Black people always had to do in the past as "hard work, dirty work, dangerous work" (l. 30). To show how omnipresent the anniversary of the Emancipation Proclamation was, he says, they were "seeing [it] on television, hearing [it] from the radio, reading [it] in the newspapers" (l. 43).

Martin Luther King, Jr. also uses another rhetorical device that is typical of speeches, the rhetorical question, several times (ll. 15–19) in his introduction. With these questions, he points out that there was no valid reason for discriminating against Black people. Black people did not deserve that kind of treatment at all because they had contributed a great deal to building that nation. His rhetorical questions are also used to contrast the labour-intensive work they had done with the fact that they are still treated unfairly.

Martin Luther King, Jr. uses anaphoric structures ("They knew" ll. 36, 37, 38 and 41) to emphasise that Black people were well aware of the political developments in these years, where the court ruled in their favour but politicians still refused to accept the court's decisions.

The author also makes his text more vivid with metaphorical expressions. To give two examples: he uses the metaphor of a "pale history book" (l. 32) to allude to the fact that the history books were written by White people, and he says that "freedom had a dull ring" (l. 45), as if freedom were a bell that could be heard.

All in all, Martin Luther King, Jr.'s text is composed like a speech with typical rhetorical devices that are used in speeches (anaphor, rule of three, rhetorical questions, etc.). The introduction does not give an overview of what the book is going to be about; instead it is a call for action. Martin Luther King, Jr. uses the example of the "Negro boy" and "Negro girl" to explain why protests intensified in 1963 and rounds off with the powerful metaphor that they "joined hands and took a firm, forward step" (l. 53). Here, the "Negro boy" and the "Negro girl" symbolise all Black people and those who supported them and protested together in 1963. *(472 words)*

3.1 ***Step 1***: *Remember situations that have led to mass protest in recent years. You might think of aspects like*
- *the environment/climate change,*
- *racism,*
- *health care.*

Step 2: *Structure the examples you have found and explain their nature. Start with the situation given in the text and then refer to other kinds of mass protest in the last couple of years.*

Step 3: *Come to a conclusion as to what the situations that led to mass protest all have in common.*

Whenever people's basic rights are infringed and people sense that politicians are not really tackling the issues at hand, they feel the need to start a mass protest in order to be seen and heard. It makes people feel active and empowered and can sometimes even change the course of history.

In the text, Martin Luther King, Jr. describes the unjust situation which made protest inevitable. Even though slavery had been abolished, Black people had still not received equal rights. Protests had been beaten down violently; Black people still had to endure poverty, bad housing conditions and unequal job opportunities. That is why he called for action and encouraged people to join his protest, which changed history for Black people.

Today, young people often feel that politicians do not really consider their future when they govern the country. They notice that politicians are sometimes more concerned about the present or the next election than about what will be the result of their policies for the next generation in twenty or thirty years. Furthermore, young people under 18 are not allowed to vote to create change. So when the Fridays for Future movement started with Greta Thunberg, many young people felt heard and joined the protest. Environmental issues often lead to mass protest, be it the Fridays for Future movement or the more radical Extinction rebellion. Protestors think that change is urgent and that that is why they need to be seen and heard immediately. Shocking events also often lead many people to rethink the realities and therefore to protest. The nuclear disaster in Fukushima, for example, served as the kind of eye-opener that led many people to join the anti-nuclear movement.

Another reason why people join together to protest is when their basic rights are infringed. The COVID pandemic was a completely new situation for politicians and rash decisions had to be made. Many people could not believe the urgency of the situation because no pandemic had ever occurred in their lifetime. That is why many people did not trust politicians to make the right decisions. Some felt that public life should have been shut down much earlier and some thought no lockdown was necessary at all. Because the situation was generally overwhelming and hard for people to understand, many of them turned to mass protest.

The reunification of Germany is an example that shows that mass protest really can change the course of history. One of the reasons why the wall that separated East and West Germany finally came down was the continued protest that had started with

young people and the Beat movement in the '60s and continued with the peace movement and Monday demonstrations in the '70s and '80s with the slogan "We are the people" or "We are one people". When people realise that they can mobilise the masses, they are often more powerful than political regimes in the end, even though politicians criminalise their protests and meet them with violence.
To sum up, we could say that mass protests are often started because of existing inequalities in a society or dissatisfaction with politics. Sometimes there is an additional outside event that triggers the protest which is covered by the media and is therefore noticed and seen by many people as being relevant. When protests grow, protestors feel more and more powerful and political establishments start to react either by criticising the protests or even beating them down violently or by taking over some of their policies. *(582 words)*

3.2 ***Step 1***: *In this task you are asked to "evaluate the effectiveness of ways of fighting different forms of discrimination in western societies". "Evaluate" means you need to compare ways of fighting discrimination and judge whether you think they are successful or not.*
Before you can do the task, you need to figure out which "forms of discrimination" you want to refer to. You can explain this in the first paragraph.
Step 2: *Then you need to brainstorm to find what ways there are to fight against discrimination.*
Step 3: *Finally, you assess what their advantages or limitations are.*

What is discrimination?

Discrimination means that people are treated differently or excluded because they belong to a certain group.
There is discrimination, for example, because of age – so called ageism – which means that children or old people are denied certain rights just because of their age.
There is also ableism, which means that people consider abled people to be the standard and create a world that suits those that can walk, hear and talk "properly", and so on. If you are in a wheelchair or you are blind or deaf, our world is not constructed in a way that enables you to participate, which means that you are excluded or disabled. Activists say that it is incorrect to think of people as having a certain disability but that "normal" people create a society that is only accessible for abled people and excludes everyone else. The disability is therefore not part of the disabled person but is something that is created by society as a result of not thinking of everybody's needs.
In addition, of course, there is sexism, racism and discrimination against the LGBTIQ+ community. Discrimination occurs when we treat people differently because they do not fit into what we think of as normal in our society.

Our goal

Our goal should be that we create a society in which everyone is able to participate.

How to initiate change

Why anti-discrimination laws are often ineffective

The most obvious way to fight discrimination is to create laws that ban discrimination. This is sometimes difficult, however, because it is hard to prove that you have been discriminated against. When you have a job interview, for example, and you are not the candidate selected, you often do not know why. Is it because you are Black, female and too old for the job or was there just a candidate who was better suited to the job? As there is often no proof that people have been discriminated against, a law banning discrimination is often not very effective.

Furthermore, there are certain group dynamics which obstruct change. If a group has to pick additional group members, there is always a tendency to pick people that are similar. If the group is male, males are most often picked; if it consists of White people only, White people are more likely to be chosen. It is a psychological mechanism that is at work, but most of the time it is impossible to prove that this was the actual reason behind the decision.

Quotas and reverse discrimination

As laws that ban discrimination often do not work effectively, governments sometimes decide to establish quotas regarding employment. However, if you install a quota for race or for gender, for example, other discriminated groups will argue that they are still left out. If there is a quota for gender, should there be one for transgender people as well? It is almost impossible to design a fair system and at the same time allow employers to still choose people that are actually qualified for the advertised position. Critics also argue that quotas lead to reverse discrimination, which means, for example, that male candidates feel disadvantaged if they make up 70 per cent of the applications but the law requires that 50 per cent of the positions have to be staffed with female workers.

Activism – what we need to do

Another way of fighting discrimination is through activism for groups that are disadvantaged. People who are discriminated against in a society often do not have a voice that is heard or the energy to make it heard. In daily life, a single mother with a "disabled" child has to put all her energy into making a living, talking to health insurance companies or doing all the necessary paperwork to get a better wheelchair, for example.

If we want to create an inclusive society, we need to speak up for groups suffering from discrimination and to raise awareness for them. We need to become informed so that we notice discrimination, we need to talk about it and we need to do our best to abolish it. Although it is undeniably true that journalists have an obligation here and it is the job of the politician to play their part, everyone needs to be included in order to initiate change.

All of us need to speak up, protest and act differently to create the caring society we wish for. *(735 words)*

* *The words "Black" and "White" are capitalised to signal that they are not natural categories but social ones (for more background information on this topic see, for example https://www.theatlantic.com/ideas/archive/2020/06/time-to-capitalize-blackand-white/613159/).*

Abiturprüfung 2021 Englisch (Hessen)
Leistungskurs

Prüfungsteil 1 (Sprachmittlung) – Vorschlag A: *Artificial intelligence*

Material: Interview: „Die Uhr tickt" (2019) von Steffan Heuer

brand eins: Herr Socher, Sie arbeiten als Chefwissenschaftler für den Unternehmenssoftware-Anbieter Salesforce im Silicon Valley. Ihr Weg von Leipzig über Saarbrücken[1] nach Kalifornien ist ein Beispiel für die Abwanderung von Talenten. Warum gab es für einen Hoffnungsträger auf dem Gebiet der künstlichen Intelligenz (KI) wie Sie keinen Platz in Deutschland?

Richard Socher: Das liegt an meinen Forschungsinteressen. Ich habe mir die besten Informatik-Studiengänge der Welt angesehen und verglichen, wo die meistzitierten Aufsätze zum Thema Sprachverarbeitung entstanden sind. Leider waren die klügsten Köpfe mit wenigen Ausnahmen in den USA, an den Universitäten Stanford, MIT, Carnegie-Mellon oder Berkeley. Ich wollte meinen Doktortitel dort erwerben, wo sich Neues und Großes tut. Nach dem Studium kontaktierten mich Risikokapitalgeber, die mir für die Vermarktung meiner Arbeit Geld geben wollten. Eine solche Gelegenheit lässt man sich nicht entgehen. […]

Mit einem Doktortitel von der Universität Stanford in der Tasche – hätten Sie Ihre Firma nicht auch in Europa gründen können?

Leider nicht. Ohne einen Business-Plan hätte mir niemand ein paar Millionen Dollar gegeben, selbst wenn ich an demselben Thema geforscht hätte. Das ist das größte Problem: Doktoranden und Professoren sind in Europa nicht eng genug verbunden mit der Start-up-Szene und Geldgebern.

Kürzlich haben Experten unter Leitung der Universität Stanford zum zweiten Mal den „AI Index Report" veröffentlicht, eine jährliche Bilanz zum Thema künstliche Intelligenz. Das Fazit: KI-Forschung und ihre Kommerzialisierung nehmen weltweit zu. Ist das ein echter Boom oder nur ein Hype?

Wir machen in der Tat auf breiter Front Fortschritte. Systeme können Beachtliches beim Deep Learning[2] leisten und damit die Handlungen von Software-Agenten[3] steuern. Sogar bei der Verarbeitung von Bildern sind sie in den vergangenen Monaten sehr viel besser geworden. Die KI-Forschung läuft seit mehr als 50 Jahren, aber jetzt haben wir eine Schwelle überschritten, weil es nicht mehr nur spannende, aber eigentlich nutzlose Forschungsprojekte gibt, sondern immer mehr praktische Anwendungen […].

Ist noch Zeit, um Europa für diesen Wettbewerb fit zu machen?

Die Uhr tickt. Wachstum hängt davon ab, ob ich meine Volkswirtschaft effizienter machen kann. Und künstliche Intelligenz wird der entscheidende Faktor dafür sein. Ihr wirtschaftliches Potenzial ist noch viel größer als das des Internets oder von Smartphones. Die

Fertigung ist traditionell eine von Deutschlands Stärken, doch auch da lässt sich mit KI viel bewerkstelligen. Insofern ist es ermutigend, dass Deutschland, Frankreich und Großbritannien strategische Visionen für künstliche Intelligenz formuliert haben.

Wie kann man verhindern, dass weiterhin kluge Köpfe in die USA auswandern?

Als Professor in Deutschland ist mein Einkommen ziemlich gedeckelt, sodass etwa die Ankündigung, 100 neue Lehrstellen für KI zu schaffen, schnell auf die Realitäten des globalen Talent-Wettbewerbs prallt. Wenn ich eine Koryphäe bin, kann ich in anderen Ländern ein Wahnsinnsgeld verdienen. Das soll nicht heißen, dass ich in Europa oder Deutschland keine gute Forschung betreiben und ein tolles Forschungslabor aufbauen kann, aber wenn ich dieselbe Arbeit woanders verrichten und das Zehn- oder Fünfzigfache verdienen kann, ist das natürlich sehr verlockend.

Wie könnte man Gründer, die auf KI setzen, gezielt fördern?

Man sollte sich einmal die Geschichte des Silicon Valley genauer ansehen. Einiges ist organisch gewachsen, und diesen Erfolg kann man schlecht durch Regulierungen herbeizaubern. Aber man sollte Gründern das Leben leichter machen – angefangen bei den Vorschriften in Sachen Personal. Wenn ich noch in der Phase bin, in der ich mein Geschäftsmodell entwickle und justiere, muss ich in der Lage sein, meine Belegschaft flexibel anzupassen.

Was man auch nicht vergessen sollte, sind die Standortvorteile, die Deutschland in Sachen KI hat. Das Land verfügt über ein sehr gutes Gesundheitswesen. Warum kann man nicht eine landesweite, anonymisierte Datenbank anlegen, in die zum Beispiel alle Gehirn-Computertomografien eingespeist werden. Das wäre ein enorm wertvoller Datensatz, um Systeme für maschinelles Lernen zu trainieren und zu verbessern. Damit wären diese Daten eine Art öffentliches Gut, mit deren Hilfe die Bundesrepublik zu einem Weltmarktführer für Medizin-KI werden könnte, weil sich anhand dieser Datensätze hervorragende Algorithmen entwickeln lassen. Das könnte die Basis für ein ganzes Ökosystem von Start-ups werden.

Steffan Heuer: „Die Uhr tickt", in: brand eins, März 2019, URL: https://www.brandeins.de/magazine/brand-eins-wirtschaftsmagazin/2019/digitalisierung/richard-socher-interview-die-uhr-tickt

1 Leipzig und Saarbrücken – Studienorte Sochers
2 Deep Learning – ein KI-Verfahren, das menschliches Lernen nachahmt und sich dabei an der Funktionsweise des menschlichen Gehirns orientiert
3 Software-Agenten – Computerprogramme, die zu autonomem Handeln fähig sind

Aufgabe

As an intern at the Society for Computer Science you have been asked to contribute a blog entry to the society's website.

Write a blog entry in which you sum up the information on Richard Socher's career and his assessment of Europe's technological competitiveness in the field of artificial intelligence (AI). (Material) (100 BE)

Prüfungsteil 2 (Schreiben) – Vorschlag B 1: *Women's roles*

Material: Katherine Johnson died on February 24th (obituary, 2020)

As she ran her eyes over the flight-test calculation sheets the engineer had given her, Katherine Goble (as she then was) could see there was something wrong with them. The engineer had made an error with a square root. And it was going to be tricky to tell him so. It was her first day on this assignment, when she and another girl had been picked out of the computing pool[1] at the Langley aeronautical laboratory, later part of NASA[2], to help the all-male Flight Research Unit. But there were other, more significant snags than simply being new.

Most obviously, he was a man and she was a woman. In 1953 women did not question men. They stayed in their place, in this case usually the computing pool, tapping away on their Monroe desktop calculators[3] or filling sheets with figures, she as neatly turned out as all the rest. Men were the grand designers, the engineers; the women were "computers in skirts", who were handed a set of equations and exhaustively, diligently checked them. Men were not interested in things as small as that.

And, most difficult of all, she was Coloured, and he was White. The lab might be recruiting Black mathematicians, but the door was not fully open; her pool was called "Coloured Computing" and was segregated. As she sat down with the new team that morning, the men next to her had moved away.

She was not sure why, but the world was like that, and she refused to be bothered by it. Since the café was segregated, she ate at her desk. There was no Coloured restroom, so she used the White one. A few years back, when the bus taking her to her first teaching job in Marion, Virginia, had crossed the state line from West Virginia, all the Blacks had been told to get off and take taxis. She refused until she was asked nicely. But it could be unwise to push a White man too far.

Nonetheless, this engineer's calculation was wrong. If she did not ask the question, an aircraft might not fly, or might fly and crash. So, very carefully, she asked it. Was it possible that he could have made a mistake? He did not admit it but, by turning the colour of a cough drop[4], he ceded the point.

She asked more such questions, and they got her noticed. As the weeks passed, the men "forgot" to return her to the pool. Her incessant "Why?" and "How?" made their work sharper. It also challenged them. Why were their calculations of aerodynamic forces so often out? Because they were maths graduates who had forgotten their geometry, whereas she had not; her high-school brilliance at maths had led to special classes on analytic geometry in which she, at 13, had been the only pupil. Why was she not allowed to get her name on a flight-trajectory report when she had done most of the work, filling her data sheets with figures for days? Because women didn't. That was no answer, so she got her name on the report, the first woman to be so credited. […]

As NASA's focus turned from supersonic flight to flights in space, she was therefore deeply involved, though still behind the scenes. […] She ensured that Alan Shepard's Mercury capsule[5] splashed down where it could be found quickly in 1961, and that John Glenn[6] in 1962 could return safely from his first orbits of the Earth. […]

Later she calculated the timings for the first Moon landing (with the astronauts' return) and worked on the Space Shuttle. She also devised a method by which astronauts, with one star observation checked against a star chart, could tell where they were. But in the galaxy of space-programme heroes, despite her 33 years in the Flight Research Unit, for a long time she featured nowhere.

It did not trouble her. First, she also had other things to do: raise her three daughters, cook, sew their clothes, care for her sick first husband. Second, she knew in her own mind how good she was – as good as anybody. She could hardly be unaware of it, when she had graduated from high school at 14 and college at 18, expert at all the maths anyone knew how to teach her. But she typically credited the help of other people, especially her father, [...] who had sold the farm and moved the family so that she and her siblings could all get a fine schooling and go to college. And last, at NASA, she had not worked alone. She had been one of around a dozen Black women mathematicians who were equally unknown. But when their story emerged in the 21st century, most notably in a book and a film called "Hidden Figures", she had a NASA building named after her, a shower of honorary doctorates and – the greatest thrill – a kiss from Barack Obama as he presented her, at 96, with the Presidential Medal of Freedom.

This attention was all the more surprising because, for her, the work had been its own reward. She just did her job, enjoying every minute. The struggles of being both Black and a woman were shrugged away. Do your best, she always said. Love what you do. Be constantly curious. And learn that it is not dumb to ask a question; it is dumb not to ask it. Not least, because it might lead to the small but significant victory of making a self-proclaimed superior realise he can make a mistake. *(924 words)*

Katherine Johnson died on February 24th, 27. 02. 2020, in: The Economist, URL: https://www.economist.com/obituary/2020/02/27/katherine-johnson-died-on-february-24th

1 pool – *here:* a group of employees
2 NASA – the American governmental agency that plans and carries out the space programme
3 Monroe desktop calculators – Monroe is the name of a company that produces small calculators.
4 cough drop – a candy-like medicine for coughing, usually in a bright red color
5 Alan Shepard's Mercury-capsule – Alan Shepard was the first American astronaut to go into space. After completing his mission, he landed inside a small part of the rocket in the ocean.
6 John Glenn was the first American astronaut to orbit the Earth.

Aufgaben

1. Outline important stages in Katherine Johnson's life. (Material) (30 BE)

2. Compare Katherine Johnson's experiences as a woman (Material) to those of Desdemona and Emilia. (40 BE)

3. Choose **one** of the following tasks: (30 BE)

3.1 Taking the example of Katherine Johnson as a starting point (Material), write an article for a magazine aimed at graduates of an American women's college commenting on the status of women in contemporary American society.

or

3.2 "We needed to be assertive as women in those days – assertive and aggressive – and the degree to which we had to be that way depended on where you were. I had to be." Katherine Johnson, 1980

Katherine Johnson was referring to the struggle to overcome gender discrimination in the 1950s. Referring to material dealt with in class, assess the relevance of the quote today for other groups in the USA and/or the UK who have faced discrimination.

Prüfungsteil 2 (Schreiben) – Vorschlag B 2: *Immigrants*

Material 1: Kushanava Choudhury: The New World (2017)

This is an excerpt from the introductory chapter of The Epic City, *Choudhury's literary portrait of Calcutta, the city of his birth, from where his family moved to the United States of America.*

Of all the people who came to Ellis Island in the first decades of the twentieth century, more than half went back. They never told us that on our seventh-grade class trip.

The American immigrant myth says that migration is a reset button. The New World offers deliverance from the past, liberation from the Old World's limited horizons. The myth states: 'The past is gone. The future awaits. Start over.'

It never really works like that. That was the story no one ever told about America. The past is never left behind. It haunts every world you live in. Sometimes it drags you back.

By the time I visited Ellis Island on that class trip, I had already migrated halfway around the world four times, flipping back and forth between continents like a dual-voltage appliance. My parents were Indian scientists, torn between nation and vocation. Twice they moved to America, twice they moved back. They were unwilling to leave their country and they were unable to stay. When he was around forty, my father quit his cushy job at a government research institute in Calcutta. He wanted one more chance, he said […].

So, when I was almost twelve, my parents and I moved to Highland Park, New Jersey.

Our move carried no Emma Lazarus[1] cadences. We certainly had not arrived tempest-tossed, beating at the golden door. Our coming was equivocal, always tied to return. Living in New Jersey, we hardly saw ourselves as immigrants. My parents expected to go back to India, like many of their Bengali friends, someday, eventually. On Saturday nights, they gathered at each other's homes, ate fourteen-course meals brimming with various types of fish and meat, and derailed each other's sentences in locomotive Bengali, their conversations full of memories of Calcutta. Return, the duty of return and the dream of return, were spoken of endlessly while eating platefuls of goat curry and hilsa fish. Few, of course, actually went back. There were too many good reasons not to. Nationalism and nostalgia did not pay the bills, raise children or advance careers. And yet that dream of a return to the great metropolis cocooned them like a protective blanket from the alien world all around.

As for me – my friends, my neighbourhood, my Calcutta life was gone. In New Jersey, I was in seventh grade in a public school that had almost no Indian students. Cocooning was not an option. I had to fit in fast. I wasn't assimilating as much as passing. So much of what went on inside my head was from another place. I had happy childhood memories of mid-morning cricket matches during summer vacations, of games played in gullies, rooftops, courtyards and streets. When I moved, it was the streets of the city as much as my childhood that I left behind.

We had not had an easy few years in America. The man who had offered the job to my father had made promises he did not keep, and so my father was forced to find other work, work he grew to despise. From time to time, there would be talk of another move, to Georgia, to Colorado, and I would pull down the posters in my room and prepare. We stayed put, the three of us adrift in the treacherous shoals of the lower middle classes, a world of chronic car trouble and clothes from K-Mart[2]. In the fall of my senior year, a piece of good news finally came to our two-bedroom apartment. I had been accepted early to Princeton University[3].

Every immigrant who has lugged worthless foreign degrees through customs knows that where you go to college […] determines your lot in life. When the acceptance letter from Princeton arrived, my parents acted as if someone had come to our door with balloons and a giant cardboard cheque. It was their happiest day in America. But it wasn't mine.

It is probably universally true that education drives a wedge between us and our hometowns, our families, our earlier selves. But for the immigrant the gap is greater, that divergence in mentality more extreme. My trajectory[4] was taking me farther afield, to Princeton, while a part of me was elsewhere, in another country, in another city. Through all my sojourns I had carried memories on my back like Huien Tsang's[5] chair, until at seventeen, I felt hunched over with nostalgia like a middle-aged man. When the Princeton letter arrived, I had what my friend Ben called a 'premature midlife crisis'.

At night, I couldn't sleep. By day I sleepwalked through classes. Each evening, while my friends assembled at Dunkin' Donuts, complained about how there was nothing to do in our little town and roared together into the night on long aimless drives, while they enjoyed the languor of spring and that sweet American affliction called senioritis[6], I stayed home and stewed. In my mind, I hatched a plan. I would go back.

India lives in its villages, Mahatma Gandhi had said. So, even though I was a city boy who had never spent a night in an Indian village, I wrote letters back home to arrange to teach in a village school. Instead of Princeton, I would take a year off and head to rural Bengal, I told my parents. But in our two-bedroom apartment full of shared immigrant striving, such a detour was out of the question.

Instead I just drove. The black night, the shimmering yellow lines on inviting ribbons of asphalt, the radio jammed loud. Enveloped by night and noise, the mind gave way to a deeper calling. Just drive. It was the mantra of our Jersey youth, an exhortation, a command, an ideology, something hardwired in us as teenage boys. Night after night, I took out my parents' Toyota and just drove, without destination, without purpose, to escape. […]

After graduating from college, while friends set up their apartments in New York, Boston and Los Angeles, I headed to Calcutta, to join the *Statesman*[7]. *(997 words)*

Choudhury, Kushanava. "The Epic City. The World on the Streets of Calcutta." London: Bloomsbury, 2017, xi –xvi

1 Emma Lazarus – 1849–1887, author of "The New Colossus", a poem engraved on the base of the Statue of Liberty, which ends with the following verses:
Send these, the homeless, tempest-tossed to me: I lift my lamp beside the golden door!

2 K-Mart – inexpensive department store chain in the USA

3 Princeton University – prestigious university in New Jersey, USA

4 trajectory – *here*: career path

5 Huien Tsang – Chinese Buddhist monk and scholar, travelled throughout India in ancient times

6 senioritis – *colloquial*: decreased motivation to study displayed by senior students

7 *The Statesman* – an influential Indian English-language daily newspaper founded in 1875

Material 2:

Dan Rosandich/cartoonstock

Aufgaben

1. Outline the biographical information given on the author and his parents. (Material 1) (30 BE)
2. Analyze how Choudhury's attitude (Material 1) towards the traditional view of American immigration is conveyed. (30 BE)
3. Choose **one** of the following tasks: (40 BE)

3.1 Assess to what extent the cartoon (Material 2) reflects what Choudhury and his family (Material 1) have experienced in the US.

or

3.2 You are participating in an international school project on identity.

Write an article for the project website in which you discuss the importance of place in shaping one's identity.

Lösungsvorschlag

Prüfungsteil 1 (Sprachmittlung) – Vorschlag A: *Artificial intelligence*

Teaching modules referred to:
The task refers to the thematic focus Modelling the future *(Q 3.2), particularly to the key terms* science and technology *and* artificial intelligence.

You are required to write a blog entry for the website of the Society for Computer Science in which you sum up the information about Richard Socher's career and his assessment of Europe's technological competitiveness in the field of artificial intelligence. Your role is that of an intern working for this society.
You need to consider that a blog entry is characterised by a number of distinctive features: as a **heading** *you will need a compelling title to entice your reader to read on. Your* **introduction** *should be short, lead directly to the* **main content**, *be well-structured and most of all informative. You should sum up your article with a* **conclusion** *that is not repetitive but summarises the main points in a plausible way.*
The formal aspects of a language **mediation** *must also be observed: in this case, your text will be posted on a website specialising in computer science that contains relevant information geared to its users. By using your own words and strategies for shortening the text and by omitting unnecessary details and examples, your text should be considerably shorter than the original.*
Your text should contain the following information about Richard Socher's professional life:
- *His academic career at German universities and a PhD at Stanford, chosen for its reputation in computer science*
- *Chief scientist at American technology firm in Silicon Valley*

Assessment of technological competitiveness in Europe:
Negative:
- *Problems for start-ups: conditions for investment, no connections between scientists and investors, strict regulations*
- *Low incomes for scientists, no reason to stay at German universities*

Positive:
- *Common strategic visions for the use of artificial intelligence (AI) in Germany, France and Great Britain*
- *Data from healthcare system could be used to create database to train and improve AI*

Europe's Artificial Intelligence (AI) – a Brain Drain to be Avoided

In an interview published in a German business magazine in March 2019, the chief scientist of a Silicon Valley technology firm talks about his reasons for abandoning his German university career and about the challenges facing European computer start-ups, and warns of a European brain drain in the light of the lack of opportunities and connections between the world of science and the economy.

Richard Socher received his training as a computer scientist at two German universities before he decided to obtain his PhD at Stanford, which is renowned for its high scientific standard. He continued his work at Silicon Valley, because he was contacted by investors offering to finance his particular research interests. In Europe, he would not have been able to find risk venture capitalists to finance his work without a business-plan, which, from his point of view, highlights the missing link between science, investors and start-ups in this part of the world.

According to Socher, the AI potential is even greater than that of the Internet or smartphones and will play a major role in industrial production, which is already a traditional German asset.

However, in order to avoid a further brain drain from Europe, research and working conditions need to be improved so that international competitiveness does not fall short due to the lack of financial incentives. Good research and great laboratories are still possible in Europe or Germany, yet scientists will be very tempted to leave if they can earn ten or fifty times the amount for the same work elsewhere.

The history of Silicon Valley is something to be learned from. Much of it has grown organically and success of this kind cannot be fostered by regulations. Start-ups, however, could be supported more by making their lives easier, starting with lending them more flexibility in hiring staff whilst they are developing and adjusting their business model.

Nonetheless, Socher is hopeful, as Germany, France and Great Britain have developed common strategic visions for their AI systems. Additionally, Germany's advantages as a location should be taken into account: our health system could be used to create a data base of brain scans to train and improve AI systems for machine learning, for example.

As a consequence, these data could thus be transformed into a public good, enabling German medical AI to become a global market leader and hence forming the basis for a complete system of sustainable start-ups.

Posted by: Intern *(415 words)*

Prüfungsteil 2 (Schreiben) – Vorschlag B 1: Women's roles

Teaching modules referred to:
The assignment relates to the teaching module Gender issues *(Q 3.3), especially to the key words* gender and identity and culture and gender – now and then, *and the reading of* William Shakespeare: *Othello (Q 3). The cross-curricular reference is established by the teaching module* The USA – the formation of a nation *(Q 1.1), particularly the key words* recent political and social developments *or the teaching module* Ethnic diversity *(Q 2.2) and the key words* Great Britain as a multicultural society.

1. *In your outline you need to give the main features of the obituary without commenting on them and use your own words to provide a shortened version. Mention the text type, the title, the source, the date of publication and the topic in an umbrella sentence.*
   Important stages in Katherine Johnson's life:
   - *Mathematical very gifted child*
   - *Job at NASA in the 1950s*
   - *Part of a team of African-American women calculating figures*
   - *Raising a family at the same time*
   - *Her bosses became aware of her outstanding capabilities when she discovered mistakes in their calculations*
   - *Made significant contributions to the American space programme*
   - *Was presented the Presidential Medal of Freedom by Obama*

   The obituary entitled "Katherine Johnson died on February 24th", published in *The Economist* on 27/02/2020, portrays Katherine Johnson, a mathematically talented African-American woman who played an important role in the American space programme. Her mathematical genius had been discovered when she was a child and she enjoyed a special science-based education. During her first job as a teacher in Virginia she was racially discriminated against as a Black* woman but did not relent easily. In the 1950s she got a job at NASA as part of a team of African American women calculating figures for male engineers. In addition to that she raised three children and cared for her sick husband.
   Her bosses soon became aware of her outstanding mathematical capabilities. On one occasion, she discovered that an engineer had made a mistake with a square root on one of the flight-test calculation sheets. She did not dare tell him straight away, because he was a White* man and she a Black woman and women did not question males in the 1950s. So, she asked him if it was possible that he had made a mistake. More questions like this got her noticed: she eventually succeeded in gaining credit for her brilliant work and became the first woman to get her name on a respective report. Although still working mostly behind the scenes, she became involved in NASA's supersonic space programme and ensured the safe return of astronauts like Alan Shepard and John Glenn, later even calculating the timings for the first Moon landing and working on the Space Shuttle.

Eventually, in the 21st century her work received due recognition and she had a NASA building named after her. She obtained a number of honorary doctorates and the Presidential Medal of Freedom, which, together with a kiss from President Obama, turned out to be the greatest thrill for her. Her motto of "love what you do" helped her overcome the struggles of being a woman and a Black one at that. *(336 words)*

2. *In the second assignment you are asked to compare Katherine Johnson's experiences as a woman, as delineated in her obituary, to those of two female characters from Shakespeare's play* Othello: *Desdemona and Emilia. The task verb "compare" involves pointing out and analysing similarities and differences between the literary and historical situations pertaining to female roles. Relevant developments in the lives of these three women would be structured in a coherent way first and then presented in your text, backed with appropriate quotations.*
These aspects could be relevant:
Parallels *to Desdemona and Emilia*
– *Adopt female behaviour and accept male superiority on the surface*
– *Criticize and influence their male counterparts when necessary*
Differences
– *While Katherine Johnson has a job, Desdemona and Emilia live at a time where women were limited to childcare and domestic work.*
– *Katherine Johnson is successful in pushing the limits of her female role and her achievements are honoured even if late in life.*
– *Desdemona has to submit to her husband when he threatens to kill her.*
– *Iago kills Emilia for unmasking him.*

The source of Katherine Johnson's self-confidence is two-fold: her outstanding mathematical capabilities secure her a permanent position in the prestigious American space programme and, at the same time, working in a close-knit team she enjoys her work as its own reward (cf. ll. 58/59). From the beginning she is able to prove her professional skills and carefully and respectfully corrects mistakes even when they have been made by (White) men. She is even able to accept working "behind the scenes" (l. 38). In the end, she does not allow her skin colour or her gender to impede her career and her story emerges as an example of Black and female emancipation.
Like her 17th-century literary counterparts, however, the gifted mathematician behaves as a woman was supposed to at that time when she cooks, sews and is responsible for the upbringing of the children (cf. ll. 46/47). Katherine wears feminine clothes being "neatly turned out as" (l. 10) the other "computers in skirts" (ll. 11/12). Beyond that, she even submits to her White male colleagues and their hostile attitudes at first: "she refused to be bothered by it. Since the café was segregated, she ate at her desk" (ll. 18/19). Similarly, Desdemona and Emilia seem to accept their female roles and do what their husbands tell them to: in spite of Emilia's "fancies", Desdemona asserts to Othello "I am obedient" *(Othello, Cambridge School edition 2012:* Act 3, Scene 3) and Emilia blindly supports Iago's malicious plan to rouse Othello's jealousy

by stealing Desdemona's handkerchief: "My wayward husband hath a hundred times, Wooed me to steal it" (Act 3, Scene 3).

However, what all three characters have in common is that while they accept male superiority on the surface, they still question the decisions and actions of the men surrounding them. Katherine corrects the work of her male colleagues, who feel challenged by her because their calculations of aerodynamic forces are so often inaccurate (cf. ll. 30/31), and she is the first woman to have her name put on reports. Desdemona disobeys her father when she marries Othello. She also tries to persuade Othello to reinstate Cassio as a lieutenant (cf. Act 3, Scene 3). Emilia, on the other hand, attacks Othello when she finds out that he has murdered Desdemona: "Thou dost belie her, and thou art a devil" (Act 5, Scene 2), although this puts her in a dangerous situation. Later she refuses to conceal Iago's guilt although he threatens her: "I will speak as liberal as the north" (Act 5, Scene 2).

There are also quite a number of differences between Katherine on the one hand and Desdemona and Emilia on the other. Desdemona and Emilia lived at a time when women were limited to domestic life (cf. Act 2, Scene 1). Katherine Johnson, on the other hand, went to school and university and although her career options seem to be limited at first, she becomes an important part of the American space programme thanks to her genius and self-confidence. She is successful in pushing the limits of her female role and her achievements are honoured while she is still alive. How dangerous it was for women to challenge men in Shakespeare's time becomes obvious in Desdemona's case, when she pleads, "O banish me, my lord, but kill me not" (Act 5, Scene 2), but is still killed by Othello. Similarly, when Emilia disobeys her husband and reveals his part in Desdemona's death he kills her.

While Katherine Johnson's genius work was recognised during her lifetime, Desdemona and Emilia eventually became victims of patriarchal violence. *(603 words)*

3.1 *In this assignment you are required to write an article for a magazine aimed at graduates of an American women's college, using Katherine Johnson's example as a starting point. You need to adhere to the text-specific features of this particular genre, including a heading, an introductory sentence, main part and conclusion, employing formal language and finishing with a convincing comment about the status of women in American society.*

You might mention the following points:

- *Katherine Johnson is still a role model.*
- *She is successful in spite of being a woman and Black*
- *During the 1960s, period of substantial social change, women's movement and feminism*
- *Changing gender roles*
- *Pay gap and glass ceiling still exist*
- *More promotion of women to higher management positions, gender quotas*
- *Still it is harder for women to become successful in the US*
- *Comparison to other successful women*

Gender roles now and then

In the 1950s, Katherine Johnson was able to set an encouraging example for women around the world. Although a member of the Black minority, she was chosen for a job at the American space programme as part of a team of women who calculated figures, and she raised a family at the same time. She proved her genius to her male bosses, questioned some of their flawed calculations, and was an important part of the American space programme. Instead of suffering from the affronts she encountered at her workplace, she disregarded negative aspects, relied on her own capabilities and was deeply involved in working behind the scenes of space events such as the Mercury flights in 1961, the first orbit of the Earth, and the first Moon landing. Thus, she was successful, despite the difficulties she had to face because of her gender and race and even secured late but significant acknowledgement of her successful work by having a NASA building named after her and receiving academic and political appreciation and rewards.

Another late recognition of her professional success occurred with the launch of a book and movie called "Hidden Figures" about a number of Black, female mathematicians. Although American women had won the right to vote back in the 1920s, broader economic and social change had been a longer time coming. It was not until the 1960s that a period of substantial social change began and the awareness of women's issues came to be known as the women's movement, influenced by the success of the Civil Rights Movement in the fight for racial equality. Organizations and lobbying groups urged full equality for women and gradually effected a revision of American values, customs, and institutions. The way women thought about themselves began to change with their growing self-confidence, as is shown by Katherine Johnson in her predominantly White, male working place, who had always believed that her work was its own reward. The results were not welcomed by everyone, however, and led to opposition to what was seen as unrestrained feminism. It is also a fact that many women, though constituting 60 percent of the labour force by the end of the 20th century, still hesitate to demand equal pay, thus perpetuating their inferior social status. There is now some progress in women entering occupations predominantly held by men but the pay gap is still obvious, with men earning consistently more in comparable positions.

However, along with changing gender and academic roles there are also more women being promoted to higher management positions – with one exception: among (Black) minorities, many women in the US still face obstacles in the workplace.

In this context, the career of Oprah Winfrey sounds encouraging. The American TV presenter, well known for empowering people by giving them hope and an example of the rags-to-riches tale of a Black woman, is a survivor of childhood abuse and now one of the richest and most famous women in the world. Oprah became known to a wider audience through her series of "Change your Life" shows and became something of a motivational guru and an embodiment of the American Dream. She moved away from trash TV and focused on more sophisticated features, promoting books and the power of positive thinking.

Katherine Johnson and Oprah Winfrey have both become role models, especially among minorities, for fostering self-confidence and Black empowerment, and for demonstrating that change is possible and equal rights are worth fighting for, even though issues like the pay gap, traditional family routines, and disadvantages in regard to promotion, managerial positions, and social status overall have still not been solved.

(607 words)

3.2 *Katherine Johnson's statement refers to her struggles to overcome gender discrimination in the 1950s. You are requested to assess the current relevance of the quote for groups in the USA and/or the UK which are subject to other forms of discrimination. In the first step, you would need to explain the meaning of her statement in your own words. Draw on material dealt with in class about people who face racism, ableism (discrimination and social prejudice against people with disabilities) or ageism or who are discriminated against because of their gender or sexual orientation. In the second step, you should use selected examples that illuminate today's debate on this issue in one or both countries.*

Possible aspects:

- *People still face discrimination due to their colour of skin, cultural background, gender, sexual orientation, etc.*
- *Negative stereotypes still exist (in the wake of Brexit, under Trump-legislation)*
- *Discrimination affects education, income levels, housing quality, health, employment*
- *Affirmative action to stop vicious circle*
- *Young people question whether certain statues, street names or historical sites should be removed or re-named as they celebrate colonialism or white supremacy*
- *Black Lives Matter*

In the USA of the 1950s, gender discrimination was closely connected to racial prejudice. When Katherine Johnson's outstanding performance was not recognised at that time, it was hard to distinguish whether this was not acknowledged because she was just one of the "computers in skirts" (ll. 11/12) or because she was from "Coloured Computing" (l. 16). From her point of view, the only way to overcome this situation given the circumstances of the time was to employ assertive and aggressive strategies. Although her protest was only moderate, her self-confidence permitted her an assertive stance. However, the issues raised in the statement given have far from disappeared and currently refer to different types of discrimination and groups of people in the USA and the UK.

First of all, the situation of African Americans, Hispanics and Asians in the US comes to mind. After the Civil Rights Movement, adjustments were made to immigration policies and in the wake of 9/11 the status of minority groups changed considerably, some for the better, others for the worse. Sources of ongoing discrimination against minorities differ based on industrial and digital developments, competition for jobs within the labour force which is experienced or imagined, fear of terrorism, anti-Asian sentiment and, quite recently under the former Trump administration, a resurgence of White supremacists and their divisive political influence.

In the UK, the development of a multicultural society has seen considerable progress, moving on from the days of Enoch Powell and his infamous "Rivers of Blood" speech from 1968 to now enabling the successful integration of Commonwealth immigrants from such diverse regions as the Caribbean and Asia. Some British politicians are still fueling anti-immigrant sentiments and xenophobic fears, however. This became particularly evident after the Brexit referendum in 2016. Since the decision to leave the European Union, albeit by a small margin, the number of racist attacks in the UK has risen considerably, especially against Muslims and people from Eastern Europe. Both Eurosceptic politicians and members of the old political elite have taken advantage of the lack of knowledge, if not ignorance, of older, less educated people who blamed the disadvantages and work discrimination they had imagined or experienced on immigrants and European bureaucracy.

As a result, negative stereotypes and, on the right of the political spectrum, open xenophobia still persist in both countries, with the adverse effect of discrimination on employment and career opportunities revealing itself in gender issues and racial prejudice. This situation is exacerbated by a certain lack of social measures and support. Access to and level of education, although improving overall, still vary according to gender and minority status. In turn, income levels are influenced by schooling and professional training. A growing social divide is also visible in the quality of housing and health care. Obama's planned health care legislation suffered a severe setback at the hands of the administration following his presidency and although the National Health Service (NHS) is still in place in Great Britain, the increasing private sector is responsible for the quality of medical support differing depending on the social group. In this context, politicians have to do more to fight poverty and social inequality, which has affected minorities and the growing number of single-parent households (mostly single mothers) worst since the financial crises of the early years of the 21st century.

On a different note, the interpretation of historical monuments has been challenged in both the US and the UK and has initiated new debate about postcolonial developments. The US is particularly affected by this: a decision made by city leaders in Charlottesville to remove the statue of Confederate general Robert E. Lee led to violent conflict between civil rights groups and White supremacists, who wanted to reverse this democratic decision. The clashes ended tragically when a car was rammed into the crowd by a self-professed neo-Nazi, killing one woman and injuring dozens of other people. Incidents like this have featured many times in recent news reports on race relations in the US, including police attacks on unarmed African Americans and racial profiling. After the first Black president left office in 2016, race relations soured considerably under a new administration that relied on right-wing groups, evangelists and White supremacists. Trump's election was openly welcomed by the Ku Klux Klan, and African Americans felt increasingly threatened so that the Black Lives Matter movement, which had already been founded in 2013, became involved in alerting the public to race-related attacks, particularly those aimed at the Black community.

As ethnic minorities still face racism and prejudice, White supremacists are trying to resist social change and the large White majority refuse to fully acknowledge the prevalence of racism in our society, Blacks, Asians and other people of colour in the UK and the US still have to be assertive and aggressive, as Katherine Johnson suggests, to be successful and to claim their rights in today's world. *(815 words)*

Prüfungsteil 2 (Schreiben) – Vorschlag B 2: *Immigrants*

Teaching modules referred to:
The assignment relates to the teaching module Living in American society *(Q 1.2) and especially the key words* migration and the American Dream: with a focus on Asian immigrants. *The cross-curricular reference is established by part one of the examination (Prüfungsteil 1).*

1. *In order to outline the biographical information in the given text you first need to write an umbrella sentence mentioning the author, text type, title, date of publication, and topic. You then outline the main aspects of the biographical information about the author and his parents in your own words without commenting on them.*
   Your outline would contain the following aspects:
   The author's parents:
   - *Indian scientists, moved to the US and back to India several times*
   - *They left Calcutta when his father took a job in New Jersey*
   - *Promises of job disappointed, father forced to take work he despises*
   - *Lower middle-class, plan to move back to India some day*
   - *Many Bengali friends*

   The author:
   - *Happy childhood in India*
   - *Student at state school, almost no other Indian classmates*
   - *Admission to Princeton University*
   - *Parents are against his plans to teach in India*
   - *Returns to Calcutta after graduation, works for a newspaper*

   In this excerpt from his novel *The Epic City*, published in 2017, the author Kushanava Choudhury describes scenes from his family's native city of Calcutta, his family's expectations of the US and moving between the two countries.
   His parents were Indian scientists who moved to America twice and back to their home country twice. At about 40 years of age, his father gave up a well-paid government job at a research centre in Calcutta to take up a new job in New Jersey. His parents did not feel like immigrants, however, always considering the option of returning to India, especially after it turned out that the promise of work which had been made to his father was not kept and he had to take other work, which he began to despise. Life in the US continued to be financially insecure and his family led a lower middle-class existence, with constant problems with the car and cheap clothes, always ready to move back to their home country. Memories of India were cultivated together with their many Bengali friends and they dreamed of returning.
   Choudhury himself remembers happy days as a child in India, and when he moved with his parents to the US it felt like he was leaving his childhood behind as well. He went to a state school in grade seven where there were almost no other Indian students and felt forced to fit in quickly. It came as a pleasant surprise to his family in their restricted circumstances that he was accepted to the prestigious university of Princeton.

While they were very happy about this, he did not share their feelings and secretly nurtured his plan to go back to India. However, his parents would not accept his arrangement to teach at a Bengali village school. He spent some restless years at college, alienated from his friends and driving aimlessly, and instead of living in a big American city after graduation like they did, he went back to Calcutta to work for the traditional English-language daily newspaper, *The Statesman*. *(341 words)*

2. *In your analysis you are required to describe and explain in some detail aspects that show the author's attitude towards the traditional perception of American immigration. You would need to focus on the stylistic and other creative means he employs and identify and give evidence of examples by working closely with the text.*
The following points would be important:
Critical attitude
– *Author does not believe that immigration works like a reset button*
– *Past haunts you*
Evidence
– *Referring to facts (statistics)*
– *Talking about his personal experience*
– *Language: negation, images, negative expressions, repetition*

The author had already visited Ellis Island, the US official port of immigration as a teenager, during a class trip, but he claims that nobody told him that the American myth, believed to function like a "reset button" (l. 3), did not always work. At least in the case of his parents it did not liberate them "from the Old World's limited horizons" (l. 4). They are frequently disappointed. They cling to their Bengali culture and friends and share their desire to eventually move back to India (cf. ll. 21, 24) and thus reverse immigration, although this might not be possible for many of them because "[n]ationalism and nostalgia did not pay the bills, raise children or advance careers" (ll. 23/24). They are torn between the necessity of survival and the duty and dream of return (cf. l. 21), which in many cases, as with his parents, served as a protection from an alien world. Choudhury relies on statistics when he relates that more than half of the immigrants (cf. l. 2) went back to their country of origin and that the promise of the myth that one will forget the past and create a new future is not guaranteed.
He talks about his own family to prove his point. His parents are described as "Indian scientists" (l. 10) and he is apparently not happy with the constant prospect of moving from one place to another and back again: "I had already migrated halfway around the world four times" (ll. 8/9). Drawing on further personal experience – as another stylistic device – he informs his readers that his family did not have "an easy few years in America" (l. 34).
A frequent stylistic device employed in his text is the usage of negative language. His perception of the American myth is dominated by phrases like, "It never really works like that" (l. 6), "the story no one ever told" (l. 6) or " [t]he past is never left behind" (ll. 6/7). His experience of school was that he "wasn't assimilating" (l. 29) and his family did not have an easy time in America (cf. l. 34). Allusion is another stylistic

choice to underline the fact that his family's move to America was not as is suggested in Emma Lazarus's famous poem promising hope for the homeless, which is engraved on the base of the Statue of Liberty right next to Ellis Island. All of these language traits are instrumental in contrasting myth with (Choudhury's) actual experience.
The text also uses imagery. To characterise his parents' financial position, he sees his family "adrift in the treacherous shoals of the lower middle classes" (l. 38). To describe his own psychological state he uses a simile when he finds himself "hunched over with nostalgia like a middle-aged man" (l. 51). Words with negative connotations reinforce and intensify the powerful impact of immigration on his life. For instance, he talks about a past that "haunts every world you live in. Sometimes it drags you back" (l. 7) and, in an antithesis, describes his parents as people "unwilling to leave their country and […] unable to stay" (ll. 11/12). Several times, he emphasises the wish to go back to India by using repetitions like "dream of return" (l. 21), "dream of a return" (l. 24) and "nostalgia" (ll. 23, 51).
As a result, the author describes his attitude of doubt if not criticism towards American values, promises and the American Dream in general, which he characterises as a myth that is not compatible with his life experiences, and presents himself as torn between two worlds, eventually gravitating to his native country when he is able to fulfil his own dream of returning to Calcutta and working there as a journalist. *(627 words)*

3.1 *You are to assess the extent to which the cartoon reflects Choudhury's and his family's situation as immigrants in the US. To do this you need to write a text that is well structured. You can start with a description and analysis of the cartoon and then compare its message to Choudhury's text. For useful phrases, you can also look at chapter "5.3 Beschreibung eines Cartoons" in this book.*
The following details are important:
Description of the cartoon:
- *Two White men reading a newspaper with the headline, "America: Melting Pot"*
- *One of them says to the other, "The trouble with a melting pot is that somebody always gets burned."*

Message of the cartoon:
- *Melting pot as an assimilation concept is criticized*
- *Individual ethnicities subdued, not recognised*

Choudhury's family:
- *Parents do not assimilate; mainly surround themselves with people from India*
- *Dream of returning*
- *Choudhury's nostalgia, initial adjustment but growing desire to return to India*

How far is their experience reflected in the cartoon:
Arguments that their experience is reflected by the cartoon:
- *Choudhury's family does not assimilate to American culture (not part of the melting pot).*
- *Still, as a result, feeling of not belonging, nostalgia and desire to return*

Arguments that their experience is not really reflected by the cartoon:

- *Although Choudhury does not believe that he managed to fit in, he is very successful (American Dream).*
- *As Choudhury's family does not assimilate to American culture, they do not get hurt. Still, they live peacefully in America.*

The picture in the cartoon shows two middle-aged White men talking about a newspaper headline that says, "America: Melting Pot". The caption of the cartoon carries its message in a nutshell: America being a melting pot – something which is praised globally – comes with a disadvantage, as somebody will always lose what is at stake, whether that is their language, their culture or their identity; in other words, they will suffer badly. This concept seems to give American immigrants only one choice and that is to assimilate.

The cartoon uses plain imagery, showing two men from different sections of American society and high-rise buildings in the background. One of the men is in a baseball cap and casual clothes, and the other is wearing a fancy hat, shirt, tie and trench coat, but they both share the same facial expression of surprise. They seem to be disparaging about the newspaper headline, thus underlining the cartoon's message, which questions how beneficial the concept of a multicultural society really is.

Choudhury's parents, who do not feel rooted either in America or in their home country and always nurture the idea of going back to India at some stage, clearly do not warm to the melting pot concept of assimilation and surround themselves with other Indian immigrants instead. At weekends, they eat their traditional food together at each other's homes, cherish memories of their home country and are pulled by their duty and dream of returning. The author, on the other hand, initially adapts to his new home and school and is even successful in applying to a prestigious American university, but never loses his feelings of nostalgia and develops a strong desire to return as well.

The downside of the "melting pot" might be that this concept does not recognise individuality or culture, and forces people to be part of a process that destroys their traditions and values. This might result in a feeling of not belonging and, as in the case of the Indian family, a strong desire to return to their country of origin. It might also entail a sense of disappointment, as a society where someone from a different culture gets burned is the opposite of a welcome culture where everyone is free to develop their own skills and realise their own desires. Assimilation might be the key to success, but it comes at a cost.

There are, however, experiences that are not reflected in the cartoon. Choudhury's success in obtaining a place at Princeton would seem to embody the achievement of the American Dream, for his parents, at least, who, we are told, "acted as if someone had come to [their] door with balloons and a giant cardboard cheque. It was their happiest day in America" (ll. 44/45). At the same time, however, Choudhury lets us know that it was not his happiest day in that country. Even as a teenager he felt like an outsider at his school, with few classmates from his ethnic group, and although he tried to assimilate, he never really felt at home in his new surroundings and could not forget his old memories of India.

In conclusion, although one of the building blocks of the American Dream seems to be assimilation and the readiness to overcome past experiences and open oneself up to new ideas, that does not always work for everyone, especially for ethnic groups with strong ties to their old traditions like Choudhury's family. The term "melting pot" was coined by the historian James T. Adams in his book "The Epic of America" from 1931 and describes America as a land in which life should be better and richer and fuller for everyone, with opportunity for each according to ability or achievement, notwithstanding their origins, religion or conviction. Later, the idea of the salad bowl was developed, which symbolises the fact that immigrants can integrate into society but keep their own culture. This concept allows immigrants to remain who they are and does not force them to conform to mainstream society. In this way, individual ethnicities should be recognised and not subdued, thus leaving room for the main reason why people immigrate, which is to live in peace and freedom and leave old restrictions and suppression behind – in accordance with the promise expressed in the poem by Emma Lazarus, which is engraved on of the Statue of Liberty: "Send these, the homeless, tempest-tossed to me: I lift my lamp beside the golden door!" *(743 words)*

3.2 *The assignment of writing an article for a project website requires some attention to formal aspects as well as those based on content. Regarding the formal aspect, typical elements of your article should include a catchy* ***headline****, which leads to the ideas you are about to discuss in your* ***introduction****. Discuss your arguments in the* ***body*** *of your* ***article*** *and come to a* ***conclusion*** *at the end of it. Use formal language.*
To make your article more interesting it should follow a logical sequence and contain some of the following elements: research being done on the topic, interesting facts or quotations, counter-arguments and a clear statement of opinion as a conclusion.
Possible aspects of your article could be as follows:
Arguments for importance of place
- *Sometimes integration in a country is difficult for immigrants*
- *Importance of traditions and religion*
- *People's relationship to place can be very emotional*
- *Environment shapes who you are*
- *Differences between rural and urban areas*

Arguments against importance of place
- *In a global world, where much happens online, where you come from is less important*
- *People are more important than places*

Where you live is who you are – or is it?
Although they try hard to integrate, young immigrants in the US often fail to succeed there. They feel rejected and develop a longing for the place they came from. Recent research has shown that the influence of their former environment or place of origin is often more important for shaping their identity than mainstream society.
The importance of place in shaping one's identity has particularly been observed in second- or third-generation immigrants to the UK or the US in that young people often

revert to the traditions of their parents and their religious or cultural heritage. In his autobiography *The Epic City*, for instance, Kushanava Choudhury describes how, as a young immigrant from India, he was willing to live his American Dream and attend a prestigious university in New Jersey, but then decided to leave the US again after graduation to work as a journalist in his native country. His parents, scientists from Calcutta, had originally supported his university career in the US and even hindered him from taking up a teaching job in rural India. However, his happy childhood memories of cricket matches in the summer vacation and of games played outdoors in the city made him feel so nostalgic and detached from his environment that he used to stay at home brooding instead of going out with his friends, so that he eventually went back to Calcutta to work as a journalist.

His case, like many others, shows that people's relationship to place can be very emotional and have a long-term impact on their lives. With young people especially, their environment shapes who they are. The surroundings in which we spend our daily lives feels familiar and gives us a feeling of belonging. Environmental psychology tells us that there is a landscape of memory in the interaction between place and society that works on a practical level as much as on an emotional one.

However, in a global world dominated by the Internet we also have to take arguments into account that speak against the importance of place. Today, people are used to international travel from a young age, participating in school exchanges all over the world and spending gap years abroad after leaving school. People who often move around have a different relation to place. We spend a lot of time on the Internet where we communicate with people from all over the world. There is now even the saying "home is where my friends are", which results in place losing meaning or taking on a new one.

In conclusion, it can be said that place still contributes to shaping identity in certain situations, especially when migration is not voluntary but a result of poverty, suppression or war atrocities. In these cases, there is a strong feeling of loss and loneliness. Overall, however, in a globalised world where large parts of our lives take place online, place is starting to lose its importance. *(523 words)*

* *The words "Black" and "White" are capitalised to signal that they are not natural categories but social ones (for more background information on this topic see, for example https://www.theatlantic.com/ideas/archive/2020/06/time-to-capitalize-blackand-white/613159/).*

Abiturprüfung 2022 Englisch (Hessen)
Grundkurs/Leistungskurs

Um Ihnen die Prüfung 2022 schnellstmöglich zur Verfügung stellen zu können, bringen wir sie in digitaler Form heraus.

Sobald die Original-Prüfungsaufgaben 2022 freigegeben sind, können sie als PDF auf der Plattform **MyStark** heruntergeladen werden (Zugangscode vgl. Farbseiten vorne im Buch).

Prüfung 2022

www.stark-verlag.de/mystark